Thomas Sykora • Vom Glück des Scheiterns

Bildnachweis:
Hans Bezard 5, Alois Furtner 1, Christian Bissuti 1, GEPA 2, Raimund Boltz 1, Hans-Paul Kutschera 1, Georg Perschl 1, HEAD 2, Privat 19, Robert Salzer 3

Bibliografische Information Der Deutschen Bibliothek
Die Deutsche Bibliothek verzeichnet diese Publikation in der Deutschen Nationalbibliografie; detaillierte Daten sind im Internet über ‹http://dnb.ddb.de› abrufbar.

www.np-buch.at
verlag@np-buch.at

Titelfoto: GEPA pictures / Franz Pammer
Grafische Gestaltung: Kurt Hamtil, verlagsbüro wien

Gesamtherstellung:
Niederösterreichisches Pressehaus
Druck- und Verlagsgesellschaft mbH
A-3100 St. Pölten, Gutenbergstraße 12

ISBN 3-85214-772-7

Heidi Sykora
Robert Salzer

THOMAS SYKORA

Vom Glück des Scheiterns

LANDESVERLAG

INHALT

Vom Glück des Scheiterns

THOMAS SYKORA ÜBER THOMAS SYKORA

Die Ursache

Hätte ich gewusst, was auf mich zukommen würde, ich hätte damals, Anfang September 1998, wohl nicht am Super-Zehnkampf zugunsten der Sporthilfe teilgenommen. Die Sache kam mir ohnehin denkbar ungelegen, weil ich in der intensiven Vorbereitungsphase auf die neue Schirennsaison 1998/99 war. Trotzdem gehörte es irgendwie dazu. Als frischgebackener zweifacher Slalom-Weltcupsieger zählt man eben zur Riege der sogenannten „Stars" und wenn man eine solche Einladung ablehnt, heißt es schneller, als einem lieb ist, man sei „arrogant". Noch dazu war ich mit meiner Partnerin, der Wasserspringerin Marion Reiff, Titelverteidiger.

Ich trat an zu diesem Zehnkampf, der von prominenten Sportlern in Zweierteams absolviert und vom Fernsehen aufgezeichnet wurde, obwohl ich an einer Sehnenscheidenentzündung des rechten Handgelenks laborierte. Diese harmlose Verletzung wirkte sich fatal aus, als ich bei einem Bewerb mit hoher Geschwindigkeit an einer Stange hinunterrutschte. Da mich die verletzte Hand schmerzte, ließ ich früher los und rumpelte ziemlich unsanft zu Boden. Da spürte ich zum ersten Mal diesen hässlichen Stich im Knie.

Den Bewerb brachte ich noch relativ problemlos zu Ende, am nächsten Tag aber verschlechterte sich der Zustand des Knies rapide und in der folgenden Woche musste ich das Schitraining abbrechen.

Eine Lawine war losgetreten, ohne dass ich ahnen konnte, was noch auf mich zukommen sollte.

Der Zehnkampf war mit Sicherheit der Auslöser, die Ursache aber muss ich woanders suchen. Im Nachhinein betrachtet war es wohl ein Puzzle verschiedenster Faktoren. Etwa der Umstieg von Elan-Schiern auf Salomon; wir hatten ungewohnt aggressives Material. Oder auch der neue private Konditionstrainer, den ich verpflichtet hatte und der die Grenzen meiner Leistungsfähigkeit auslotete. Zu seiner Ehrenrettung sei gesagt, dass ich das so wollte. Nach dem ersten Jahr des Hermann Maier, der den Rest der Schiwelt mit seiner Rohkraft zertrümmerte, wollte ich nachziehen. Hatte ich früher Einbein-Kniebeugen mit 80 bis 90 Kilo Gewicht auf der Hantel absolviert und das mehrmals wiederholt, so lagen die Gewichte nun bei bis zu 190 Kilo, aber negativ dynamisch gehoben. Das heißt, man legt sich ein Gewicht auf, das man nicht mehr hochbringt, geht in die Knie und kämpft gegen das Gewicht an, bis es von zwei Helfern abgenommen wird. Das bringt Muskelkraft, fordert aber die Gelenke, vor allem das Knie, sehr stark. Dreimal pro Woche je zweieinhalb bis drei Stunden Kraftkammer, in der ich im Unterschied zu früher bis zum Maximum ging. Diese konditionelle Überbeanspruchung und die aggressiven Schier waren wohl schuld an der sich nun anbahnenden Misere.

Eine nicht gerade glanzvolle Rolle in der Ouvertüre zur Tragödie spielte Hubert

Neuper, damals Chef der Sporthilfe und Organisator des Zehnkampfs. Er wusste, dass ich mir die Verletzung in seiner Veranstaltung zugezogen hatte, fand es aber nie der Mühe wert, mich anzurufen und mich zu fragen, wie es mir gehe, auch als ich schon operiert war und das Ende meiner Karriere vor der Tür zu stehen schien.

Später organisierte Neuper den World Sports Award in London. Als mich einer seiner Mitarbeiter anrief, weil ich eine Einladung dazu bekommen, aber nicht geantwortet hatte, verlor ich ausnahmsweise die Beherrschung. Mehr als forsch teilte ich ihm mit, dass sich Hubert Neuper immer nur dann melde, wenn er etwas brauche, aber nie, wenn es jemandem schlecht gehe. Den Award könne er sich sonst wohin schieben.

Was dann passierte, rechne ich Neuper allerdings hoch an: Er rief an, zeigte sich schuldbewusst und entschuldigte sich. Hut ab vor dieser Reaktion; ein anderer hätte sich vielleicht gesagt: Der Sykora fährt ohnehin nie wieder Schi, der ist mir egal.

Nachdem ich das Training abgebrochen hatte, versuchte ich es in kurzen Abständen immer wieder. Zwei, drei Wochen lang. Aber die Schmerzen waren zu groß, ich schaffte es nicht einmal mehr, die Schibindung mit der Ferse zuzudrücken, ich musste die Hand zu Hilfe nehmen. Der vorläufige Schlusspunkt war der Steilhang in Sölden. Die Schmerzen beim Befahren waren unerträglich. Es musste etwas geschehen.

Erste Adresse war Mohammed Kalifa in Hallein, ein Heilmasseur der Extraklasse, der mich schon einige Male bei Knöchelverletzungen und anderen Wehwehchen ausgezeichnet behandelt hatte. Aber diesmal funktionierte es nicht. Obwohl ich seine Anweisungen genau befolgte, Topfenverbände auflegte und zwei Wochen lang pausierte, waren die Schmerzen zu dem Zeitpunkt, da er mir erlaubte, wieder ins Training einzusteigen, heftiger als zuvor.

Kalifa hat mir nicht verziehen, dass ich mich später operieren ließ. Er ist eine Koryphäe auf seinem Gebiet, akzeptiert aber nur einen Weg, und das ist seiner. Eine Operation ist die Abkehr davon und daher automatisch eine Abkehr von ihm.

Der nächste Hoffnungsträger war ÖSV-Arzt Andreas Lotz, der mir weitere drei Wochen Pause verschrieb. Ich sollte erst in Amerika vor den ersten Weltcuprennen Ende November ins Training einsteigen. Seine erste Diagnose war richtig: ein typisches Patellasehnenspitzen-Syndrom, im Englischen als „Jumper's Knee" bekannt. (Die Patellasehne ist die Strecksehne des Knies.) Eine bei Sportlern, die kurze Schnellkraftbewegungen ausführen (wie es Slalomfahrer tun), recht häufig vorkommende Verletzung.

Ich reiste nach Amerika mit und trainierte einige Tage sehr gut und erfolgreich, ehe ich unglücklich zu Sturz kam. Heftiger Zug auf die Sehne – plötzlich war wieder die Hölle los im Knie. Das Weltcuprennen war außer Reichweite. Ich kehrte sofort nach Österreich zurück und ließ eine Magnetresonanz erstellen.

Operieren oder nicht operieren?

Kurz vor dem Rückflug aus den USA wollte mich der Österreicher Herwig Demschar, Trainer der US-Damen und später Alpinchef der Olympiarennen in Salt Lake City, an den Arzt des Basketball-Profiteams Utah Jazz vermitteln. Ich lehnte ab: „Ich habe Vertrauen zu den Ärzten in Österreich. Es hat keinen Sinn, wenn ich hier zu einem Doktor gehe, der eine völlig andere Meinung von der richtigen Heilungsmethode hat." Die Fälle Martina Hingis, Anita Wachter, Rainer Salzgeber und einige weitere Spitzensportler waren bekannt. Alle waren in Österreich behandelt worden und ihre Rehabilitationszeiten waren durchwegs extrem kurz gewesen. Womit wir an dem Punkt angelangt wären, wo der Hund begraben lag: Ich wollte so schnell wie möglich wieder Rennen fahren.

Mein Freund Mike Tritscher hatte dieselben Probleme mit der Patellasehne gehabt, sich seither nie wieder richtig erholt und deswegen seine Karriere beendet. Er warnte mich eindringlich: „Lass dich nur nicht operieren!" Ich konfrontierte einige Ärzte mit meinen Zweifeln und sprach auch mit meinem Vater darüber. Sogar der war überzeugt, es gäbe keine Alternative zu einer Operation. Kein Wunder, hatte er doch fast zwanzig Jahre lang kein Kreuzband und damit keine Stabilität im Knie gehabt. In regelmäßigen Abständen „verabschiedete" sich der Unterschenkel, weil ihn kein Kreuzband hielt; dann musste Vater den Fuß kurz steif machen und das Knie manuell einrenken. Eine Routineangelegenheit, über Jahre hinweg geübt, die dann mit einer einzigen Operation plötzlich der Vergangenheit angehörte. Aber, wie gesagt, das war ein Kreuzband und keine Patellasehne.

Ich rief ÖSV-Teamarzt Andi Lotz an, bestellte ihn aber – im Nachhinein betrachtet blöd von mir – nicht zu einem Gespräch ins Spital, damit er sich an Ort und Stelle überzeugen konnte. Er war schon vorinformiert und riet mir angesichts der Lage ebenfalls zu einem Eingriff. Allerdings – und das ist der entscheidende Unterschied – zu einem völlig anderen als dem, der letztlich durchgeführt wurde.

Die Voraussetzung wäre gewesen, die Operation im Beisein von Lotz durchzudiskutieren. Der Druck, so schnell wie möglich wieder Rennen fahren zu wollen, führte aber zu einer überhasteten Entscheidung am Telefon. Ich habe mich von Andi Lotz zu etwas überreden lassen, das er selber nicht abschätzen konnte.

Heute bin ich gescheiter. Ich hätte mir zwei, drei Tage länger Zeit lassen, nach Innsbruck gehen und mir dort eine weitere Behandlungsmethode oder Therapie vorschlagen lassen sollen. Und dann vielleicht nach Wien. Reinhard Weinstabl war ebenfalls ein Thema. Der hatte immerhin das Knie der Steffi Graf erfolgreich behandelt, die auch Probleme mit der Patellasehne gehabt hatte.

Jetzt weiß ich, dass Weinstabl mich damals nicht operiert hätte oder wenn, dann auf eine völlig andere Art. So viele Wenns und Abers, so viele „hätte ich" und „wäre ich"...

Den Ausschlag gab letztlich der Zeitplan: Nach sechs Wochen Rehabilitation, also rund um Weihnachten, wollte ich wieder Schi fahren. Kranjska Gora war am 6. Jänner 1999, also wollte ich in den Weihnachtsfeiertagen daheim trainieren und dann das Rennen fahren. Hätte ich zwei Tage gewartet, wäre die Pause bis zum Rennen um diese zwei Tage kürzer gewesen. Also nicht mehr sechs Tage Training, sondern nur noch vier.

Das war der Kardinalfehler, den kein Sportler dieser Welt machen sollte. Nur wegen zweier Tage!

Aber Schirennen sind eben an eine Saison gebunden, vor allem in einem Jahr mit einer Weltmeisterschaft, für die man sich erst qualifizieren muss. Dabei erfuhr ich später, dass der ÖSV mir den Fixplatz bei der WM auf Grund meiner zwei Weltcupsiege auf jeden Fall gegeben hätte... Es war eben eine Anhäufung von vielen unglücklichen Zufällen und Missverständnissen, und sie führten zu einer Entscheidung, die ich heute bereue: Operation.

Alles ging blitzschnell: Am selben Tag, an dem ich aus Amerika zurückkehrte, lag ich auch schon unter dem Messer. Dabei war die Belegschaft eigentlich auf Urlaub und musste rasch zusammengetrommelt werden. Ein fast skurriler Zufall ist, dass sich diese Situation bei den späteren Operationen wiederholte: Immer war das ganze Spital auf Urlaub und die Chirurgen mussten ihre Helfer erst herbeiholen.

Bereits am Tag nach der Operation stieg ich mit geschwollenem Knie, aber vollgepumpt mit Optimismus ins Auto; mein Vater brachte mich nach Hause. Dabei schauten wir bei Dr. Lotz vorbei, um eine Therapie zu vereinbaren. Ich hatte zwar Krücken mit, verwendete sie aber nicht, weil es mir recht gut ging. Lotz erklärte mich für verrückt, ich sei frisch operiert und müsse die Krücken in jedem Fall benützen. Ich war zwar etwas irritiert und nahm sie dann auch, nachträglich gesehen aber ist die Diskrepanz klar: Lotz war von einer anderen Art der Operation ausgegangen. Später drückte er in der Therapie beim Muskelaufbau immer wieder auf die Bremse, weil ihm das alles nicht ganz geheuer war. Er wollte meinen Einstieg bis Silvester hinauszögern. Dann hätte ich vor dem Rennen nur mehr einen Tag trainieren können.

Unter ärztlicher Aufsicht versuchte ich die ersten freien Schwünge, auch das Fernsehen war dabei. Es lief gar nicht schlecht, aber es war auch nicht mehr als ein lockeres Herunterwedeln. Am 25. Dezember stand ich erstmals wieder vor einem Slalomkurs. Drei, vier Tage lang lief alles gut. Wenn ich 80 bis 90 Prozent Leistung brachte, war ich sehr sicher am Schi und hatte kaum Schmerzen. Ich war nicht schmerzfrei, aber es war besser und zwar viel besser als vor der Operation.

Dann wagte ich den Schritt zurück in die Mannschaft, die in Obdach trainierte. Thomas Stangassinger führte im Weltcup, die Österreicher waren stark, es war eine gute Gelegenheit zu schauen, wie weit ich schon wieder war.

Der Hang war eisig mit vielen Schlägen drin, eine schlechte Piste. Ich schwang den ersten Trainingslauf recht locker durch und kam auf eine gute Zeit; im zweiten ritt mich dann der Teufel und ich gab Vollgas. Dabei geriet ich in ein Loch und spürte plötzlich wieder einen heftigen Stich im Knie. Ehe ich mich versah, war das Gastspiel auf der Piste auch schon wieder beendet. Ich sagte das FIS-Rennen ab, für das ich genannt hatte, und fuhr nach Hause.

Auf dem Heimweg läutete schon das Handy und der erste Journalist war dran, der wissen wollte, was los sei. Ich hielt ihn hin und meinte nur, ich wolle es etwas ruhiger angehen.

Saison vorbei – oder doch nicht?

Zu Hause versuchte ich vier Tage hintereinander, nur frei Schi zu fahren. Es klappte nie, immer wieder musste ich abbrechen. Skepsis türmte sich wie der Mount Everest vor mir auf. Schließlich traf ich schweren Herzens die Entscheidung, für diesen Rennwinter alles abzusagen und mich vollständig auszukurieren. Ich rief Trainer Fritz Vallant an und teilte ihm mit, dass ich nicht mehr fahren könne. Fritz nahm die Nachricht gefasst und ruhig auf; er sei froh, meinte er, dass ich kein Risiko eingehen wolle. In der nächsten Saison wäre ich sicher wieder gut drauf. Cheftrainer Werner Margreiter stimmte ebenso zu und auch Alpinchef Hans Pum. Nur Pum, der immer ein großer Förderer meiner Karriere gewesen war, fragte genauer nach, auch bei meinen Ärzten. Und er hörte: „Diese Sehne kann nicht reißen!"

Heute weiß ich es besser. Eine ständig entzündete Sehne ist wie nasse Pappe. Die Probe ist einfach. Versuchen Sie, einen nassen und einen trockenen Pappkarton zu zerreißen. Der trockene gibt fast nicht nach, der nasse zerfleddert sofort. Diesen Vergleich kannte ich damals nicht. Und ich wusste auch nicht, dass Cortison Gift für die Sehne ist.

Als in Aussicht stand, man könne mich fit spritzen, wandte sich Hans Pum noch einmal an mich: „Ich will nicht, dass du die WM einfach in den Sand setzt. Ich gebe dir einen Freiplatz, egal wie die anderen fahren, du musst nur deine Fitness bei einem Rennen vorher noch unter Beweis stellen. Ich halte so viel von dir, ich kenne dich als Kämpfer. Ich verstehe nicht, warum du es nicht wenigstens versuchst, wenn die Sehne ohnehin nicht reißen kann."

Ich entschloss mich zu einem letzten Versuch, wollte mir ein Mittel, das ich schon bei mir hatte, vom Hausarzt spritzen lassen und dann einen Trainingslauf versuchen.

Das alles ereignete sich an einem einzigen Tag. Frühmorgens hatte ich auf meinem Hang trainiert, dann das Training abgebrochen, alle angerufen und bekannt gegeben, dass ich aufhören wolle. Aus lauter Frust hatte ich einfach alles am Hang stehen lassen. Dann der Meinungsumschwung: Ich fuhr zu meinem Vertrauensarzt Werner Putz, einem sehr guten Freund unserer Familie, hinunter nach Göstling. Er spritzte mir das Zeug, war zwar nicht sehr glücklich, dachte sich aber: Wenn es diese tollen Sportärzte empfehlen, dann wird es schon seine Richtigkeit haben.

Sofort danach brachte mich Vater wieder aufs Hochkar, weil diese Art Spritze ja nur zwei bis zweieinhalb Stunden wirkt. Ich sagte dabei noch voller Selbstzweifel zu ihm: „Ich kann mir gar nicht vorstellen, dass ich nach drei Monaten Schmerzen richtig auf den Fuß draufsteigen und ganz normal fahren kann."

Dummerweise fuhr ich an diesem Abend (bei Flutlicht) so gut wie noch nie in meinem Leben. Das Material war sensationell, es passte alles. Das sehe ich heute noch, wenn ich mir das Video von dem Lauf anschaue. Mit einem Schlag hatte ich wieder Blut geleckt. Ich rief alle an und sagte zu, in Kranjska Gora zu fahren, ja ich war so überzeugt von der Spritze, dass ich mit dem Gefühl nach Slowenien reiste, gewinnen zu können.

In Kranjska Gora aber war alles wieder beim Alten. Ich konnte nicht einmal besichtigen, so weh tat das Knie, es war völlig entzündet. Meine Stimmung schlug wieder um: „Das kann nicht gut sein für meine Gesundheit!"

Wir hatten – das ist nur in Kranjska Gora so – einen Mannschaftsbus, in den wir uns zurückziehen, wo wir Würstel essen, Tee trinken, aufwärmen und relaxen konnten. Dort tagte der große Trainerrat. 20 000 Zuschauer sorgten draußen für einen Riesenwirbel. In einer solchen Situation ist es unglaublich schwer, einen Rückzieher zu machen. Ich war von Journalisten mit der Gefahr für meine Sehne konfrontiert worden und hatte geantwortet, ich sei mir sicher, sie könne nicht reißen, auch meine Ärzte seien davon überzeugt. Diese Aussage hatte ich auf der Fahrt immer wieder im Radio gehört. Allerdings: Ich glaubte nicht mehr daran. Die Schmerzen waren zu groß.

Auch die Trainer beratschlagten. Gute Nummer, gute Piste, gute Chancen. Daraufhin gab ich nach: „Okay, her mit der Spritze!"

Damit aber war es nicht ausgestanden, im Gegenteil. „Angst essen Seele auf", der Titel von Fassbinders Filmklassiker, beschreibt meinen Weg zur Einfahrpiste treffend. Ich wusste, dass es nicht gut gehen würde. Warum ich es trotzdem getan habe? Ich weiß es nicht. Ich schob die Entscheidung vor mir her. „Beim Einfahren kann ja nichts passieren", beruhigte ich meine inneren Zweifel, „und dann kann ich immer noch entscheiden, ob ich wirklich starte." Dazu kam es nicht mehr.

Die schlimmsten Sekunden meines Lebens

Es war beim dritten Tor, ich war noch nicht einmal richtig draufgestiegen. Die Sehne war so malträtiert, dass es ein lautes, schnalzendes Geräusch gab und dann war sie ab. Dieses Geräusch werde ich nie vergessen und auch nicht die Sekunden der Hilflosigkeit, die nun folgten. Ich konnte mich einfach nicht mehr halten. Der Streckapparat war hin, der Fuß wurde zurückgerissen, die Bindung öffnete sich nicht, Fuß und Schi wirbelten haltlos herum, während ich hundert Meter auf dem Eis nach unten rutschte, ohne etwas dagegen unternehmen zu können. Kaum lag ich endlich ruhig, wollte ich im Schock aufstehen, stützte mich mit dem rechten Fuß ab, wollte auf den linken steigen, sackte aber durch. Da legte ich mich hin und wartete, bis jemand kam, um mich abzutransportieren.

Der Weg ins Auto: Die Sehne ist hin, ich fühle mich wie in Trance. Foto: GEPA

Es war kurz vor dem Start des Rennens. Bis der erste Helfer da war, vergingen gut drei Minuten. Zehn Minuten vielleicht, bis ich verpackt war und wegkam, jede einzelne Sekunde davon eine Ewigkeit. Und ständig verfolgte mich der Gedanke: „Ich bin ein Volltrottel!"

Ich rief meinen Vater an, er solle sich sofort ins Auto setzen, um mich zu holen. Zuerst lag ich im Erste-Hilfe-Zimmer und verfolgte am Fernseher den ersten Durchgang mit, aber abwesend, wie ein unbeteiligter Zuschauer. Es war alles weit weg. Auf die ärztliche Diagnose hin, die Sehne sei gerissen, dachte ich nur: „No na, das weiß ich selber auch."

Sieben Stunden im Auto. Ich war völlig fertig und brütete nur vor mich hin. Mike rief mich an und instruierte mich, man solle bei der folgenden Operation darauf achten, dass die Kniescheibe richtig positioniert werde. Er war überhaupt der erste, der mich anrief, denn er wusste genau, welche Verletzung das ist und wie schlecht es einem dabei geht. Immerhin hatte es sich meine Kniescheibe irgendwo in der Mitte des Oberschenkels bequem gemacht.

Irgendwann während der Fahrt, wir waren eben über der Grenze, beschlossen wir, essen zu gehen. Meine Freundin Claudia Riegler trainierte in Flachau und ich rief sie an, um mich mit ihr zu treffen. Dabei ereignete sich etwas, das man auch als Vorboten werten kann, dass es zwischen Claudia und mir nicht gut gehen konnte. Ihr Trainer Sepp Weißenbacher fand sie nicht; offensichtlich hatten sie sich verfehlt. Eine Stunde später rief mich Claudia im Auto an: Weißenbacher sei „voll angefressen“: „Er glaubt, ich habe mit dir Videos angeschaut und analysiert und du hast mir meine Fehler gesagt.“ Ich meldete leise Zweifel an seinem Geisteszustand an. Es war einfach irre zu meinen, ich würde mit Claudia Videos anschauen, während meine Kniescheibe irgendwo im Oberschenkel herumhing. Weißenbacher glaubte ihr jedenfalls nicht, dass wir nur essen waren, worauf sie eine Menge Probleme bekam, auch mit ihren Eltern.

Eine dumme Situation, die ich aber einfach überging, weil ich wirklich anderes im Kopf hatte. Am selben Tag bekam Claudia Fieber und rief mich im Auto an, was sie tun solle; sie war unfähig, selber zu handeln. Ich schickte sie um eine Vitaminspritze zu einem Arzt in Radstadt.

Claudia, so lustig sie nach außen immer wirkte, wurde ständig von Selbstzweifeln geplagt. Ihr größtes Problem war ihr nächstes Rennen und nicht das, was mir passiert war. Auch das realisierte ich zu diesem Zeitpunkt nicht richtig, weil ich mich zeitweise in einer Art Trance befand. Wie schlecht es ihr wirklich ging, bemerkte ich erst, als sie mich nach ihrem nächsten Rennen anrief. Sie war nicht gut gefahren und meinte, es wäre ihr lieber, sie läge im Krankenhaus und ich könnte fahren, weil ihre schlechte Form so furchtbar für sie sei. Ich konnte ihr damals nicht beibringen, wie viel schlimmer es ist, sein Schicksal nicht selber bestimmen zu können.

Das alles gipfelte darin, dass sie dem Druck ihrer Eltern und ihres Trainers nachgab und mich in den zweieinhalb Monaten, die ich mit Operationen und Rehabilitation im Krankenhaus verbrachte, nie besuchte. Kein einziges Mal. Obwohl sie ein Rennen in St. Anton absolvierte, von wo aus sie in einer halben Stunde bei mir hätte sein können. Sie kam nicht und das hat mich getroffen.

Verzweiflung

Ich saß noch immer apathisch im Auto, als ich von einem Journalisten angerufen wurde. Er fragte mich, was ich denn nun machen werde, da meine Karriere ja offensichtlich zu Ende sei. Zuerst war ich konsterniert, dann böse. Ich wies ihn ziemlich schroff darauf hin, dass ich eigentlich schon vorhätte, weiter zu fahren und diese Frage in meiner Situation nicht sehr passend fände. Mit diesem Gespräch setzte ich mich noch lange innerlich auseinander, weil die Frage nach der Zukunft ohne Schier etwas so Endgültiges hatte.

Das Handy war ständig eingeschaltet, weil Claudia wegen ihrer Gesundheit oft etwas brauchte. Deshalb war das eine oder andere weniger erfreuliche Telefongespräch nicht zu vermeiden.

Im Spital empfing mich ORF-Reporter Thomas König, der heute im Fußball eingesetzt ist; damals war er in den Anfängen seiner Karriere. Obwohl er ein sehr angenehmer Gesprächspartner war, wurde dies das schwerste Interview, das ich jemals gegeben habe. War ich im Auto stundenlang allein und in mich versunken gewesen, so wurde es mir nun vor dem Mikrofon abrupt bewusst, wie öffentlich mein Schicksal war. Ich war aufgewühlt, konnte die Tränen nicht zurückhalten und meine Verzweiflung wuchs immer mehr.

Wieder wurde ein Team zusammengeholt und sofort operiert: Erst auf dem Operationstisch schnitt man mir den Rennanzug in Streifen vom Körper. Die Sehne wurde zusammengenäht, nicht aber verstärkt, und die Kniescheibe mittels Halteband fixiert.

Mein Vater war in der ersten Nacht bei mir im Zimmer. Ich hatte ein lästiges Staubkorn im Auge und konnte deswegen nicht gut schlafen. Wir diskutierten viel, natürlich auch, wie es weitergehen sollte, und ich deponierte deutlich, dass ich unbedingt weitermachen wolle. Diese Nacht brachte mir das Gleichgewicht wieder zurück. Das ist überhaupt eine Fähigkeit, die ich besitze: Ich brauche nie wirklich lange, um Schläge zu überwinden, und sinniere nicht über Dinge nach, die ohnehin nicht mehr zu ändern sind.

Am nächsten Tag kam ORF-Sportchef Elmar Oberhauser höchstpersönlich zum Interview. Ich sah aus, als hätte ich die ganze Nacht geweint; dabei war es nur dieses blöde Staubkorn, mit dem ich mir das Auge rot gerieben hatte. Oberhauser war völlig überrascht, weil ich so gut gelaunt war.

Sehr schnell, fast radikal stieg ich wieder in die Therapie ein. Im Rahmen des Hahnenkammrennens in Kitzbühel Mitte Jänner 1999 hatte unser Landeshauptmann Erwin Pröll zum Niederösterreich-Abend geladen, bei dem auch Michaela Dorfmeister dabei war. Dort marschierte ich schon ohne Krücken ein, nur mehr mit Beinschiene, und das war gerade zwei Wochen nach dem Riss in Kranjska Gora. Ich war sogar selber mit dem Auto dort, weil ich von Audi ein Automatik-Fahrzeug mit Tiptronic zur Verfügung gestellt bekommen hatte. Der erste Schritt zurück ins normale Leben. Heute weiß ich, dass diese frühe Mobilisierung ein Fehler war und die Grundlage dafür, dass es so kam, wie es dann gekommen ist.

Nach einer solchen Verletzung läuft es mit einer guten Therapie anfangs rasant, vom ersten allein gemachten Schritt bis zum Stiegensteigen und Balanceübungen; man ist überzeugt, die Geschichte sei ruck zuck erledigt. Aber irgendwann kommt die Stauphase. Dann steht plötzlich alles, man bewegt sich wie durch zähen Schleim.

Aber in diese Phase kam ich erst gar nicht.

DER NÄCHSTE SCHOCK

Anfang März 1999. Das tägliche kleine Erfolgserlebnis bestand darin, das Bein allein ins Bett hineinzuheben, ohne die Hände dabei zu Hilfe zu nehmen. Die Haltebänder waren operativ entfernt worden, dabei hatte man auch eine Periostlappenverstärkung durchgeführt, bei der die Beinhaut von der Kniescheibe heruntergezogen wird.

Andi Lotz kam vorbei und schaute sich die Sache an. Seine Diagnose war niederschmetternd: „Du, die Sehne schaut nicht gut aus. Die hat ein Loch, gehört dringend verstärkt."

Noch eine Operation! Meine Unsicherheit wuchs von Stunde zu Stunde. Depressive Phasen wechselten mit aggressiven, ich hatte keine Ahnung mehr, wem ich vertrauen sollte. In meiner Not erzählte ich alles meinem Vater, der sich an Gunnar Prokop wandte, und dieser brachte seinen Teamarzt bei Hypo Niederösterreich und beim Handball-Nationalteam, Hans-Paul Kutschera, ins Spiel. Kutschera erstellte eine Magnetresonanz und kam zu demselben Schluss wie Andi Lotz: „Das schaut nicht gut aus. Aber wir geben der Periostlappenoperation noch eine Chance bis Anfang Mai. Wenn sich bis dann nichts tut, tut sich später auch nichts mehr. Dann müssen wir verstärken."

Es tat sich nichts. Ich übersiedelte ins Institut für sportmedizinische Beratung (ISMB) in der Südstadt, und nach eingehender Beratung führte Kutschera am 6. Mai den Eingriff durch. Ein Teil der Patellasehne des gesunden rechten Knies wurde entnommen und im linken eingesetzt. In dieser Situation die absolut logische Vorgangsweise, das wurde später auch von einigen anderen Medizinern bestätigt.

Als ich zur ersten Besprechung im ISMB eintraf, wurde ich am Gang von einer hübschen blonden Frau fast über den Haufen gerannt, die später noch eine große Rolle in meinem Leben spielen sollte. Genauer gesagt, die Hauptrolle: meine jetzige Frau Heidi. Aber wie heißt es so schön: Das ist eine andere Geschichte…

EINE LIEBE ZERBRICHT

Meine Beziehung zu Claudia war damals schon stark belastet. Sie war viel bei den Rennen unterwegs; Treffen waren nur möglich, wenn ich nach Salzburg fuhr. Unsere Wohnung dort lag im ersten Stock; ich ging mit einem Rucksack einkaufen und hüpfte mit den Krücken die Stiegen hoch. Es kam regelmäßig zu Diskussionen, weil immer ich nach Salzburg reiste, sie aber nie zu mir. Ich schlug ihr vor, in der Südstadt zu trainieren, um bei mir zu sein. Sie probierte es zwar, aber es wurde nichts Rechtes daraus und beim zweiten Versuch ging dann alles in die Brüche. Wir kämpften beide um unsere Liebe, aber wie sich herausgestellt hat, war es letztlich unmöglich. Es passierten Dinge, vor allem mit ihren Eltern – man muss sich schon sehr gern haben, wenn eine Beziehung so etwas aushalten soll.

Heidis Art hat mich fasziniert. Ich glaube, sie verstand so gut, was ich in dieser Situation brauchte, weil sie selber eine noch viel schwierigere Zeit durchgemacht hatte. Übrigens genierte sie sich vor mir, weil sie humpelte, und machte oft vorher Übungen, um halbwegs normal gehen zu können.

Claudia – eine Liebe, die ich glorifizierte, die aber keine Zukunft hatte.

Die Chemie zwischen uns stimmte von Beginn an. Wenn Claudia nicht gewesen wäre, hätte ich mich sicher gleich von Anfang an in Heidi verliebt. Irgendwann gab sie mir ein Buch, das sie geschrieben hatte. Es nahm mich so gefangen, dass ich es in einem Zug durchlas, und immer hatte ich dabei den Eindruck, sie stehe neben mir und spreche mit mir.

Trotzdem verschwendete ich anfangs keinen Gedanken daran, Heidi zur Freundin zu haben, weil eben Claudia da war. Ich glorifizierte diese Beziehung, weil ich dachte, wir seien füreinander bestimmt.

Bei der ersten Begegnung mit Heidi war auch mein bisheriger Therapeut Martin mit dabei. Die beiden führten ein Gespräch über mich, und als ich mich einmischen wollte, schnitt sie mir – was auch jetzt noch ihre Art ist – einfach das Wort ab und sagte: „Tu nicht g'scheiteln, jetzt red ich mit dem Martin, der kennt sich da besser aus als du." Da war ich felsenfest überzeugt, dass ihr Martin gefiel. Und für mich selber sah ich auch schon schlimme Perspektiven: „Die redet so viel, das wird schwierig, denn ich schlafe bei der Therapie meistens ein." Das bemerkte sie allerdings schnell.

Die Architekten des Comebacks

Gemeinsames Qi Gong – eine ganz eigene Erfahrung. Einerseits waren Heidi und ich einander dabei sehr nahe, andererseits wussten wir beide, es darf nichts passieren. Aber nachdem der Bruch mit Claudia endgültig war, dauerte es nicht mehr lang und wir waren ein Paar.

Vieles, das Claudia mir nicht geben konnte, gab Heidi in besonderem Ausmaß. Nach dem zweiten Riss der Patellasehne war sie im Operationssaal dabei, war der Ohnmacht ein paar Mal nahe und wartete dann die ganze Nacht auf einem Sessel neben meinem Bett, bis ich aufwachte, damit sie mir erzählen konnte, was los war. In dieser extrem schwierigen Situation war sie immer für mich da. Sollte ich jemals in die Versuchung kommen, Pferde stehlen zu wollen, dann nur mit ihr. Sie ist eine, auf die man sich verlassen kann, wenn es einem ganz schlecht geht. Das gibt ungemein viel Kraft, was in meiner damaligen Situation notwendig war. Ohne diese Frau hätte ich das Comeback nie geschafft. Sie, meine Eltern und Hans-Paul Kutschera, das sind die vier wichtigsten Personen für mich und meinen zweiten Anlauf.

Die Operationsmethode, die Kutschera angewandt hat, hätte wahrscheinlich aus der gegebenen Situation heraus niemand sonst in Österreich gewagt. Und ohne meine Eltern wäre es auch nicht gegangen. Die Geduld, die mein Vater bei all dem vielen Auf und Ab, bei den unzähligen Zweifeln aufgebracht hat, die muss jemand einmal haben. Nicht nur einmal brach ich das Training ab und erklärte: „Aus und vorbei!“ Dabei redete ich mich immer wieder auf das Knie aus. Schlechte Piste, Motivationsloch – und schon geht es nicht, weil das Knie nicht mitspielt.

In keiner Phase dieser Verletzungsserie und des Comebacks hat mich mein Vater zu etwas gezwungen oder gedrängt. Er sagte einfach: „Schau, im Prinzip bist du gut gefahren, hast viel erreicht, hast gutes Geld verdient, du brauchst nur mehr zu fahren, wenn es wirklich noch Spaß macht.“ Als ich antwortete, dass ich unbedingt fahren wolle, wandelte er sich umgehend vom Vater wieder zum Trainer und erstellte sofort die Pläne.

Riss Nummer zwei

Im Juni 1999 kehrte ich vom ISMB aufs Hochkar zurück und wir arbeiteten intensiv nach Vaters Plänen mit Orientierung Schi. Der Muskel war relativ gut entwickelt, vom Trockentraining her fühlte es sich recht gut an. Einzige Einschränkung: Das Knie war immer wieder geschwollen. In den drei Monaten der Saisonvorbereitung wurde ich mindestens zwanzigmal punktiert, um die Blutergüsse wieder herauszuholen. Es zeigte sich, dass irgendetwas nicht stimmen konnte. Der erste Schritt eine Stiege hinunter wurde fast jedes Mal von einem harten Knacken im Knie begleitet.

Im Juli meldete ich meine Zweifel an. Meine Angst, dass die Sehne wieder reißen könnte, nahm überhand. Die Aufgabe eines Trainers ist es natürlich, diese Angst zu nehmen. Vater redete mir immer wieder gut zu, mit dem Tenor: „Wenn du so denkst, brauchst du nicht weiterzumachen."

Irgendwie habe ich versucht, es zu verdrängen, was mir auch phasenweise gut gelang. Ab und zu aber war die quälende Ungewissheit wieder da. Wenn ich mit Heidi auf dem Mountainbike unterwegs war, sprach ich oft mit ihr darüber. Auch sie war optimistisch. Ein nochmaliger Riss? Glaube ich nicht! Balsam auf meine wunde Seele, aber meist nur eine vorübergehende Erleichterung.

Im September begannen wir auf dem Gletscher in Sölden mit dem Schneetraining. Wir fuhren zwei Tage frei und begannen dann, leicht zu trainieren. Auf einen Schlag waren die Schmerzen und die Schwellung wieder da. Hans-Paul Kutschera nahm daraufhin einen weiteren Eingriff vor und entfernte dabei eine Verwachsung im äußeren Bereich, die für das Knacken verantwortlich war. Auch die Schmerzen waren nun weit geringer.

Beim nächsten Versuch passierte es trotzdem. Die Sehne war zu schwach, sie riss wieder, ohne Loch in der Piste oder andere äußere Einwirkung. Sie hielt einfach der Belastung eines Slalomlaufs nicht stand.

Im Gegensatz zum ersten Riss in Kranjska Gora war ich diesmal völlig ruhig. Ich glaube, ich war der Gefassteste von allen. Ich hatte gefühlt, dass es passieren konnte, hatte diese Situation schon einmal erlebt und tröstete nun Heidi und meinen Vater. Für mich war klar, dass mit diesem Augenblick das Leben nach dem Schirennsport begonnen hatte. Auch Kutschera, der mit seiner Frau und seinen Zwillingen dabei war, bestätigte mich in meiner Meinung: „Mit dem Schifahren ist es jetzt vorbei."

Sölden, wenige Sekunden vor dem zweiten Riss meiner Patellasehne.

Nur Vater wollte es nicht wahrhaben: „Sag es noch nicht offiziell, schauen wir uns einmal die Verträge an, damit wir keinen Blödsinn machen." Er verhinderte damit, dass ich sofort meinen Rücktritt vom Schirennsport verkündete. Heute bin ich ihm dankbar dafür, denn sehr bald stellte sich heraus, dass es noch weitere Behandlungsmöglichkeiten gab und damit die Chance auf ein Comeback da war. Zugegebenermaßen eine kleine, aber sie war vorhanden.

Nach langem Überlegen präsentierte mir Kutschera drei Varianten. „Eine Eigensehnenverstärkung mache ich dann, wenn du sagst, du fährst sicher nie wieder rennmäßig Schi. Dann wären da noch die Spendersehne und die Verstärkung durch ein Kunstband."

Er selbst tendierte zur Spendersehne, einer gesunden Sehne von einem Toten, einem Unfallopfer. Vom Kunstband wusste er eigentlich nur, dass es das gab. Später flog er extra nach Amerika, um sich in verschiedenen Krankenhäusern bei Spezialisten zu erkundigen, welche Möglichkeiten wir hätten, auch bei einer Eigensehnenverstärkung.

Die Spendersehne war bereits erfolgreich bei Leuten eingesetzt worden, die sich die Patellasehne zerfetzt hatten, allerdings nicht bei Spitzensportlern. Diese Variante sagte mir vom Gefühl her nicht zu, was nichts mit ethischen Gründen zu tun hatte, sondern einfach mit einem Gefühl der Unsicherheit. Hätte man das hundertmal erprobt und für sicher befunden, dann hätte ich mich ohne weiteres darauf eingelassen. In der Situation, in der ich mich befand, wäre ich froh über jeden Strohhalm gewesen, an den ich mich klammern konnte. Aber es gab einige Unsicherheitsfaktoren. Da würde etwas einem fremden Körper entnommen werden; dabei musste es schnell gehen, damit das fremde Gewebe nicht abstarb. Aber Krankheiten wie AIDS oder Hepatitis haben Inkubationszeiten von mehreren Wochen, also wäre ein Restrisiko vorhanden gewesen. Hätte man diese Bänder andererseits allen nötigen Sterilisationsschritten unterzogen, dann hätte eventuell die Reißfestigkeit gelitten. Ein Teufelskreis.

Angesichts dieser Hürden gab auch Kutschera die Idee auf. Blieb aus seiner Sicht nur noch das Kunstband.

Heidi und ich suchten in der Folge noch einige andere Ärzte in Österreich auf, was Hans-Paul verständlicherweise wenig begeistert zur Kenntnis nahm. Großteils riet man mir zur Eigensehnenverstärkung, auch im Hinblick auf ein Comeback. Wir entschieden uns trotzdem, es mit dem Kunstband zu versuchen, denn damit blieb eine Hintertür offen: Ging es schief, dann blieb als Exit-Lösung noch die Eigensehnenverstärkung, die wenigstens so sicher war, dass ich später wieder Hobbysport betreiben konnte. Durch das Kunstband wurde mein Körper als „Ersatzteillager" nicht angegriffen.

Kutschera jettete noch einmal nach Amerika, um sich eingehend zu erkundigen, ehe er die Operation wagte. Eine Operation, die für viel Aufsehen sorgte und die Heidi auf Video aufgenommen hat.

Das Experiment

Hans-Paul Kutschera ist ein angesehener Wiener Chirurg und seit Jahren Teamarzt der Damenhandballmannschaft Hypo Niederösterreich. Dass ausgerechnet er es war, der das Sykora'sche Knie mittels eines aufsehenerregenden Experiments noch einmal renntauglich machen sollte, war – einmal mehr – einem Zufall zu verdanken. Der 40-jährige fuhr eben im Auto mit Gunnar Prokop vom Nachtschilaufen am Semmering nach Hause, als Sykoras Vater Ernst anrief und seinem Schwager Prokop die Situation von Thomas schilderte. Prokop wollte Kutschera sofort einbinden, dieser aber winkte ab: „Um Gottes Willen, der Sykora, da geben ohnehin schon hundert Leute ihren Senf dazu, muss nicht noch Meinung Nummer 101 dazukommen."

Prokop drängte aber weiter und so kam es zu einem ersten Treffen Kutschera – Sykora im Bundessportzentrum Südstadt. „Sykora hatte Schmerzen, im Genesungsprozess ging nichts weiter. Dazu kamen viele verschiedene Fachmeinungen, er war völlig verunsichert", erinnert sich Kutschera an das Gespräch. „Thomas ist ein Mensch des öffentlichen Lebens, man konnte sehr viel mit ihm erreichen, wenn man das gut machte. Bekannte Leute mit bestimmten Problemen ziehen es an, Lösungen en masse serviert zu bekommen, ob von Ärzten, die es gut mit ihnen meinen, oder von Wunderheilern. Da muss man sehr stark sein, um herauszufiltern, was wirklich gut ist."

Kutschera bot Thomas Sykora an, einen Plan zu erstellen und durchzuziehen: „Wenn du willst, dass ich das mache, dann bin ich bereit. Aber wir müssen an einem Strang ziehen, das können wir nur gemeinsam schaffen." Sykora sagte spontan zu.

Da sich das Knie nicht stabilisierte, stand eine Operation im Raum. „So eine Situation hat man als Arzt wahrscheinlich einmal im Leben vor sich: ein Spitzensportler, der wieder zum Spitzensport zurück will. Mit einer derart lädierten Kniesehne wäre es an sich vorbei gewesen. Ich brütete nächtelang über diversen Möglichkeiten und entschied mich dafür, ähnlich wie bei einer Kreuzbandplastik einen Teil der Sehne des gesunden Knies zu entnehmen und in das kranke zu verpflanzen, um die schlechte Sehne zu stärken."

Schon diese Idee war revolutionär, denn was beim Kreuzband gang und gäbe ist, war damals in einer Patellasehne noch nie versucht worden. Die Operation gelang gut, so schien es. „Da bekam ich zum ersten Mal mit, was als Arzt eines Prominenten auf mich zukommen sollte. Ich hatte dieses Experiment gewagt und stand damit unter Beobachtung aller anderen, die ihre Tipps nicht mehr abgeben konnten. Thomas war jetzt eben bei mir und ich hatte Gedeih und Verderb des Weltcupsiegers in meiner Hand. Eine psychische Belastung, die wirklich gewaltig ist."

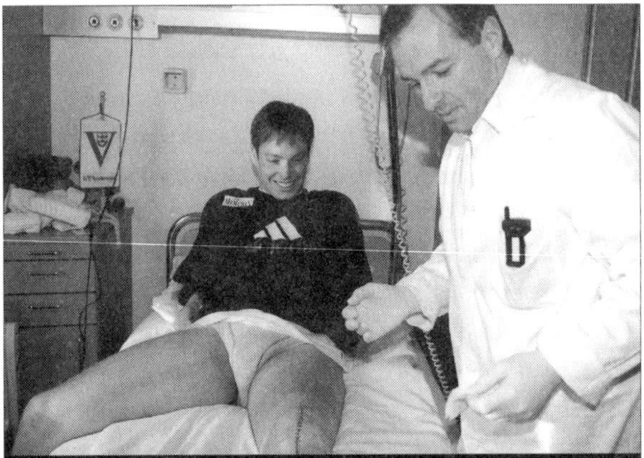

Hans-Paul Kutschera begutachtet sein Werk, eine 30 Zentimeter lange Narbe. Darunter drei Kunstbänder.

Im Zuge des Aufbaus nach der Operation gelang allerdings eines nicht (was aber erst später offensichtlich wurde): die Kniescheibe in die richtige Position zu bringen. „Sie stand zu hoch, weil die Naht unten zu lang gelassen wurde. Ich konnte diese Stellung nicht korrigieren, weil ich den Rest der Patella nicht angreifen wollte, sondern nur die Sehne verstärkte. Die Operation verlief sehr gut. Ich hatte sie mir in Hunderten nächtlichen Traum-Operationen so vorgestellt und durchgedacht, wie sie letztlich auch glückte. Diese intensive Beschäftigung hatte nichts mit der Person und der Prominenz Sykoras zu tun, sondern mit der Komplexität der Aufgabe, weil ich so etwas vorher noch nie gemacht hatte."

Der Aufbau nach der Operation war – verglichen mit der späteren Kunstbandoperation – nie wirklich beschwerdefrei. „Wir waren einige Male miteinander laufen und trafen uns einmal am Gießhübl, spielten dort Fangen wie zwei kleine Kinder. Ich versuchte, ihn dabei zu einer Spontanbewegung zu verführen. Da war zu sehen, dass er nicht wirklich frei war, im Unterbewusstsein der Sache nicht traute."

„Das berühmt-berüchtigte erste Schifahren in Sölden bestritten wir wohl alle mit gemischten Gefühlen. Es war ein wunderbarer Tag, Sonnenaufgang, eine Stimmung, die ich nie vergessen werde. An einem Tag ein Hoch und ein Tief, wie man es selten hat. Die Untersuchungen hatten gute Ergebnisse gebracht, ich war zum damaligen Zeitpunkt überzeugt, dass man nichts anderes hätte machen können. In all den Fachgesprächen mit Kollegen wurde nie eine andere Idee aufs Tapet gebracht. Trotzdem war da ein leichtes Grummeln im Bauch. Ich hätte nichts darauf verwettet, dass es funktionieren würde."

Es funktionierte – einige Trainingsläufe lang. „Ein Wahnsinnsgefühl, geradezu Euphorie: Ich sehe Thomas Schi fahren! Und nach den ersten Läufen, als er durch die Stangen fetzte, war ich überzeugt: Wir haben es geschafft! Im vierten Lauf aber war schon von oben an eine Veränderung in seiner Körpersprache zu sehen, er fuhr verhaltener. Dann plötzlich rutschte er aus dem Kurs, das Bein hing herunter und ohne zu hören, was er sagte, wusste ich: Das Band ist wieder ab. Das Hochgefühl, die Euphorie verwandelten sich innerhalb von Sekunden in tiefe Niedergeschlagenheit. Kein Schuldgefühl, dazu hatte ich ihn zu oft auf alle Eventualitäten hingewiesen, aber Enttäuschung, tiefe Trauer und Mitleid. Ich konnte die Tränen nicht zurückhalten."

Nach einer kurzen Zeit der Lähmung wurde Kutschera wieder aktiv. Er trommelte in Windeseile sein Team zusammen: noch am selben Tag sollte operiert werden. „Thomas' größte Angst war, nie mehr normal gehen zu können. Diese Angst wollte ich ihm möglichst schnell nehmen. Im Auto während der Fahrt sprachen wir nicht viel, nur einmal sagte ich: ‚Thomas, ich bin so dankbar, ich habe dich noch einmal Schi fahren gesehen.' Das war so ziemlich das Blödeste, was ich in der Situation sagen konnte, aber das wurde mir auch erst später klar."

Als die ersten Journalisten anriefen, stand plötzlich der öffentliche Aspekt der Situation im Raum. „Alle Neider und die, die anders gehandelt hätten, waren bestätigt. Man wird dann sehr schwach, während andere sehr stark werden. Ich habe noch oft mit Menschen meines Vertrauens gesprochen, was man hätte anders machen können. Das setzt sich im Kopf fest und arbeitet. Zwei Wochen habe ich gebraucht, um mich von diesem Tiefschlag zu erholen. Zwei Wochen, bis der Arztberuf mich wieder so erfüllt hat wie vorher."

All dies spielte sich nur in der Gefühlswelt des Chirurgen ab; von außen kam nichts Negatives, wie er heute bestätigt: „Da hat mir die Persönlichkeit des Thomas Sykora sehr viel geholfen. Er ist ein Typ, dem man nicht böse sein kann, er wurde nie attackiert und auch ich nicht."

Im Spital wurde sofort operiert und die Sehne wieder zusammengenäht: „Sie war völlig zerfetzt. Als er wach war, nahm ich ihm die größte Angst, indem ich ihm versicherte, dass er sich wieder normal bewegen würde können. Aber ich schränkte auch ein: ‚Schifahren ist wohl nicht mehr möglich.' In der halben Betäubung nach der Narkose tröstete er mich: ‚Macht nichts, Hans-Paul, Hauptsache, ich kann wieder gehen.' Das sind Momente, da kriecht dir die Gänsehaut über den Rücken."

Die Besucher drängten sich und auch von der Zeitschrift SportWoche *war jemand da, der eine eigens gestaltete Titelseite mit dem Motto „Syki's Comeback" überreichte. „Das hat mich so bewegt. Dieser Mensch hatte jetzt seine große Schikarriere verloren. Das konnte es doch noch nicht gewesen sein. Ich dachte pausenlos nach, obwohl wir vereinbart hatten, dass wir nichts mehr machen. Und irgendwann, mitten in der Nacht, weil ich es nicht mehr für mich behalten konnte, präsentierte ich seiner Frau eine Idee, nicht mehr. Nur die Chance, den Strohhalm. Die Überlegung, es doch noch einmal zu versuchen. Am nächsten Tag fragte er mich, was ich Heidi da erzählt hatte. Ich spekulierte damals mit dem Einsatz einer Spendersehne oder irgendetwas anderem, von dem ich noch nichts Konkretes wusste."*

Kurz danach flog Hans-Paul Kutschera in die USA, um sich an der University of Miami über Transplantationsmethoden zu informieren. „Meine Überlegungen hatten schon konkrete Formen angenommen, da überkamen mich Zweifel. Wieder etwas völlig Neues, und das gerade bei Thomas! Die Presse scharrte schon in den Startlöchern, die Belastung war enorm. Aber er selbst war dem gegenüber sehr aufgeschlossen."

Durch Zufall hatte Kutschera von den neuartigen Lars-Kunstbändern erfahren, von denen er sich eine Probe senden ließ. Bei Kreuzbandverletzungen waren sie bereits erprobt worden, bei einer Patellasehnenverletzung aber noch nicht. „Ich ließ Vertreter kommen, suchte mir wissenschaftliche Arbeiten heraus und arbeitete sie durch, ohne Thomas etwas davon zu sagen. Ich hatte schon einen Plan, als mich die Zweifel wieder überfielen: ein solches Experiment und das ausgerechnet bei Thomas. Ich setze meinen Ruf als Mediziner aufs Spiel! Aber ich grübelte weiter darüber nach und irgendwann erkannte ich: Das ist es jetzt. Nur – wie sollte ich es machen? Wie viele Bänder, wie verankern, dass sie nicht ausrissen, wo war der Schwachpunkt? Wieder kostete mich diese Überlegung viele nächtliche Stunden."

Als Thomas Sykora von der Absicht Kutscheras erfuhr, war er sofort begeistert, aber auch ungeduldig. Ungeduldig, weil sich der Arzt immer wieder Bedenkzeit erbat, um das Experiment reifen zu lassen. „Ich wollte ihm einen fertigen Plan vorlegen und schob deswegen die Entscheidung hinaus. Er verstand das falsch und wurde selber unsicher, begann sich bei anderen Ärzten zu erkundigen. Als ich davon erfuhr, war ich vor den Kopf gestoßen und die Stimmung zwischen uns kühlte für zwei Wochen auf den Gefrierpunkt ab."

Es kam zu einem klärenden Gespräch, in dem Arzt und Patient sich wieder aufeinander einschworen. „Gerade aus dieser Situation heraus vertiefte sich unsere Freundschaft noch. Ab diesem Zeitpunkt zogen wir an einem Strang."

Bei der Operation sollten drei Bänder eingelegt werden, um die zu schwache Patellasehne zu stärken: ein starkes mittleres und zwei schwächere seitlich. Jedes von diesen drei Bändern ist fünfmal so reißfest wie eine gesunde Patellasehne.

Im Unterschenkelbereich wurden drei Löcher gebohrt, die Bänder eingeführt und mit Schrauben fixiert. Der flache Teil der Bänder wurde durch die Knochenhaut über der Kniescheibe durchgezogen und mit Titanankern und über 40 nicht resorbierbaren Nähten in der Kniescheibe verankert. Am anderen Ende legte der Chirurg die Kunstbänder in die Sehne, um das natürliche Band mit dem Kunstband verwachsen zu lassen, was auch gelang, wie sich später erwies.

Sykora spürte zwar schon zwei Tage nach der Operation, dass hier etwas wesent-

lich anderes gemacht worden war als bisher, dass es ihm wesentlich besser ging, hielt aber diesmal die Euphorie zurück. Das gebrannte Kind war vorsichtig geworden.

Kutschera hatte ihm vorher garantieren müssen, dass im Falle des Misslingens seine Gesundheit nicht gefährdet sei: „Das habe ich auch getan. Ich versicherte ihm, wenn es durch den Sport wieder zu Komplikationen käme, dann könne ich die Operation problemlos so wiederholen, dass normale Bewegungen bis hin zum Hobbysport in jedem Fall möglich seien. Man konnte immer reparieren. Aber es hat auch so gehalten."

Hans-Paul Kutscheras revolutionäre Operation führte dazu, dass ein Weltcupsieger dreieinhalb Jahre nach seinem letzten Rennen wieder in den Weltcupzirkus zurückkehren konnte. Seine Bilanz fällt daher trotz der Kürze des Gastspiels seines Patienten in der Weltspitze positiv aus: „Mit Gewalt geht halt leider nichts. Trotz eines Ausnahmetalents spielen Physiologie, Anatomie und biologisches Alter eine entscheidende Rolle. Dazu ist eine neue Technik gekommen: Die Schier schlugen und verursachten Schmerzen in beiden Knien. Aber trotzdem war dieses Comeback ungemein wichtig. Er hat den Zeitpunkt seines Rückzugs selbst bestimmt und ist dadurch jetzt mit sich im Reinen. Er hat es versucht, er weiß, dass das Knie funktioniert, und er ging aufrecht ab, mit dem Respekt aller. Dazu kommt, dass diese aus der Not kreierte Operationsform mit dem Kunstband inzwischen schon von den Universitätskliniken angewendet wird und bei über 300 Operationen, vor allem im Kreuzbandbereich, Patienten schnell und zuverlässig geholfen hat, ob Sportler oder nicht. Sie alle haben von dieser Ausnahmesituation profitiert.

Die Zeit mit Thomas als meinem Patienten hat mich geprägt und ich bin dankbar, dass ich diese Erfahrung machen durfte."

Die Hoffnung lebt wieder

Schon vor der Operation hatten Heidi und ich uns intensiv damit auseinandergesetzt. Die Gefahr einer allergischen Reaktion war vorhanden; in diesem Fall hätten wir die Bänder nach zwei Tagen wieder herausschneiden müssen. Und es gab eine quälende Ungewissheit, ob ich mich für die richtige Variante entschieden hatte.

Dieses flaue Gefühl im Magen hatte ich bis dahin noch nie verspürt. Trotz zweier Sehnenrisse war ich von der absoluten Macht der Götter in Weiß überzeugt gewesen. Erstmals war ich nun wirklich nervös.

Als ich aufwachte, fühlte sich das Knie ganz anders an als bei den bisherigen Operationen, viel schlanker. Zwei Tage später ging ich ohne Krücken spazieren. Keine Infektion, es lief wie am Schnürchen. Die Operation hatte am 16. Dezember 1999 stattgefunden und ich dachte nun wieder intensiv daran, Rennen zu fahren. Andi Lotz hatte mir geraten, mit der Operation bis Mai zu warten, ich wollte aber unbedingt schon im Dezember, um möglichst wenig Rehabilitationszeit zu verschenken. Egal, welche Behandlungs- und Operationsmethode angewandt wurde, es war alles nur auf ein Ziel ausgerichtet: Comeback im Weltcup.

Das haben mir viele Außenstehende nicht zugetraut. Überall, das weiß ich inzwischen, liefen die Diskussionen der Besserwisser in eine Richtung: Der macht das alles nur, um seine Sponsorverträge zu erfüllen. Stellt sich einmal zum Start, fährt schlecht oder verletzt sich, und das war's dann.

Das hätte ich einfacher haben können. Meine Vorgabe an Kutschera war: Verstärkung auf jeden Fall, sonst traue ich mich nie wieder, frei Schi zu fahren. Wenn jemand, der einmal Spitzenrennsport betrieben hat, einen ordentlichen Freischwung macht, kommt auch enormer Druck auf die Sehne. Also sollte die Verstärkung gleich so sein, dass auch Rennsport wieder möglich wäre. Mit einer kleinen innerlichen Einschränkung: Wenn es nicht funktioniert, bricht keine Welt zusammen. Nicht mehr.

Nun kam ein Jahr, in dem ich nicht sonderlich viel machen konnte. Trotzdem hielt sich meine Popularität, auch für mich überraschend, recht gut. Im Winter, kurz nach Weihnachten, sprang ich einmal für Mike Tritscher bei einer Autogrammstunde am Kreischberg ein. Heidi hatte vom Christkind neue Schi bekommen und war wie ein kleines Kind ganz wild darauf, sie auszuprobieren. Auf dem Weg erhielten wir einen Anruf, die Autogrammstunde sei abgesagt. Wir wollten aber nicht umkehren; also schwenkten wir um und fuhren nach St. Lambrecht. Während sie am Lift war, ging ich in ein Gasthaus zum Frühstück, weil sehr viele Leute auf der Piste waren, deren Fragen ich entgehen wollte. Aber es hatte sich trotzdem schnell herumgesprochen, denn als Heidi hinauffuhr, sagte der neben ihr fahrende Mann: „Mädel, musst ins Gasthaus gehen, da drin sitzt der Thomas Sykora!" Sie konterte nur trocken: „Und stell dir vor, der schaut mir beim Schifahren zu."

In der Anfangsphase, in der ich nur Rad fahren und leichte Laufschule machen durfte, entwickelte sich mein Leben in eine völlig neue Richtung. Ich wurde eine Art Hobbysportler, der zwar als Pseudo-Profi noch Geld verdiente und daneben für den ORF kommentierte, aber im Prinzip habe ich über ein Jahr lang einfach nur gelebt, nur das getan, was Spaß machte.

Heidi kündigte ihren Job im ISMB, um mich immer betreuen zu können. Ich wollte dort Therapie machen, wo ich gerade war, und zusätzlich planten wir unseren Betrieb auf dem Hochkar. Dann kam die Hochzeit, Heidi war schwanger und bekam Zwillinge. Es war eine ganz gute Erfahrung, in dieser Zeit einmal nicht Schi zu fahren.

Wettrennen mit Siebzigjährigen

Während ich im Krankenhaus der Barmherzigen Schwestern in Wien meine Therapie machte, trug ich Gips und konnte nicht Auto fahren. Ich fuhr mit Zug und Straßenbahn bis zum Westbahnhof und humpelte von dort aus ins Spital in der Stumpergasse.

Das war eine Art Wettrennen mit siebzigjährigen Pensionisten, Leuten, die kaum gehen konnten. An ihnen habe ich mich gemessen. Nachdem ich keinen Gips mehr hatte, sondern nur noch die Schiene und die Krücken auch nur zum Überwinden gröberer Hindernisse verwendete, rief ich Heidi voller Stolz an: „Du, ich habe heute meinen ersten Pensionisten überholt!“ In einer solchen Situation bäckt man eben kleinere Brötchen.

Bald war ich schneller als die meisten übrigen Fußgänger, und Ende März 2000 begann ich allmählich, wieder zu laufen: am Laufband, umringt von Primarärzten und Physiotherapeuten, die genau beobachteten, ob ich richtig lief, machte ich erste Versuche. Es ging dann recht rasant aufwärts. Täglich laufen und Unterwassertherapie – langweilig wurde mir nicht.

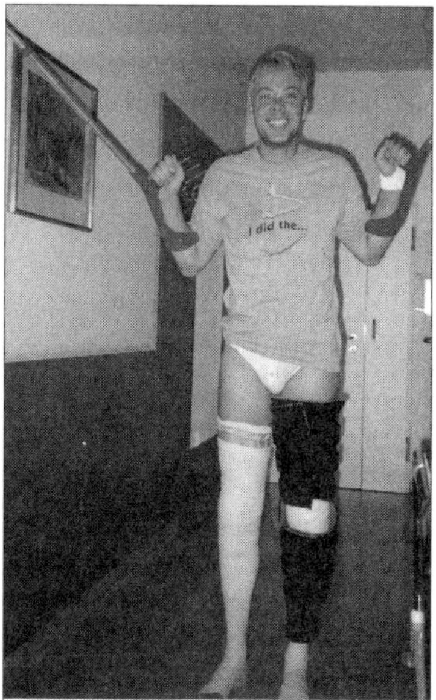

Ein Spitzensportler auf vier Beinen, alle vier gleich steif...

Tiefschlag

Wir hielten uns viel in Heidis Wohnung in Berndorf auf, weil die Baustelle auf dem Hochkar erst später entstand; die Pläne für unser Haus wurden laufend ent- und wieder verworfen. Neben den Laufübungen begann ich auch Rad zu fahren. Das erste Hineinschnuppern fand im Rahmen eines Konditionskurses des ÖSV statt, bei dem ein Gerät getestet wurde, das die Muskelfasern enervieren (so nennt man das, wenn ein Nerv dazu angeregt wird, den Muskel zu bewegen) kann. Ich fuhr dort Rad im richtigen Pulsbereich und war sehr optimistisch.

Im Juni hatte ich das Gefühl, wieder voll mit dem Training beginnen zu können. Ich wandte mich an Gerhard Außerlechner, einen ausgezeichneten Konditionstrainer, der aber nichts ohne die Zustimmung von Andreas Lotz machte. Also musste Lotz erst das Knie kontrollieren, ehe Außerlechner einen Trainingsplan erstellen konnte.

In Innsbruck wurden Magnetresonanzen angefertigt, aber die Bemerkungen, die da am Rande von Seiten der Ärzte fielen, summierten sich für mich zu einem Bild: Es stand für die Herren dort offensichtlich vorher schon fest, dass es nicht möglich sein konnte, noch einmal in Richtung Schirennsport zu gehen. Die beiden Chirurgen, die die Auswertungen vornahmen, klassische Yuppies, einer davon mit Telefonstöpsel im Ohr, fällten ein schnelles, aber nichtsdestoweniger vernichtendes Urteil: keine Chance mehr!

Heidi und ich hatten uns eine schöne Woche in Seefeld machen wollen; Heidi war seit kurzem schwanger, wir wollten viel spazieren gehen und ich hätte dazwischen in Innsbruck die ersten Trainingseinheiten abgespult. Nachdem aber Lotz die „Expertisen" der beiden tollen Chirurgen gehört hatte, riet er mir ab, es habe keinen Sinn mehr. In diesem Augenblick entschloss ich mich, endgültig aufzuhören. Alles umsonst, aber wenigstens ging es mir gut. Lotz riet mir, trotzdem dazubleiben und Gesundheitstraining zu machen, um ins „normale" Leben zurückkehren zu können. Aber darauf hatte ich keine Lust. Auf dem Hochkar war eine riesige Baustelle und ich sollte in Innsbruck trainieren, für nichts? Das interessierte mich nicht. Ich fuhr heim.

Trotzdem brachte ich es einfach nicht fertig, obwohl ich innerlich abgeschlossen hatte, auch öffentlich zu sagen: Freunde, es war schön, aber es ist vorbei.

Bei einem Stopp im Autobahnrestaurant in Mondsee wurde ich von einer Frau gefragt, wie es mir gehe, und ich machte auf Optimismus: Gut geht's, es geht vorwärts, jetzt darf ich nicht fahren, aber im Winter 2001 geht's wieder los – die alte Floskel eben, die ich überall und zu jeder Zeit heruntergebetet habe.

Ich hatte Lotz einen Maulkorb auferlegt, er solle nichts sagen. Seitdem hatte ich nicht mehr mit ihm gesprochen. Er wird sich gewundert haben, als ich erstmals wieder offiziell auf Schiern stand. Ich bin ihm aber heute nicht böse, im Gegenteil. Er hat seine Diagnose damals als Freund gestellt und wollte nichts riskieren. Die Verantwortung war einfach zu groß und er ist auf Nummer sicher gegangen und hat zuerst an mich und meine Gesundheit gedacht. Dafür bin ich ihm auch dankbar, denn er hätte es ja auch anders machen können, um sich auf meine Kosten zu profilieren.

Der Boxer steht wieder auf

Zwei Tage lang verkroch ich mich zu Hause und tat überhaupt nichts. Mein Leben war wie mein Haus – eine Baustelle. Irgendwann sagte dann Heidi zu mir: „Hast du schon einmal überlegt, dass in der Magnetresonanz nur deine normale Sehne zu sehen ist? Die Kunstbänder sieht man ja gar nicht, die liegen im guten Teil der Sehne versteckt. Die Sehne selbst sieht schwächer aus, aber die Träger sind die Kunstbänder und die wurden in den vorhandenen Teil der Sehne eingearbeitet. Ich will dir nichts einreden, aber die Zugbelastung liegt auf den Kunstbändern und die sind fünfmal stärker als eine gesunde Patellasehne."

Tennis zu spielen versuchte ich immer wieder, auch, als das Knie noch dick bandagiert war.

Plötzlich war wieder ein Hoffnungsschimmer da. Eigensehnenverstärkung, Spendersehne, das alles wäre auf den Bildern der Magnetresonanz zu sehen gewesen, das Kunstband aber nicht. Und reumütig erkannten wir, dass wir uns wieder von Hans-Paul Kutschera wegbewegt hatten, dem einzigen, der dieses Knie und seinen aktuellen Zustand wirklich beurteilen konnte. Wir hatten uns zwei Chirurgen anvertraut, die zwischen Tür und Angel, mit dem Telefonstöpsel im Ohr, leichtfertig eine endgültige Diagnose gestellt hatten und meinten, ich müsse sogar aufpassen, wenn ich die Stiegen hinunterspringe, selbst dann könne die Sehne reißen. Dabei hatte sie sogar beim Tennisspielen schon prächtig gehalten.

Als ich dann beschloss, es noch einmal zu versuchen, zog sich mein Vater bewusst zurück. Für ihn war es besonders schwer. Er konnte nicht einschätzen, was los war, und wartete ab. Das ist bis heute so geblieben. Während er früher auch das Konditionstraining steuerte, stimmte ich es zu Beginn mit Ärzten und mit Heidi ab und zuletzt nur noch mit dem Konditionstrainer des ÖSV.

Meine ersten Schwünge setzte ich, als ich mit meinen Schützlingen von der Racing School auf dem Kaunertaler Gletscher trainierte. Ich hatte zu viel Respekt, fuhr eigentlich nur mit dem rechten Schi und belastete den linken nicht. Dann übte ich ein paar Umsteigsprünge und ging anschließend sehr vorsichtig frei fahren.

Erst ein paar Wochen später, in Amerika, legte ich diese Vorsicht großteils ab. Ich war zum Kommentieren bei den Damenrennen dabei und setzte auf einer kilometerlangen, breiten Piste mit den Carvingschiern erste wirkliche Schwünge. Noch dazu mein Lieblingsschnee: griffiger Kunstschnee. Es hat wahnsinnig Spaß gemacht und auch für Aufsehen gesorgt.

Heidi und ich auf der Suche nach Schneewolken. Erfolglos, die Comeback-Pressekonferenz musste abgesagt werden.

Am 2. Dezember 2000 war die Eröffnung der Schirmbar auf dem Hochkar angesetzt. Pressechef Manfred Kimmel riet mir, für die zu erwartenden Journalisten ein paar Tore zu fahren, unter dem Motto: Die Zukunft hat begonnen, sowohl beim Schirm als auch im Rennsport. Eine Art Comeback-Pressekonferenz.

Da am Hochkar noch kein Schnee lag, übersiedelte ich kurzerhand auf den Dachstein, um vorher wenigstens ein paar Tore zu trainieren. Dort war es aber extrem eisig. Ich rutschte beinahe unkontrolliert zwischen den Stangen hin und her und dachte nur noch: „No, das wird was werden…“

Am 2. Dezember lag unerwartet kein Schnee auf dem Hochkar und wir sagten die Eröffnung ab. Die Temperaturen in diesem Winter waren so, dass wir erst relativ spät eine Trainingspiste hatten. Als sie fertig war, setzte Vater einen Kurs – und es lief am ersten Tag schon viel besser als am Dachstein. Ich fühlte mich wohl, das Umfeld passte, Vater war dabei und gab mir Tipps und Anweisungen. Nach drei, vier Tagen sah ich schon deutlich: Es geht was weiter!

EUPHORIEBREMSE

Dann begannen die Entzündungen, und zwar dort, wo der Nagel für das Kunstband am Schienbein ansetzte. Viermal musste ich das Training unterbrechen, zuerst für vier Wochen, dann jeweils für zwei. Von ärztlicher Seite wurde das als normal eingestuft und ich hatte auch kein Problem damit. Nur musste ich diese Schmerzen verbergen, denn durch das Kommentieren stand ich immer im Licht der Öffentlichkeit. In Sestriere konnte ich gerade noch zwischen den Toren hinunterrutschen, wollte aber um jeden Preis vermeiden, dass die Journalisten darauf aufmerksam wurden. Fragen konnte ich zu dieser Zeit am allerwenigsten gebrauchen. Unruhe rund um das Comeback wäre unvermeidbar gewesen. Es gelang mir, diese Schwächephasen zu verschleiern.

Die letzte Entzündung holte ich mir am 20. Juni, nach dem ersten Schneekurs mit dem ÖSV-Team am Stilfser Joch. Unter solchen Bedingungen war an ein kontinuierliches Training nicht zu denken. Die technischen Anweisungen konnte ich auf dem Schi nicht umsetzen, weil einfach alles weh tat.

Ich überwand auch diesen Totpunkt, wie die vielen anderen vorher. Wir fanden heraus, dass die Entzündungen immer dann entstanden, wenn ich neue Bewegungsabläufe ins Training einfließen ließ. Diese Bewegungen waren ungewohnt für den Apparat, der mit Entzündungen reagierte. Ich war auch bei Willi Dungl in Gars, der sich rührend um mich kümmerte und auch erfolgreich war. Aber die Therapien hingen mir schön langsam zum Hals heraus.

Insgesamt viermal hatte ich meinem Vater bis dahin schon den Brocken vor die Beine geworfen: „Es hat keinen Sinn mehr, lassen wir es, das bringt nichts mehr.“ Er und Heidi waren die Leidtragenden meiner seelischen Runde auf der Hochschaubahn, ob es die Entzündungen waren oder einfach nur Angst, in eine bewusst schlechte Piste hineinzufahren. In der Phase, in der ich war, durfte man sich nicht mehr auf das Knie ausreden, nur dann konnte im Training etwas weitergehen. Genau das habe ich aber getan. Wenn ich früher eine technische Anweisung bekam und es nicht schaffte, dann musste ich eben an mir arbeiten. Jetzt hatte ich eine Ausrede, die ich auch weidlich ausnützte. Einerseits nervte es mich total, dass ich mich nicht traute, andererseits war ich mir nicht sicher, was passieren würde, wenn ich voll in ein Loch hineinfuhr.

Hatte ich im Anfangsstadium des Trainings noch mit Rückschlägen gerechnet, so nahmen diese in der eigentlichen Saisonvorbereitung Dimensionen an, die mich hart an der Grenze spazieren ließen. Nicht nur einmal dachte ich: „Ja, jetzt ist es wirklich vorbei.“ Diese ungute Situation, die immer wieder zu heftigen Konfrontationen geführt hat, endete aber schließlich mit einem Schlag. Beim zweiten Schneetraining in Saas Fe im Juni schien sich in meinem Kopf ein Schalter umzulegen. Seitdem funktionierte alles. Wenn Vater mir etwas sagte, versuchte ich es, koste es, was es wolle.

Ein neuer Weg, eine neue Zukunft

In diesen Phasen des Zweifels stieg immer wieder ein Gedanke in mir hoch: „Du hättest Rennsportchef von Atomic werden können und beim ORF co-kommentieren. Du gibst zwei Chancen auf für etwas, das vielleicht gar nicht stattfinden kann.“

Im Sommer 2000 hatten sich neue Möglichkeiten für ein Leben nach dem Rennsport gehäuft. Als ORF-Kommentator hätte ich wahrscheinlich besser verdienen können als in manchen anderen Berufen. Nicht weil der ORF so viel gezahlt hätte. Mein Deal mit dem Fernsehen beglich die Spesen. Nein, es sind vielfältige Möglichkeiten über Sponsoren, die sich da bieten. Mein Deal sah so aus: zumindest eine Einblendung pro Rennen und damit der Transport des Logos meines Hauptsponsors, der Niederösterreichischen Versicherung. Das war mein Dankeschön für die Treue, die mir mein inzwischen zum Freund gewordener Sponsor Hannes Coreth in dieser harten Zeit bewiesen hatte. Dass sich das auch künftig verkaufen ließe, stand außer Frage. Die Versicherung jedenfalls war nach einer Werbewertstudie, bei der allein die Fernsehpräsenz gemessen wurde, mehr als zufrieden. Die Treue zu mir hat sich auch für sie bezahlt gemacht.

Wenn ich damals schon fix als Kommentator eingestiegen wäre, hätte ich auch Heidi im Betrieb am Hochkar besser unterstützen können und wäre gerade mal für zwanzig Rennen, also vielleicht dreißig Tage im Winter, abwesend gewesen. Eine relativ ideale Verbindung. Einziges Hindernis: Ich wollte Rennen fahren.

Das zweite Angebot: Ich hätte bei Atomic Rennsportchef werden können, da Toni Schutti als Nachfolger Hubert Neupers zur Sporthilfe geholt wurde. Der Kontakt wurde durch einen guten Freund hergestellt, Wolfgang Maierhofer, der im Vorstand von Atomic Sports Austria sitzt; ich hatte bei ihm vorgefühlt, weil ich Rennschi für meinen Schützling Kathrin Zettel von der Racing School brauchte. Ich hatte immer größte Achtung vor dieser Firma, weil ich wusste, wie professionell dort gearbeitet wird. Während meiner aktiven Zeit hatte ich immer Respekt, weil sie so gute Schier hatten, was Benni Raich ja auch bald darauf bestätigte. Irgendwann wollte ich selber Atomic fahren. Zu meiner aktiven Zeit war das wegen der firmeninternen Turbulenzen dort nicht möglich, auch weil Hermann Maiers Vertrag einen großen Batzen des Budgets verschlang.

Maierhofer reagierte überraschend: „Ja, das passt, wir haben ohnehin etwas zu reden mit dir." In einer zwanglosen Unterhaltung machte mir Atomic-Geschäftsführer Michael Schineis den Vorschlag, Rennsportleiter zu werden. Ich war durchaus interessiert und regte unter anderem an, einige gute Nachwuchstalente anderer Nationen an Atomic zu binden, weil ich nicht glaube, dass die österreichische Dominanz für den Schirennsport generell gut ist.

Drei Tage später rief mich Schineis an und sagte: „Wir haben uns für dich entschlossen."

Das kam mir nun aber doch zu schnell. Wir hatten nur über Aufgabengebiete, aber kein Wort über die finanzielle Seite gesprochen. Ich musste erst abklären, ob ich aus meinen laufenden Verträgen aussteigen bzw. Kulanzlösungen zu Stande bringen konnte. Dazu kam der sogenannte Schifahrer-Erlass, der uns steuerlich begünstigt. Letztendlich ergab sich, dass ich fünf Jahre bei Atomic arbeiten hätte müssen, um auf denselben finanziellen Output zu kommen. Außerdem hätte der Job bedeutet, auf Jahre hinaus den ganzen Winter unterwegs zu sein, weg von Familie und Betrieb. Das war es mir nicht wert.

Schineis sah das ein, deponierte aber gleichzeitig, er würde mich gern ausrüsten, sollte ich wieder Rennen fahren. Wir schlossen einen Ausrüstervertrag ab, der ab sofort gültig war und auch schon für die Zeit des Kommentierens im ORF galt.

Meine oftmaligen Pseudo-Entscheidungen, endgültig aufzuhören, traf ich natürlich auch in dem Bewusstsein, eine Familie mit zwei Kindern und einen Betrieb zu haben. Aber genau diese Gründe waren letztlich auch dafür verantwortlich, dass ich doch weitermachte. Hier war ein Ruhepol, auf den ich mich zurückziehen konnte, egal was passiert war. Also habe ich es doch immer wieder versucht.

Das Aufbauprogramm für die Comebacksaison

Nach der großen Pause begann ich mit Schwimmen, dann kam Radfahren, später Laufen. Dazu einige Koordinationsübungen aus dem Erfahrungsschatz meiner Frau Heidi, wie Kreiseln und Gleichgewicht halten. Nach dem ersten Hineinschnuppern ins freie Schifahren begann ich wieder mit Krafttraining und leichten Sprüngen. Erster Knackpunkt waren Hürdensprünge. Ich testete mit Hockesprüngen über 110er-Hürden aus, ob die Sehne reißen würde oder nicht. Das lief besser, als ich gedacht hatte.

Muskelaufbau mittels Seilzug.

Dann begann ich mit Stangentraining und leichten Krafteinheiten jeden zweiten Tag, pro Übung zwölf Wiederholungen, dann Pause und wieder zwölf Wiederholungen, das alles ungefähr zwei Stunden lang. Normalerweise trainiert man dabei links und rechts gleich, wenn ich aber weniger Zeit hatte, legte ich das Hauptaugenmerk auf das verletzte linke Bein und machte Einbeinkniebeugen nur links. Ich hatte das Gefühl

– womit ich übrigens Recht behalten habe –, dass das linke Bein den Rückstand nicht mehr aufholen konnte, daher die volle Aufmerksamkeit benötigte. Ich forcierte es, damit sich die Lücke wenigstens halbwegs schloss. Das sagte mir kein Trainer, das war mein eigener Entschluss.

Gemeinsam mit meinem Vater testete ich einige Übungen, um zu sehen, wie ich am nächsten Tag darauf reagierte. Das war ein Hintasten, ein Ausprobieren, mit welchen Übungen ich das bestmögliche Ergebnis erzielen könne, um den wichtigen konditionellen Grundstock zu schaffen.

Ab dem ersten Konditionstest mit dem ÖSV-Konditionstrainer Christian Höflehner arbeitete ich mit seinen Vorgaben. Er schickte mir jede Woche ein neues Programm. Die Muskeln waren noch nicht so weit, was zu erwarten gewesen war. Ein Monat Muskelschwund, so heißt es, benötigt sieben Monate Aufbau, um aufgeholt zu werden. Die üblichen Oberschenkelstreckübungen sind für ein so oft operiertes Knie nicht wirklich ratsam, deshalb arbeiteten wir andere Übungen zum Aufbau aus, die die Knorpel nicht so stark in Mitleidenschaft zogen.

Eigentlich trainierte ich dasselbe Pensum wie die anderen Kaderläufer auch, nur etwas für meine Bedürfnisse modifiziert. Vor Beginn der Saison war ich auf dem Level, den ich mir erhofft hatte, in der Ausdauer her sogar besser; nur die Kraft, das wurde sehr bald klar, würde nicht wieder den Standard von früher erreichen. Die Hälfte, nicht mehr. Die fehlende Rohkraft war ein Manko, das ich die ganzen Monate über mitschleppte. Nur mit Mühe konnte ich einbeinig mit dem linken Bein eine Stufe hochspringen, und das ist im Wesentlichen bis heute so geblieben. Es hängt damit zusammen, dass ich Übungen vermied, die Schienbeinentzündungen hervorrufen konnten, was mir ja zuvor einige Male passiert war. Schnelligkeitstraining oder Sprints auf der Laufbahn mache ich seither nicht mehr. Beim Schifahren fällt es mir trotzdem nicht auf.

Wirkliche und falsche Freunde

Wer so weit oben war und dann so tief abstürzt, der lernt auch die Schattenseiten der menschlichen Psyche kennen, die vielen Günstlinge, die sich um einen scharen, wenn man Erfolg hat, die aber plötzlich wie vom Erdboden verschluckt sind, wenn er ausbleibt. Ich habe mich nie bewusst damit beschäftigt und heute weiß ich, dass das ein gutes Zeichen ist. Falsche Freunde sorgen für wirklich einschneidende Enttäuschungen im Leben. Die sind mir Gott sei Dank erspart geblieben. Das kommt wahrscheinlich auch daher, dass ich die Gruppe der Vertrauten, auf die ich hörte, sehr klein gehalten habe. Jeden dieser Leute kannte und kenne ich wie meine Westentasche. Ein Mikro-

Mike Tritscher (links) und Hannes Trinkl, meine besten Freunde.

kosmos, in den ich niemanden von außen hineinwirken oder -reden ließ und auch heute nicht lasse, ein Kreis, dessen Zusammensetzung ich selbst bestimmt habe.

Neben meinen Eltern und meiner Frau waren das der frühere ÖSV-Trainer Fritz Vallant, Mike Tritscher, Hannes Trinkl, Mario Stadler (inzwischen ein Spitzenmanager) und natürlich meine Trainingshelfer Kurt Ruspekhofer, Heli Janz, Johannes Putz und Ewald Mandl. Diese Leute standen immer zu mir, unabhängig von meinen Erfolgen. Hätte ich alles verloren und plötzlich Supermarktregale umschlichten müssen, sie wären trotzdem für mich da gewesen, das weiß ich.

Die hier aufgezählten Männer sind der engste Kreis, der um einige Namen zu erweitern wäre, von denen ich ebenso überzeugt bin, dass sie es ehrlich mit mir meinen. Mein Vorteil ist, dass ich auch in Zeiten größter Erfolge – soweit ich das selber einschätzen kann – nie abgehoben habe, immer am Boden geblieben bin. Dadurch habe ich die Bindung zu meiner Heimat nie verloren. Menschen, mit denen man fast sein ganzes Leben verbracht hat, kann man weitaus besser einschätzen als die Schickeria, die einen aufnimmt, wenn man erfolgreich ist, aber ebenso schnell wieder fallen lässt wie eine heiße Kartoffel, wenn es einmal nicht läuft.

Natürlich kommen und gehen immer wieder Menschen, die gern einen Strahl vom Scheinwerfer abbekommen wollen. Das ist ganz natürlich. An mein Innerstes reichen sie alle nicht. Einer meiner Schutzschilde ist Heidi, die ein sehr feines Gefühl für Menschen hat und besser als ich eine Abwehrhaltung entwickeln kann, bei der sich jeder schnell auskennt.

Ich bin auch unendlich stolz darauf, dass mein Fanclub ohne mein Zutun entstanden ist, dass Freunde diese Initiative gesetzt haben und nicht meine Schwester, meine Frau, mein Vater oder gar ich selber.

Dass die Struktur stimmt, war deutlich zu merken, als der ORF kurz vor meiner Abreise nach Amerika zum ersten Rennen im November 2001 eine Homestory bei mir drehte und den Fanclub einbeziehen wollte. Es kamen so viele Mitglieder, dass ich wirklich gerührt war. Nach drei Jahren Absenz ist das nicht selbstverständlich.

Eine Aktion allerdings stieß mir sauer auf: die Entfernung einer großen Tafel an der Durchfahrtsstraße durch Göstling, auf der stand: „Göstling, die Heimat von Thomas Sykora". Irgendwann, es dürfte nach dem zweiten Sehnenriss gewesen sein, verschwand sie. Offenbar musste sie aus verkehrstechnischen Gründen abgebaut werden, sie wurde aber auch nirgendwo sonst mehr aufgestellt. Gerade in einer solchen Situation war das ein Zeichen in die falsche Richtung. Jahrelang war ich das Aushängeschild der Gemeinde gewesen, hatte immer Göstling und das Hochkar als meine Heimat erwähnt. Ich hatte sehr viel von Göstling profitiert, aber Göstling auch von mir. Ich bin hundertprozentig sicher, dass diese Tafel irgendwo anders wieder aufgestellt worden wäre, hätte ich weiter gewonnen. Hier sieht man deutlich, wie vergänglich Erfolg ist.

Armins Schmäh

Wie wurde ich Sportkommentator?

Im Jänner 2000 war ich zur Sendung „Sport am Montag" eingeladen. Ich saß mit geschientem Knie im Studio und Präsentator Wolfram Pirchner bat mich, zu den Studien vom Slalom in Wengen einen fachlichen Kommentar abzugeben. Mario Matt war damals ein Frischling und fuhr sensationell gut, „Altmeister" Mario Reiter schaffte die Qualifikation für den zweiten Durchgang nicht. Ich analysierte die Fahrweise der beiden und auch noch die anderer Fahrer, was Sportchef Elmar Oberhauser so gut gefiel, dass er mich am nächsten Tag anrief und mir anbot, die Damenrennen als Co-Kommentator zu begleiten. Nach einer nur wenige Sekunden dauernden Nachdenkpause sagte ich zu. Einzige Bedingung: Mein Comeback ging vor. Sobald ich wieder fit war, wollte ich wieder fahren, und als Mitglied des ÖSV-Kaders durfte ich auch keine Herrenrennen kommentieren. So blieb ich auch während meiner Verletzungszeit mit dem Schizirkus auf Tuchfühlung.

Meine Art zu kommentieren und die von Armin Assinger lassen sich, so glaube ich, nicht vergleichen. Er ist der Showman, im Zusammenspiel mit Robert Seeger geradezu perfekt. Ich blieb oft in der Kommentatorenkabine sitzen, wenn das Damenrennen aus war, und hörte mir über Kopfhörer die beiden an.

Ich habe es immer vermieden, in dieses Fahrwasser des Kärntner Schmähs zu kommen; ich hätte es auch mit Sicherheit nicht gekonnt. Deshalb grenzte ich mich bewusst ab. Ich bin eher der analytische Typ, der Entwicklungen früher sieht und voraussagen kann als der Fernsehzuschauer und dabei belasse ich es auch. Aber sogar da habe ich mich etwas zurückgenommen, weil es Reaktionen gab, ich hätte durch diese Analysen Spannung aus den Rennen genommen.

Mit meinen Partnern kam ich immer gut aus, vor allem mit Heinz Prüller. Sein Ruf, als Hauptkommentator für den Co-Kommentator eher schwierig zu sein, weil er so dominant sei, hat sich in meinem Fall überhaupt nicht bestätigt. Eine Harmonie, die noch dazu von Rennen zu Rennen besser wurde.

Ein genereller Unterschied zwischen Armin und mir ist wohl auch die Einstellung zu diesem Job. Ich hatte früher immer das Comeback im Hinterkopf, das Kommentieren war für mich nicht der Lebensinhalt. Wenn irgend etwas nicht so lief, wie ich es gern gewollt hätte, dann war es mir egal. Für Armin aber ist es die Rolle seines Lebens und er spielt sie gut, sie war das Sprungbrett für ihn in den Moderatorensessel der „Millionenshow"

Er nahm immer alles genauer als ich. Wir haben beide für *News* geschrieben, aber während ich einfach meine Gedanken einem Ghostwriter weitergab, der sie dann in eine lesbare Form brachte, schrieb Armin jede Zeile selbst.

Was mich allerdings stört, ist eine Entwicklung, die sich auch in der Präsentation anderer Sportarten zeigt. Ich finde es nicht ganz richtig, dass der Moderator immer mehr in den Mittelpunkt rückt. Vielleicht spreche ich da gegen meine ureigensten Interessen, denn noch vor dem offiziellen Ende meiner Karriere wurde ich schon als Kommentator weiterverpflichtet. Aber der Star sollte das Ereignis sein. Eine zusätzliche Show ist gut, aber jetzt wird sie immer bedeutender. Natürlich bringt es mir letztlich Geld, wenn ich den Kopf mit dem Sponsor-Stirnband vor die Linse halte, den Schi aufhebe, die Brille zurechtrücke, aber ich bin nur der Kommentator, der dem Zuschauer die Brocken mundgerecht zuschneidet. Die Leistung müssen schon die Sportler bringen und das sollte auch gewürdigt werden.

Einmal schaffte ich es übrigens, den Zuschauern den Brocken kurz vor dem Mund wieder wegzunehmen. In Aare lief eben der erste Durchgang des Damenslaloms. Ich kommentierte gemeinsam mit Christian Nehiba; wir waren bei Startnummer 22 und hatten kurz vorher bekannt gegeben, dass wir bis Startnummer 30 auf Sendung bleiben würden, weil Ingrid Salvenmoser noch ausständig war. Und plötzlich war der Strom

Foto: Christian Bissuti

weg, alles tot, Funkstille. Was war passiert? Ich war hin und her gerutscht, um mein steifes und schmerzendes Bein in eine erträgliche Stellung zu bringen, und hatte dabei den Hauptstecker herausgerissen. Das wurde erst viel später als Ursache erkannt. In Wien blieb den Kollegen vom ORF nichts anderes übrig, als eine Übertragung von einem Handballmatch einzublenden.

Als Co-Kommentator beschäftige ich mich natürlich auch aus einer anderen Warte mit den Rennen. Es fallen mir Schwächen im System auf, die ich als Aktiver nie so extrem registriert habe. Eine davon ist die lange Wartezeit zwischen den Durchgängen. Sie ist vor allem für das Publikum rund um den Hang, aber auch für den Fernsehzuschauer mühsam. Hier müsste eine Reform ansetzen, die vielleicht mehr bringen würde als fragwürdige Experimente mit drei Slalomdurchgängen. Wie diese Reform ausschauen könnte, wäre Gegenstand von Diskussionen. Gerade jetzt, wo so viele „Geisterrennen" im Ausland die mangelnde Stimmung deutlich dokumentieren und der Schisport zum Fernsehsport zu verkommen droht, sollte man darüber nachdenken.

Comeback vor der Haustür

Es wurde ernst. Im Training hatte ich von Atomic absolutes Weltcup-Material zur Verfügung gestellt bekommen, genau die Schier, die ein Raich oder ein Schilchegger gefahren hatten. Ich machte mir keine Gedanken um Länge oder Taillierung, sondern sagte mir: Wenn es so weit ist, kann ich das Rad der Zeit nicht zurückdrehen, sondern muss mich auf das aktuelle Material einstellen. Es wäre sinnlos, denselben Fehler zu machen wie mein großer Konkurrent von einst, Thomas Stangassinger. Der verschloss sich den Entwicklungen mit dem Argument, dass er im Vorjahr immerhin Weltcupsieger gewesen sei und daher die Länge und Taillierung seiner Schier nicht so schlecht sein könne. Er zog sich zwar sehr gut aus der Affäre, wurde sogar noch Fünfter im Weltcup, beendete aber dann seine Karriere, weil er diesen großen Schritt nicht mehr setzen wollte. Den letzten Rest gab ihm die österreichische Meisterschaft in St. Lambrecht, wo er Fünfzehnter wurde und auf den Sieger Mario Matt mehr als drei Sekunden Rückstand hatte.

Das erste freie Fahren mit dem neuen Material hatte ich wirklich genossen. Dann wurde ich in Park City im November 2000 erstmals live Zeuge, wie unsere Kaderläufer Mario Matt und Kilian Abrecht trainierten. Neben mir stand Bernhard Knauss, mehrfacher Profi-Weltmeister und Rennchef bei Völkl, Bruder sowohl des aktiven Kaderläufers Hans Knauss als auch meines Atomic-Servicemanns Franz Knauss.

Als die beiden den Steilhang passierten, dachte ich noch: „Na ja, das ist nicht so außergewöhnlich." Dann folgte eine Vertikale hinaus in ein Flachstück, und was ich dort sah, hat mich fast erschüttert. Es war viel schneller, als ich das gekannt hatte, und ich meinte zu Bernhard Knauss: „So, das war's für den Sykora. Das traut er sich nicht mehr zu."

Ich habe es trotzdem versucht, obwohl ich insgeheim Zweifel hatte, jemals so schnell sein zu können. Aber mit den ersten Toren am Hochkar bemerkte ich sofort, dass ich trotz meiner Verletzung im Flachen schneller war als früher mit den langen Schiern. Die kürzeren Schier ermöglichten einfach eine frechere Linienführung, was aber nicht zuletzt auf Kosten der Stabilität in der Kantenführung ging. Ich stieg von 1,92 Meter langen Schiern, mit denen ich Weltcupsieger geworden war, direkt auf 1,70 Meter um. Das war kein Problem, da ich von Beginn an auf Gleichgewicht großen Wert legte, weil ich um keinen Preis einen Sturz riskieren wollte, der vielleicht das Knie wieder lädiert hätte. Ich hatte keine blasse Ahnung, wie extrem kurz die Schier schon wenige Monate später werden sollten. Mit den 1,70ern kam ich perfekt zurecht. ÖSV-Cheftrainer Toni Giger sagte damals zu mir: „Eigentlich warst du von deinem Stil her der Ur-Carver, nur hattest du keine Carving-Schier."

Das Training lief beständig und gut. Das bekamen auch die Medien mit und der ORF Niederösterreich wollte einen Beitrag bringen. Damals fand gerade ein FIS-Slalom auf dem Hochkar statt und ich war zu faul, extra für die ORF-Geschichte einen Lauf zu stecken. So bot ich an, beim FIS-Rennen als Vorläufer zu fahren, was sie dann filmen könnten; gleichzeitig könnte man auch vom FIS-Rennen berichten, denn der Lauf war sehr gut besetzt, die slowenische Nationalmannschaft war fast vollständig vertreten, unter anderem mein guter Freund Jure Kosir.

Ohne aufzuwärmen kam ich an und besichtigte den Lauf. Eine wilde Spur auf Grund der starken Schneefälle, die es gegeben hatte. Viele Buckel. Obwohl ich rund zwanzig Trainingstage hinter mir hatte, davon etwa acht wirklich gute (der Rest waren „Tast-

Tage"), hatte ich große Angst wegen der Spur. So fuhr ich auch: mit angezogener Handbremse. Natürlich wurde aus Neugier die Zeit genommen und ich war letztlich genau 1,37 Sekunden hinter dem späteren Sieger Jure Kosir. Das war für mich sensationell. Ich hatte die Tücken der Piste überschätzt und war sicher, dass ich bei einer zweiten Fahrt nur noch maximal eine halbe Sekunde Rückstand haben würde. Da packte mich der Ehrgeiz. Wengen stand vor der Tür, der vielleicht steilste Hang im Weltcup. Und mein Trainingshang hat etwa die Neigung von Wengen, also eine ideale Vorbereitung auf dieses Rennen. So bot ich Jure an, mit mir zu trainieren.

Der Trainer der Slowenen begutachtete meinen Hang und jubelte über die Bedingungen. Über Nacht wurde vereist und wir begannen mit den Läufen. Immer ich zuerst, weil ich die beste Spur fahren wollte, dann Kosir, Miklavc & Co. Es war extrem eisig und sogar etwas rippig, und natürlich war es mein Hang, auf dem ich jeden Zentimeter kannte. Trotzdem war nicht zu erwarten, dass ich um eine Zehntelsekunde schneller sein würde als der schnellste Slowene. Jure Kosir fiel dann in Wengen mit drittbester Zwischenzeit aus und wurde beim nächsten Rennen Dritter.

Dass das nicht eins zu eins auf alle anderen Hänge umsetzbar war, war mir natürlich klar. Aber es war ein echter Kick: „So weit weg bin ich gar nicht."

Zwei Wochen später: die nächste Entzündung. Wieder Krisenstimmung. Auf und ab, ab und auf. Zwei Schritte vorwärts, oft drei zurück.

Es war kurz vor der Weltmeisterschaft in St. Anton. Eben war eine Verklebung im Knie aufgegangen. Ich wusste nicht so recht, was los war, und setzte zwei Tage aus, ehe wir wieder mit dem Training begannen, auf meinem Hang, der bewusst schlechte Pistenverhältnisse bot. Vater verlangte: „Du musst voll draufgehen, in die Knie, sonst kommst du da nicht richtig runter!" Aber ich traute mich einfach nicht, bremste, redete mich auf die Piste aus, versuchte es noch einmal. Diesmal kam ich gar nicht ins Ziel. Vater kommentierte und ich rastete wieder einmal aus: „Ich fahre nicht mehr, ich packe das einfach nicht." Ich hatte Angst vor dem Schifahren. Da lenkte sogar Heidi ein: „Wenn du Angst hast, dann geht es eben nicht mehr."

Vater reagierte geschockt. Er hatte gesehen, dass eigentlich noch etwas möglich war, und dann das. Trotzdem hielt er sich zurück, weil er nicht derjenige sein wollte, der mich in eine Verletzung trieb. Zwei Tage später packte mich ohnehin selbst wieder der Ehrgeiz. Solche Wellengänge, solch ein Auf und Ab der Gefühle waren nicht nur für mich, sondern auch und vor allem für meine nächste Umgebung eine schwere Belastung.

Nach dem Weltcupfinale in Aare im März 2001 begann ich, mich mit dem Material auseinander zu setzen. Nicht mit den Schiern, da war offensichtlich nichts zu verbessern – so glaubte ich damals jedenfalls –, wohl aber mit den Schuhen. Ich holte die alten Lange- und Salomon-Schuhe aus der Kiste und war vor allem mit dem Salomon-Schuh um einiges schneller als mit dem von Atomic. Das teilte ich der Firma mit und innerhalb von zwei Wochen wurde ein völlig überarbeiteter Schuh geliefert. Mit dem war ich schneller als mit dem bisherigen. Das Material schien zu stimmen, jetzt kam es nur noch auf mich selber an, davon war ich überzeugt. Ein Irrglaube.

In den ersten Trainingsläufen mit dem Nationalteam sorgte ich für Aufsehen in der Kollegenschaft. Foto: Hans Bezard

Beim ersten Trainingskurs, ich hatte gerade wieder eine Entzündung hinter mich gebracht, kam es zu ersten Vergleichen mit dem Rest der Mannschaft. Michael Walchhofer, Mario Matt waren da. Ich war ziemlich schlecht drauf und traute mich nicht, voll zu belasten. Auch Trainer Gert Ehn war mit meiner Technik nicht zufrieden. Trotzdem stellten wir zu unserer Überraschung im Head-to-Head-Video fest, dass ich, wenn überhaupt, dann nur um Nuancen langsamer war als die anderen, die allerdings auch nicht voll gefahren waren, ebenso wie ich. Je länger die Trainingssaison dauerte, desto stärker merkte auch Ehn, was weiterging. Bald hatte sich alles eingespielt und kein Mensch dachte mehr darüber nach, dass ich verletzt gewesen war. Ich war einer im Team, ohne Sonderstellung. Die Abtastphase war vorbei.

Das konditionelle Trainingsprogramm hatte ich gegenüber der Unglückssaison völlig umgestellt. Ich ging nie mehr an meine Grenzen. Das Hauptaugenmerk lag beim Aufbau der Muskelmasse, vor allem beim verletzten Bein, das ja nach der langen Pause die elegant-schlanke Form eines Zahnstochers angenommen hatte. Dieses linke Bein würde nie mehr gleichwertig sein, dazu war zu viel passiert. Ich musste mich über Schwächen einfach drüberschwindeln. Ich ging es aber in dem Bewusstsein an, dass ein Marc Girardelli dreimal Weltcupsieger geworden war, obwohl seine körperlichen Möglichkeiten eingeschränkt waren.

Mit meinem Formaufbau vor dem Saisonstart in Amerika war ich recht zufrieden. Die Zeiten waren im Vergleich nicht schlecht. Mario Matt und Benni Raich hielten sich allerdings zurück und fuhren hauptsächlich Riesentorlauf, Matt nur als Vorläufer. Die beiden bekundeten offen, dass ihnen mein Comeback ziemlich egal sei. Einige andere dagegen waren überrascht, wie schnell ich war, und spekulierten sogar damit, ich könne im besten Fall Rennen gewinnen. Das glaubte ich übrigens auch selber; ein Platz unter den besten zehn war meine eigene Vorgabe.

IKARUS STÜRZT AB

Das Gefühl vor dem Abflug nach Amerika war eigenartig. Irgendwie trauerte ich diesen drei Jahren nach, die für mich eine schöne Zeit gewesen waren, mit vielen Höhen und Tiefen. Das Herankämpfen, das Arbeiten am Comeback, die Konsequenz im Training, die zusehends besseren Resultate, das alles hatte ich in der aktiven Zeit vorher nie so intensiv erlebt. Ich hatte nie den Eindruck, etwas versäumt zu haben. Jeder Abschnitt hat seine eigene Geschichte.

Das alles war in dem Augenblick Vergangenheit, als ich in das Flugzeug stieg (abgesehen natürlich von Heidi und den Zwillingen, die ich für vier Wochen verlassen musste, was mich sehr schmerzte). Ich war plötzlich wieder im Geschäft wie jeder andere. Im Training hatte es noch das Wenn und Aber gegeben: einmal eine gute Zeit gefahren – gut. Dann wieder eine schlechtere – auch gut, kann passieren nach der langen Pause...

All diese Ausreden zählten nun nicht mehr. Durchschnittliche Ergebnisse und Teilerfolge waren zu wenig, das war mir bewusst. An der Weltspitze gab es keinen Verletztenbonus, außer dem eingefrorenen Weltranglistenplatz 15, der für das erste Rennen galt.

Die Erwartungen waren hoch, als wir zu meinem ersten Weltcuprennen nach dreieinhalb Jahren abreisten. Anfangs offensichtlich zu Recht, denn ich war in hervorragender Form. Raich und Matt fehlten zwar und Kilian Albrecht war regelmäßig knapp schneller als ich, aber den Rest der Truppe inklusive Rainer Schönfelder hängte ich um eine halbe Sekunde ab.

Doch der einzige Höhepunkt für unser ÖSV-Team in Amerika war ein kulinarischer. Hilde Gerg hatte auf Kilian Albrechts Homepage gelesen, dass wir Selbstversorger seien und für uns selbst kochen müssten. Daraufhin trat sie via E-Mail mit ihm in Kontakt und lud sich zum Essen ein, was sich unser „Chefkoch" Christian Mayer nicht zweimal sagen ließ. Er, ein begnadeter Löffelschwinger vor dem Herrn, der uns täglich mit seinen Künsten verwöhnte, zauberte ein Menü der Extraklasse auf den Tisch, als Hilde und ihre Freundin Petra Haltmayer zum Essen kamen. Ein netter Abend im Zeichen des Lucullus, leider aber nur ein vorübergehendes Hoch, denn sportlich lief gar nichts.

Was bei den Amerika-Rennen für mich immer schon typisch gewesen war, trat jetzt verstärkt auf: Ich verlor immer mehr die Form und es schlichen sich kleine Fehler ein. Hier fehlte mir die Rückmeldung meines Vaters, der meine kleinsten Fehler sofort sah und ausbesserte. Aber nicht nur ich, das gesamte Slalomteam wurde unsanft auf den Boden der Tatsachen heruntergeholt. Schon bei den NorAm-Slaloms (das Amerika-Gegenstück zum Europacup) in Loveland zeigte sich deutlich, dass Österreich seine Dominanz verloren hatte. Benni Raich kämpfte mit Rückenproblemen, war zwar im Riesentorlauf stark, kam aber im Slalom nicht so recht auf Touren. Mario Matt war der

Einzige, der mit der neuen Siegergeneration der Bode Miller und Ivica Kostelic mithalten konnte.

Und der Rest des ÖSV-Slalomteams? Unter „ferner fuhren". Ich selbst fiel im ersten Rennen aus und belegte im zweiten Platz 13, immerhin bei voller Weltcupbesetzung. Ich war unzufrieden, nicht ahnend, was da noch kommen sollte. Wenige Wochen später wäre ich über diese Platzierung glücklich gewesen.

Der erste Slalom in Loveland war auch – obwohl kein Weltcuprennen – der einzige Bewerb nach meinem Comeback, bei dem ich wirklich nervös war. Danach allerdings gehörte die Nervosität für den Rest meines Comebacks der Vergangenheit an. Mir war klar, wo ich stand, nämlich zu weit hinten, um Rennen gewinnen zu können. Damit konzentrierte sich mein Denken nur darauf, wieder Stück für Stück besser zu werden.

In Loveland passierte mir auch etwas Eigenartiges, das ich bis dahin nicht gekannt hatte und das mir ungemein peinlich war: Ich konnte mir beim Besichtigen den Kurs nicht mehr ganz merken. Ich war zwar im oberen Teil gut dabei, verlor aber nach der Zwischenzeit, vor allem im ersten der beiden Rennen, die Orientierung und wäre am liebsten stehen geblieben. Dieser Gedanke erübrigte sich mit dem Ausfall, der aber auch mit dieser Unsicherheit zu tun hatte. Plötzlich musste ich neu lernen, einen Kurs zu besichtigen, weil ich im Training immer kürzere Kurse gefahren war und zu wenig und wahrscheinlich auch zu schlampig besichtigt hatte.

In der Folge warf man uns vor, die Entwicklung mit den extrem kurzen Schiern verschlafen zu haben. Das stimmte wohl zum Teil. Es war das Selbstverständnis des Erfolgreichen, der mit sich zufrieden ist und eine Entwicklung übersieht.

Ich hatte im Vorfeld 1,64 Meter lange Schier probiert, kam mit ihnen aber nicht sonderlich gut zurecht. Also entschied ich mich für 1,73 Meter. Die 1,55-Meter-Winzlinge probierte ich erst gar nicht. Ich mit meiner Größe mit diesen besseren Bigfoots? Niemals!

Das gesamte ÖSV-Team ging das Risiko nicht ein und musste in Loveland erkennen, dass andere mit kürzeren Schiern um Lichtjahre voraus waren. Plötzlich trat die totale Verunsicherung ein. Was tun? Jetzt umstellen, in Amerika? Der Einzige, der sich das traute, war Mario Matt. Im Vertrauen auf seine Stärke stieg er um und kam sofort damit zurecht. Ich selber traute mich nicht und bestritt die ersten Rennen in Aspen auf den 1,73-Meter-Schiern.

Nicht nur die Schier, auch die Technik, damit umzugehen, war völlig anders. Die Schier machen viel mehr selber. Ich war noch gewohnt, mit dem Körper, vor allem mit den Knien, Drehungen zu machen. Man musste sehr viel mehr und länger entlasten, damit man den Schi in einer „Schwebephase" danach drehen konnte. Erst wenn die Richtung stimmte, wurde wieder Druck gegeben. Kurz und hart, damit anschließend wieder die Schwebephase eintrat.

Wer das heute macht, macht Umwege. Die Drehung wird in einem durch die kurzen Schier sehr kleinen Radius rund um das Tor vollzogen, während der Drehung hat der Schi vollen Bodenkontakt auf der Kante und durch die Taillierung beschleunigt er noch. Der Fahrer hat also kaum mehr eine Hochentlastung; im Tor sitzt der Läufer tiefer im Knie und entlastet bei weitem nicht mehr so hart. Es ist ein Fahren wie auf Schienen, mit vollem Risiko. Heute gewinnt ein Bode Miller mit drei Fehlern noch, zur Zeit der 1,90er-Schier war ein Fehler schon zu viel, weil die Technik bei allen ausgereift und ausgereizt war. Früher oder später wird es auch bei den kurzen Schiern so sein, wenn jeder sie perfekt beherrscht.

Die 1,73-Meter-Schier des Jahres vor der „Revolution" waren eine Art Mittelding. Der Schi war zwar länger zu ziehen als bisher, aber es war noch nicht möglich, den ganzen Schwung auf der Kante zu fahren, weil sich das mit dem Radius noch nicht ausging.

Wäre es das eine Jahr noch bei 1,73ern geblieben, dann hätte ich – auch wenn sich das nachträglich großspurig anhört – ein glanzvolles Comeback geschafft, denn mit diesen Schiern kam ich ausgezeichnet zurecht.

Mein großes Comebackrennen, im Fernsehen zu verfolgen, fand in Aspen statt. Aber ich wusste, wie weit ich von der Spitze weg war, und war dadurch weniger nervös als enttäuscht und verunsichert, auch wegen der Schilänge. Ich war konzentriert, aber das Hochgefühl, das ich erwartet hatte, wollte sich nicht einstellen. Viele fragten mich vor dem Rennen, was ich mir erwarte, und lächelten ungläubig bei meiner Antwort: „Ich will mich für den zweiten Lauf qualifizieren."

Beide Rennen liefen erwartungsgemäß nicht gut. Ich fiel im ersten aus und wurde im zweiten 23. Auch das Feeling war anders als früher. Das Wissen darum, nicht gewinnen zu können, hatte ich während der Karrierestufe „Sykora I" nicht gekannt. Damals startete ich in jedes Rennen wie eine gespannte Stahlfeder. Diesmal war es anders. Abgeklärter, ruhiger. Nicht einmal der Ausfall rührte mich im Innersten. Früher wäre ich fast ausgerastet, hätte gegrübelt, nun war ich gelassen. Eines konnte ich sicher besser als vor diesen drei Jahren: Rückschläge verdauen.

Irgendwann in Amerika schlich sich der Gedanke ein: „Was wäre, wenn ich jetzt heimfahren würde? Einfach so, ohne Rennen?" Ein Spitzensportler muss unter Strom stehen und das war bei mir in Amerika in den letzten Tagen nicht mehr der Fall. Wohl, weil mich auch Heimweh nach meiner Frau und den Kindern plagte. Ich hatte keine Angst vor dem Versagen, aber genau diese Angst ist es ja, die einen oft antreibt. Andererseits hoffte ich, dass die neue Furchtlosigkeit auch ein Trumpf in entscheidenden Situationen sein konnte, sollte ich meine Form und die richtige Materialmischung finden.

Die Konsequenz aus der Niederlage war jedenfalls klar: heim aufs Hochkar und mit

Hochdruck an der Materialumstellung arbeiten. Nicht auf 1,64, sondern gleich hinunter auf 1,55 Meter! Fast vierzig Zentimeter kürzer als mein letzter Siegerschi. Aber es war notwendig, das zeigte sich auch im Training. Ich war auf Anhieb schneller.

Die Wiedersehensfreude mit Heidi und den Kindern war zwar riesengroß, aber ich verlor mein Ziel nicht aus den Augen, war ganz fokussiert auf Training und Materialtest, was auch gut lief. Wieder voll Optimismus ging es nach Madonna di Campiglio, wo ich im Ziel zufrieden war. Ich war eine Sekunde hinter dem Führenden und hatte gemerkt, dass noch was drin war. Also voller Angriff im zweiten Lauf! Dazu kam es aber nicht mehr. Läufer um Läufer zwängte sich vor mir ins Klassement, ehe ich endgültig aus den Top 30 flog, womit ich nicht gerechnet hatte.

Madonna ist ein Hang, der letztes Risiko verlangt, und letztes Risiko wieder braucht volles Selbstvertrauen. Alles das passte nicht so richtig zusammen, das Puzzle ergab kein Bild. Bei mir nicht und auch nicht bei den meisten anderen ÖSV-Fahrern.

Der Anfang vom Ende

Zwischen den Rennen in Madonna und Kranjska Gora wurde mir erstmals wirklich bewusst, wie schwer es ist, Vater und Rennläufer zugleich zu sein. Angesichts des guten Gefühls in Madonna hatte ich mit Heidi besprochen, eventuell noch eine Saison anzuhängen: „Jetzt die Weltranglistenpunkte erfahren, im Sommer in aller Ruhe auf das neue Material einstellen und nächstes Jahr wieder vorn dabei sein."

Dann wurde Klara krank. Wir wussten nicht, ob wir zum Arzt fahren sollten oder nicht und verschoben das Training. Schließlich behielten wir sie doch zu Hause, aber ich war nicht mit mir beschäftigt, sondern mit meiner Tochter. Die Leistungen waren ein Spiegelbild meiner Gefühlswelt.

Ich hatte Trainingsergebnisse versäumt, deswegen wollte ich auch einen Tag vor dem Rennen noch Schi fahren, stieg dann ins Auto und fuhr zum Rennen nach Slowenien, wo ich mich nicht mehr richtig entspannen konnte. Schon beim Einfahren spürte ich plötzlich wieder Schmerzen im Knie. Woher sie kamen? Ich weiß es nicht. Bis heute ist mir ein Rätsel geblieben, was die Knieschmerzen ausgelöst hat, auch bei späteren Gelegenheiten. Sie waren einfach da, urplötzlich, ohne Vorwarnung, wie durch einen Schlag mit einem Eisenhammer.

Ich versuchte abzuschalten. Im Rennen würde die Anspannung ohnehin größer sein, der Schmerz nur mehr nebensächlich. Ich stellte mich an den Pistenrand und beobachtete die anderen beim Einfahren. Vom Start weg aber war der Hammer wieder da. Ich überlegte kurz, den Lauf vorzeitig zu beenden, wozu ich mich aber auch nicht entschließen konnte, und rumpelte zweifelnd über die Piste ins Ziel. Zu viel zum Aufhören, zu wenig zum Weiterfahren, mit Schmerzen und der Gewissheit, dass dieser Lauf eine Blamage für mich war.

Teamkollege Florian Seer versuchte mich zu trösten: „Die anderen fahren auch schlechte Zeiten, vielleicht bleibst du drin." Ich antwortete nur: „Na, hoffentlich nicht, das tut zu weh, ich will da nicht mehr herunterfahren."

Nach fünf Tagen Pause begann ich wieder mit dem Training. Man sollte meinen, dass der runde Schwung mit den kurzen Schiern knieschonender sein müsste. Aber für große Leute waren die Schier einfach noch nicht stabil genug. Die Folge waren unnatürliche Ausgleichsbewegungen im Schwung, vor allem bei schlechten Pisten.

Wenn der Schi unruhig wird, muss dem Läufer das egal sein, er muss ihn brutal hinhalten. Genau dann aber begannen Schmerzen aufzutreten. Ein Ausdruck meiner Unsicherheit. In Innerkrems beim ÖSV-Training holte ich die 1,70er wieder hervor. Das Ergebnis hinterließ einmal mehr zwiespältige Gefühle. Ich war überzeugt, mich mit diesen Schiern qualifizieren zu können, aber es war keine Rede davon, an die Spitze vorstoßen zu können.

Also gab es nur eines: doch 1,55 Meter. Ein Experiment ums andere, kaum einmal zwei Läufe hintereinander mit demselben Schi. Die Abstimmung mit den Schuhen stimmte dadurch ebenfalls nicht mehr, schließlich wechselte ich sogar die Schuhmarke, aber das ganze Paket passte nicht mehr zusammen. Ho-Ruck-Aktionen am laufenden Band.

In Obdach wollte ich mich mit meinem Markenkollegen Rainer Schönfelder messen, aber die Schmerzen waren allgegenwärtig im Knie, nur nicht dort, wo sie eigentlich zu vermuten gewesen wären, nämlich in der Patellasehne. Der Schienbeinkopf, die Muskelansätze, abwechselnd tat immer irgendetwas weh, nur nicht die operierte Sehne.

Wieder Pause. Wieder Training. Wieder Schmerzen. Wieder Pause… Als Atomic einen neuen Slalomschi entwickelt hatte, konnte ich ihn nicht einmal testen. So trat ich in Adelboden fast ohne Training mit dem bisherigen 1,55-Meter-Schi an, fuhr bis zur Zwischenzeit recht gut, rutschte dann aber ab. Ausgeschieden.

Jetzt war die Zeit der Entscheidung gekommen. Realistisch gesehen war nach diesem Rennen kein Land mehr in Sicht, die Weltranglistenplatzierung unter den Top 30 war nur noch durch ein Wunder zu halten, im nächsten Jahr hätte ich also nicht mehr im Weltcup, sondern nur noch im Europacup und bei FIS-Rennen fahren können. Dass ich mir das nicht antun wollte, war klar. Die Olympia-Trauben hingen um Meter zu hoch und auch für das Weltcup-Finale würde ich mich nicht mehr qualifizieren. Also war es Zeit, erstmals Tacheles zu reden. Vor laufenden Fernsehkameras kündigte ich eine Abschiedstournee durch die drei schönsten Slaloms des Winters an: Wengen, Kitzbühel und Schladming, dann sei Schluss. Mit einer Einschränkung: Sollte ich plötzlich explodieren, dann würde ich bei den Olympischen Spielen natürlich fahren, wenn man mich ließe.

Aber das war reine Hypothese, wie sich in den nächsten Tagen herausstellte. Beim Training in Schladming zu Testzwecken mit den neuen Atomic-Rennern war nach wenigen Läufen Endstation. Sobald die kurzen Schier zwischen den Stangen zu vibrieren begannen, war im Knie die Hölle los. Als auch tags darauf an ein Training nicht zu denken war, beschloss ich, Wengen auszulassen. Aber auf dem Ganslernhang in Kitzbühel wollte ich unbedingt noch einmal fahren.

Ende und Neubeginn mit Tränen

Die Situation besserte sich nicht mehr. Nach einigem Überlegen zog ich auch die Nennung für Schladming zurück. Kitzbühel sollte die Endstation der aktiven Karriere des Thomas Sykora sein. Dort, wo ich 1996 mein erstes und 1998 mein letztes Weltcuprennen gewonnen hatte, dort, wo ich mich immer am wohlsten gefühlt hatte, dort wollte ich abtreten.

Mein Sponsor, die Niederösterreichische Versicherung, und Landeshauptmann Erwin Pröll hatten im Vorfeld der Hahnenkammrennen zu einem Gala-Abend unter dem Motto „Syki is back“ geladen. Das Fest wurde kurzerhand zur „Goodbye Party“ umfunktioniert.

Ich schäme mich nicht der Tränen, die ich dort auf offener Bühne vergossen habe. Nicht zuletzt deswegen, weil mir eine riesige Sympathiewelle von den vielen Leuten entgegenschlug, die sich da in der Hitze des relativ kleinen Raumes drängten. Viele von ihnen hatten mich einen Großteil meines Weges begleitet und ich weiß, dass sie auch künftig nicht aus meinem Umfeld verschwunden sein werden, nur weil ich nicht mehr aktiv Schi fahre.

Trotz aller Melancholie verlor ich aber mein Ziel nicht aus den Augen: in Kitz noch einmal gut zu fahren. Deshalb war ich um halb zwölf im Bett, um mich auf den Slalom optimal vorbereiten zu können. Dieses Rennen war mir wichtig. Ich bestand auch darauf, dass Heidi kommen sollte. Das erste Rennen, das sie live mitverfolgte, sollte zugleich das letzte sein.

Ich stand im Starthaus und bei der Nennung meines Namens durch den Platzsprecher brandete Applaus von den Zigtausenden Zuschauern auf, wie ihn vorher nur Matt oder Raich bekommen hatten. Das Gänsehaut-Feeling war wieder da. Es gelang mir, alle Gedanken daran zu verdrängen, dass dies mein letztes Rennen sei, konzentrierte mich voll auf den Lauf und war bis zur Zwischenzeit auch wirklich gut in Fahrt.

Vater hatte im Training mit mir ein paar Übungen gemacht, einige Tricks ausgepackt, die mir für dieses Rennen helfen sollten und auch halfen. Zumindest bis zu dem Punkt, an dem das Knie wieder entschieden „njet“ sagte. Jetzt erst wurde mir, mitten im Lauf, bewusst: Das waren meine letzten Meter als aktiver Fahrer. Ich brachte den Biss nicht auf, die Schmerzen zu unterdrücken, sondern ließ mich einfach auf einer Welle des Applauses ins Ziel tragen. Die Qualifikation für den zweiten Lauf war in weiter Ferne.

Im Ziel wartete Heidi auf mich. Auch mein Fanclub war da. Der Applaus, die Stimmung – da flossen die Tränen wieder. Die Sentimentalität überwältigte mich ebenso wie meine Frau. Dann bat mich Hans Pum noch, im zweiten Lauf als Vorläufer zu fahren, eine Art Abschiedslauf. Ich tat es gerne. Es war laut wie zu Zeiten, als ich Richtung Sieg gefahren war. Ein wirkliches Erlebnis, das meine Entscheidung, hier abzutreten, bestätigte.

Ich hatte Tränen in den Augen, als meine Fans mich in Kitzbühel verabschiedeten. Foto: Georg Perschl

Gerade weil ich die Gesetzmäßigkeiten Kitzbühels kenne, warteten wir das Ende des Rennens gar nicht ab, sondern fuhren ins Hotel und sahen uns die Entscheidung im Fernsehen an, ehe wir heim aufs Hochkar fuhren.

Mir übermäßig Gedanken über meine neue Situation zu machen, dazu kam ich gar nicht erst, denn am nächsten Tag wurden die Kinder krank. Ich hatte als neuerdings hauptberuflicher Vater den Kinderdienst in der Nacht übernommen und Klara weinte. Ich, ganz strenger Papa, wollte sie aus Erziehungsgründen weinen lassen, weil man ja nicht gleich nachgeben soll, Heidi dagegen hatte ein schlechtes Gefühl. Sie nahm die Kleine aus dem Bettchen und da war Klara über und über voll mit Erbrochenem. Ich erstarrte und begriff, wie wenig Ahnung ich von meinen Kindern hatte.

Wir überlegten, ob ich den Sponsortermin beim Rennen in Schladming wahrnehmen oder mit den Babys ins Spital fahren sollte. Heidi schickte mich nach Schladming: „Wenn nötig, bringt uns dein Vater ins Krankenhaus.“

Die Krankheit schwächte die Zwillinge und es dauerte einige Tage, bis sie wieder nach Hause durften. Der Alltag war eingekehrt und ich war froh darüber. In Schladming im Ziel hatte ich nur noch gedacht: „Gott sei Dank muss ich nicht mehr fahren!“ Nur zwei Tage nach dem Übermaß an Wehmut, das mich in Kitzbühel erfüllt hatte, als ich realisierte, dass ich so etwas nicht wieder erleben würde.

Am Gala-Abend dort hatte ich mit einer Aussage für Aufsehen gesorgt, zu der ich jetzt mehr denn je stehe: „Wenn ich mir die Sehne nicht gerissen hätte – ich hätte sie abschneiden müssen, denn sonst hätte ich meine Frau nie kennen gelernt, hätte keine Kinder und keinen Betrieb. Es hat alles seinen Sinn.“

Freundschaften im ÖSV-Team

Mit Thomas Stangassinger, immerhin mein größter Gegner bei den zwei Weltcup-Gesamtsiegen, bin ich immer gut ausgekommen, aber über meine Vorhaben, vor allem im sportlichen Bereich, habe ich mit „Stani“ nie gesprochen. Auch nicht mit anderen Kollegen, abgesehen von meinem besten Freund Mike Tritscher.

Das verschworene Team, wo jeder mit jedem gut Freund ist, das gibt es nicht, auch wenn oft versucht wird, nach außen hin dieses Bild zu vermitteln. Eher hat jeder zumindest einen dicken Freund, aber nie fünf. Meine besten Freunde waren eben Mike und Hannes Trinkl, der aber als Abfahrer nicht in meiner Gruppe war und zu dem ich dadurch nicht ständig Kontakt hatte. Christian Mayer würde ich auch noch dazu zählen, das war's aber auch schon.

Mike Tritscher kenne ich noch aus der Zeit, als wir in der Steiermark gegeneinander Rennen fuhren. Er ist zwei Jahre älter und war damals immer besser als ich. Freunde waren wir vorerst noch keine, das hat sich erst später, im ÖSV, ergeben. Als wir in dieselbe Trainingsgruppe eingeteilt wurden, standen wir plötzlich ohne Zimmerkollegen da und beschlossen, uns das Zimmer zu teilen. Wir verstanden uns auf Anhieb sehr gut und diese Freundschaft hat sich entwickelt. Immerhin ist man im Laufe eines Winters weitaus mehr mit seinem Zimmerkollegen im Team zusammen als mit seinem Lebenspartner, oft schläft man sogar in einem Doppelbett.

Es funktionierte auch deshalb so gut, weil wir dieselben Typen sind. Nicht immer nur stur im Mannschaftsquartier, sondern ab und zu auswärts essen gehen. Oder, was wir in Amerika einige Male getan haben, nach den Rennen ein Leihauto nehmen und uns das Land anschauen. Wir haben eine ähnliche Art von Humor, eine ähnliche Ansicht, wie eine sinnvolle Freizeitgestaltung aussieht. Es ist einfach ein Draht zwischen uns da, worum uns auch, so hatte ich den Eindruck, einige im Team beneideten.

Nicht alle können von sich behaupten, so dicke Freundschaften gepflegt zu haben. Mario Reiter etwa war immer ein klassischer Einzelkämpfer und begriff einfach nicht,

Das Duo Tritscher & Sykora, zwei wie Pech und Schwefel.

wie sich zwei unmittelbare Konkurrenten so gut verstehen konnten.

Mike und ich hatten noch einen dritten guten Freund, unseren Trainer Fritz Vallant. Zu ihm haben wir, obwohl er jetzt in Amerika lebt, noch immer Kontakt. Er hat auch eine kleine Eskapade von uns gedeckt.

Saisonvorbereitung in Sölden. Für den nächsten Tag war Schlechtwetter angesagt und es zeichnete sich ab, dass das Training ins Gletscherwasser fallen würde. In diesem Bewusstsein gingen Mike und ich ein Bier trinken. Und noch eines. Und noch eines. Und so weiter.

Es war vier Uhr früh, als Mike den Heimweg ins Hotel antrat, ich folgte ihm fünf Minuten später. Er hatte den Schlüssel, war aber sofort in alkoholbegünstigten Tiefschlaf verfallen und hörte nicht, als ich ihn von der Telefonzelle aus anrief, mir die Tür aufzusperren. Nach mehrmaligem Läuten fiel der Schilling in der Zelle durch. Mein Kleingeld ging rapid zur Neige. Als ich nur noch einen Schilling hatte und eine Nacht im Freien bei Minusgraden drohte, rief ich in meiner Panik Fritz Vallant an, der mir im Pyjama aufsperrte und meinte: „Ja, Syki, bist du denn komplett deppert?"

Aber ich war drin. Tiefschlaf in zweifacher Ausführung, wir überhörten den Wecker. Sigi Voglreiter, von Pflichtgefühl getrieben, wollte uns wecken, was Vallant verhinderte: „Na, wenn's saufen können, müssen's aufstehen auch können." Sprach's und trat mit dem Team den Weg zum Training an, denn auf dem Hang herrschten optimale Bedingungen; die Wettervorhersage hatte nicht gestimmt.

Erst unser Servicemann von der Schifirma Elan weckte uns. Wie von der Tarantel gestochen sprangen wir auf und setzten ohne Frühstück nach in Richtung Gletscher. Da um diese Zeit noch kein Lift in Betrieb war, musste man mit der Pistenraupe hochfahren. Die war weg. In der Hoffnung, abgeholt zu werden, warteten wir zweieinhalb Stunden, bis der Lift aufsperrte. Wir hatten also Zeit genug, uns eine Ausrede zu überlegen. Nur fiel uns keine ein. Wir beschlossen, einfach gar nichts zu sagen und ganz cool ins Training einzusteigen. Das taten wir auch und kein Trainer hat auch nur ein Wort gesagt. Später haben wir erfahren, dass ein Co-Trainer Konsequenzen forderte, was Vallant aber abblockte: „Die einzige Konsequenz ist, wenn sie im Winter schlecht fahren, und dann sind sie selber schuld."

Mike und ich litten inzwischen nicht nur am Restalkohol, sondern auch an partiellem Realitätsverlust. Wir waren uns einig: „So gut wie heute waren wir noch nie!" In Wahrheit ruderten wir nur hilflos zwischen den Stangen herum, was sich im Videostudium am Abend mehr als deutlich zeigte. Es war übrigens der Tag mit den vielleicht besten Trainingsbedingungen des Jahres, den wir da verlumpt hatten. Seitdem habe ich zu Meteorologen ein gespaltenes Verhältnis.

Wie eng meine Freundschaft mit Mike war, zeigte sich auch in einer Phase, als seine Karriere im Auslaufen war und er immer mehr mit Problemen, vor allem mit der Patellasehne, zu kämpfen hatte. Damals stellte der Radiosender Antenne Steiermark den Vorwurf in den Raum, Mikes Oberschenkel könnten nicht auf natürlichem Weg so stark geworden sein, da müsse Doping im Spiel sein. Das ärgerte ihn irrsinnig. Ich weiß, dass er nie etwas genommen hat, er war einer der ehrlichsten Sportler, die ich je kennen gelernt habe. Als mich später einmal der damalige Antenne-Chefredakteur anrief und um ein Interview bat, verweigerte ich jeden Kontakt mit dem Hinweis, dass er sich erst bei Mike entschuldigen müsse. Da ich damals am Höhepunkt meiner Karriere war, konnte ich weitaus besser Druck ausüben als Mike. Das Gespräch fand statt, die Probleme wurden ausgeräumt.

Die Widerspenstige war nicht zu zähmen

Um die Aufbauarbeit meines Vaters ranken sich viele Gerüchte. Es wird gemunkelt, er habe mich gedrillt und zum Training gezwungen und deswegen sei meine um ein Jahr jüngere Schwester Martina ausgestiegen, weil sie den Druck nicht mehr ausgehalten habe.

Das ist ausgemachter Blödsinn, denn gerade das Beispiel Martinas zeigt, was er wirklich wollte, nämlich unseren Erfolg.

Martina beendete von einem Tag auf den anderen ihre Schikarriere, obwohl sie schon ihr erstes Weltcuprennen hinter sich hatte und mehrfache Staatsmeisterin war. Zu diesem Zeitpunkt war sie in ihrer sportlichen Entwicklung viel weiter als ich. Aber sie wollte einfach nicht mehr Schi fahren, sondern studieren, und er hat ihr alles, was in seinen Kräften stand, ermöglicht. So wie mein Vater mich im Rennsport gefördert hat, so hat er ihre Entscheidung akzeptiert und ihre schulische Laufbahn unterstützt.

Ich glaube heute noch, dass sie eine Anwärterin auf den Gesamtweltcup gewesen wäre. Von uns beiden hatte sie eindeutig das größere Talent. Vor allem war sie eine perfekte Allrounderin, vom Super-G bis zum Slalom.

Martina beim Training am Hochkar. Kippstangen hatten wir damals noch nicht.

Einer der Gründe für ihren Ausstieg war sicher ein hartnäckiges Problem mit der Wirbelsäule, die von Geburt an etwas verkrümmt war. Trotzdem glaube ich, dass sie es hätte schaffen können. Aber sie hatte damals ihre erste große Liebe gefunden. Die dauerte zwar nur ein paar Monate, aber es hat genügt. Und sie ist ein ungemein kritischer Mensch, hinterfragt alles und jedes und kam nicht zuletzt deswegen mit ihren Teamkolleginnen und Trainern nicht sonderlich gut aus. Sie konnte und wollte nicht zurückstecken, wenn es verschiedene Auffassungen gab.

Da war etwa der Konflikt ausgerechnet mit einem Göstlinger, der damals Europacuptrainer der Damen war: Herbert Mandl. Er und Gottfried Trinkl verboten Martina ihren ureigensten Slalomstil, der sich später als die richtige Kippstangentechnik herausstellen sollte. Gerade Herbert Mandl aber war es, der später seinen Kopf riskiert hat, um mir zu helfen, indem er Hannes Trinkl und mich „illegal“ mit der Damen-Europacuptruppe mittrainieren ließ.

Martina hat es aber auch nicht verstanden, ihre eigene Technik auszufeilen und die Trainer Trainer sein zu lassen, was ich später oft gemacht habe. Wenn die Trainer etwas forderten, das ich mit Vater vorher anders geübt hatte, trainierte ich genau das weiter und tat so, als verstünde ich sie zwar, brächte es aber eben nicht so hin, so ein Pech aber auch!

Das konnte Martina nicht. In der für sie entscheidenden Zeit wurde von den ÖSV-Trainern noch das Credo Hoppichlers – Gott hab ihn selig – gepredigt: Schischulstil mit Hüftknick und Belastung am Außenschi. Vater dagegen war damals schon überzeugt, dass der Innenschi der schnellere sei, er trainierte Innenlage und runde Schwünge. Als Martina dann nach langem Leiden aus dem ÖSV-Kader geflogen war, hätte sie die Chance gehabt, allein mit Vater zu trainieren. Ich hatte schon den Sprung in den ÖSV geschafft, Vater hätte also alle Zeit der Welt gehabt, sich auf sie zu konzentrieren. Sie aber hatte nicht mehr die Kraft, die zwei ÖSV-Jahre hatten ihr die Lust aufs Schifahren genommen. Und so hörte sie von einem Tag auf den anderen auf.

Ein ganz normaler Trainingstag

In der Anfangszeit meiner Karriere war das Training mehr als mühsam. Neben meinem Vater von Anfang an dabei war Ewald Mandl. Wir drei schleppten die Stangen auf die Piste, wo sie Vater setzte. Stangen, die Vater gekauft hatte, die uns gehörten.

Sieben Uhr morgens, es dämmerte gerade. Das Training sollte halbwegs absolviert sein, wenn es mit dem Touristenschilauf so richtig losging. Meistens dauerte es aber doch bis Mittag. Ich schwitzte schon vor dem ersten Lauf, Arbeit war genug zu tun. Dann die Trainingsfahrten. Einmal runter, gemeinsam mit Vater besprechen, analysieren, wieder rauf. Sieben bis acht Fahrten pro Tag. Damit war das Pensum erfüllt und wir räumten ab. Mittagessen, dann ein Schläfchen – das war mir immer heilig, erst die Zwillinge haben mich darum gebracht – und anschließend eine Trainingseinheit in der Kraftkammer oder auf dem Fahrrad, ab und zu auch Laufen.

Mit der Zeit wurde mir immer mehr abgenommen. Vater kaufte einen Schi-Doo, einen Motorschlitten, der alles enorm erleichterte, denn damit konnten wir die Stangen transportieren. Meinen inzwischen berühmten Trainingshang gab es damals noch nicht, der wurde erst später kultiviert. So wuchs die Infrastruktur allmählich: Zuerst kam die Kunstschneeanlage (die erste auf dem Hochkar), dann das Flutlicht, um mehr zeitliche Bewegungsfreiheit zu haben und die Bedingungen bei den immer beliebter werdenden Flutlichtrennen besser simulieren zu können. Genützt hat das allerdings wenig, ich habe nie ein Flutlicht-Weltcuprennen gewonnen.

Zuletzt wurde ich schon regelrecht verwöhnt. Ich musste mich um den Trainingsablauf nicht mehr kümmern, das erledigten mein Vater und meine Freunde, von denen meistens zwei dabei waren. Ich stand eine Stunde später auf als die anderen, ging frühstücken, hatte das Funkgerät neben mir liegen und wenn alles vorbereitet war, folgte ich auf die Piste. Dort brauchte ich nur zum gesteckten Lauf auf einer perfekt präparierten Piste zu fahren, die Läufe zu absolvieren und danach wieder heimzufahren, während mein Vater und die Helfer noch stundenlang draußen blieben, Stangen wegräumten und für den nächsten Tag alles organisierten. Ich war zuletzt eine bis zwei Stunden weniger auf der Piste, kam aber auf dasselbe Trainingspensum wie vorher. Das hört sich nach Faulheit an, enthält aber einen wichtigen Faktor: mehr Regenerationszeit. Jeden Tag besser ausgeruht, jeden Tag um eine Spur mehr trainieren, das ergibt in Summe ein besseres Ergebnis.

Mit den Schiern auf dem Topf

Zur Zeit meiner Geburt wohnte meine Familie am Annaberg; zur Welt kam ich allerdings in Tulln, wo die Sykoras herstammen. Am Annaberg verbrachte ich die ersten fünf Jahre meines Lebens, bis mein Vater die Leitung des Schulschiheims Hochkar übertragen bekam und wir dorthin übersiedelten. Bei meinem ersten Weltcupsieg jubelten drei Orte mit „ihrem" Thomas Sykora: Tulln, Annaberg und Göstling. Ich habe mich amüsiert, aber auch gefreut. Letztendlich fühle ich mich als Göstlinger – mit sehr guten Kontakten nach Annaberg. Der einzige Bezug zu Tulln ist, dass ich lange Zeit dorthin zum Zahnarzt gefahren bin und meine Großmutter besucht habe.

Vater war zuerst am Annaberg Volksschullehrer und später Trainer und Lehrer an der Schihauptschule Lilienfeld. Einer seiner Schüler dort war der spätere Weltcupfahrer Gernot Welbich, der nun sportlicher Leiter der Schihauptschule ist. Der jetzige ÖSV-Herrentrainer Herbert Mandl aus Göstling war im Landeskader und trainierte mit dem Leiter Franz Bosch; Welbich war damals nicht im Landeskader und gehörte der Truppe meines Vaters an.

Wenn mich Oma Hermine fütterte, schmeckte das Flascherl besonders gut.

Ich bin im Mai geboren worden und schon im darauffolgenden Winter war, so habe ich mir erzählen lassen, ein deutlicher Bezug zum Schnee da. Ich war eines der Kinder, die bei Schneefall zum Himmel hinaufschauen und es sich genussvoll ins Gesicht schneien lassen. Da beide Eltern sehr gut und oft Schi fuhren, lag auf der Hand, dass auch ich bald Bretteln bekommen würde. Das war in meinem dritten Winter, ich war zweieinhalb Jahre alt. Diese Schier waren mein Heiligtum. Ich stapfte damit im Schnee herum und rutschte hinunter, wo es ging. Laut Erzählungen war ich zwar ein sehr pflegeleichtes Kind, aber wenn es ums Abschnallen der Schier ging, schrie ich Zeter und Mordio. So kapitulierten meine Eltern einige Male und ich durfte die Schier auch im Haus anbehalten. Ich saß sogar mit angeschnallten Brettern auf dem Topf.

Talentiert dürfte ich gewesen sein, denn man hat mir erzählt, dass ich im darauffolgenden Winter, also mit dreieinhalb Jahren, schon die Ötschergräben bewältigt habe. Eine Strecke, die ich heute nicht mehr kenne, die aber einigermaßen schwierig gewesen sein dürfte.

Mit Martina auf der Schaukel in Annaberg; mein Blick war damals schon sehr konzentriert.

Die ersten Schwünge

Vater fuhr am Annaberg, später auch am Hochkar selber kleine Rennen und trainierte dafür. Er steckte sich Läufe und ich fuhr mit. Er erkannte zwar sehr schnell, dass ich Talent hatte, aber er hielt mich lange vom Rennsport zurück. Freunde von mir bestritten schon lange Rennen, da war ich noch immer zu Hause und trainierte, nicht nur mit meinem Vater, sondern auch alleine. Mit der Stoppuhr in der Hand rückte ich aus, bastelte mir behelfsmäßig einen Kurs und fuhr gegen mich selber – allerdings immer unter dem Namen prominenter Schifahrer. Das erste große prägende Ereignis für mich war der Olympiasieg von Franz Klammer; trotzdem weiß ich noch, dass bei meinen Rennen gegen mich selbst immer Ingemar Stenmark gewonnen hat. Der war mein großes Vorbild, der eleganteste Schifahrer mit der schönen gelben Schihose. Er gewann meistens vor Klaus Heidegger oder Gustav Thöni.

Als ich irgendwann doch mein erstes echtes Rennen fuhr, den Grenzlandcup für Kinder in Annaberg, war ich völlig verunsichert, denn es war ein Doppelstangenkurs ausgeflaggt, den ich noch nicht kannte. Ich hätte mich in dem Stangenwald gar nicht ausgekannt, auf dem Hochkar hatten wir immer nur mit Einzelstangen trainiert. Gott sei Dank war die Piste mit Kunstdünger etwas härter gemacht und man konnte dort, wo er aufgetragen worden war, die Spur sehen. Der fuhr ich nach, allerdings mit sechs Sekunden Rückstand.

Training auf dem Hochkar. Den Stil haben wir später verbessert. War auch nötig.

Im nächsten Rennen stand ich schon als Dritter auf dem Stockerl und das übernächste in Gußwerk gewann ich mit Nummer 108 als Letzter der Starter. Peter „Fips" Schackl, mein bester Freund von damals (er war der große Dominator und holte sich fast jedes Rennen), gratulierte mir, aber ich glaubte es erst, als es der Sprecher durchsagte. Damals war ich enttäuscht, weil ich keinen Pokal erhielt; im Grenzlandcup gab es nur Urkunden. Es dauerte fast drei Jahre, bis ich meine erste Trophäe heimbrachte, einen Glaspokal, der später zerbrochen ist.

Inzwischen mache ich mir nichts mehr aus Pokalen. Mutter regt sich immer auf, weil ich sie oft vergesse oder einfach stehen lasse. Das hätte ich auch mit dem vergoldeten Weißkopfadler gemacht, den man in Park City bekommt. Ich nahm ihn erst mit, als man mir erzählte, wie wertvoll er ist. In Nagano musste ich Mutter versprechen, dass ich die Bronzemedaille auch wirklich mit nach Hause bringe...

Zurück ins Dreikäsehoch-Alter. Mein Ehrgeiz war geweckt. Dazu kam, dass ich noch immer mit Pullover, Schihose und Daunenfäustlingen unterwegs war, weil ich keinen Rennanzug bekam. Mir war zwar warm, aber mein Outfit gefiel mir überhaupt nicht. Den ersten Rennanzug besorgte ich mir von Michaela Buder, einer Konkurrentin meiner Cousine Heli Kraft. Die war groß und dünn, also genau meine Statur. Der Anzug kostete gebraucht 500 Schilling. Ich war glücklich und stolz. Damals war ich schon Mitglied des Landesschülerkaders.

Weil ich so fanatisch Rennen fuhr, interessierte es irgendwann auch Martina. Sie fuhr einfach mit, bestritt die Läufe aber nie mit demselben Ehrgeiz wie ich und lieferte überdies einige Aktionen, die einem Traummännlein zur Ehre gereicht hätten. So blieb sie einmal vor dem Ziel stehen, weil sie glaubte, der Lauf sei schon aus. Trotzdem war sie bis zum Ende ihrer Karriere immer besser als ich.

Nicht gerade ein Musterschüler

Wenn ich behaupten würde, ich wäre gern zur Schule gegangen, dann wäre das zumindest geflunkert. Vater besuchte die Elternsprechtage aus Prinzip nicht mehr: „Ich höre mir doch nicht immer nur die Klagen über dich an!“ Das war leider berechtigt, meine Lehrerin hatte ein hartes Los mit mir gezogen. Ich brachte oft monatelang keine Hausübungen und die Schlechtpunkte häuften sich. Das heißt aber nicht, dass ich nichts kapiert hätte. Für mich war die Schule einfach mit dem Moment abgeschlossen, in dem ich durch die Tür hinausgegangen war. Hausaufgaben haben mich nicht interessiert, ich wollte schnell hinaus ins Gelände, dort mein Lager bauen und spielen. Da nahm ich auch in Kauf, dass die Situation das eine oder andere Mal eskalierte.

Im Unterricht war ich sonst eigentlich nicht schlecht und so hatte ich trotz der fehlenden Hausübungen und der damit verbundenen schlechten Noten nur sehr wenige Dreier im Abschlusszeugnis, sonst überwiegend Einser und Zweier. Meine Lieblingsfächer waren Mathematik, Geografie – und natürlich Turnen, mein Element. Immer wenn irgendein Schulsport auf dem Programm stand machte ich mit. Ich konnte kaum schwimmen, fuhr aber zum Schwimmwettkampf mit, nur um nicht in der Schule sitzen zu müssen. Bei jedem Cross-Country-Lauf, beim Fußball, ich war überall dabei.

Nach der Hauptschule besuchte ich zwei Jahre lang das Trainingszentrum in der Schihandelsschule Waidhofen, ehe ich die schulische Laufbahn für den Schisport zurückstellte. Später begann ich mit der Fernmatura, abgeschlossen aber habe ich sie bis jetzt nicht. Auch wenn mir nur mehr wenige Prüfungen fehlen, ich sehe den Sinn nicht mehr. Nicht jetzt, denn die Perspektive mit Matura ist ein Studium, und das kommt für mich ohnehin nicht mehr in Frage. Hoffentlich fällt mir meine etwas lasche Einstellung zum Schulbetrieb nicht irgendwann einmal auf den Kopf – spätestens dann, wenn die Zwillinge lesen können und dieses Buch in die Finger kriegen.

Geplatzter Wechsel nach Holland

Zu Beginn fuhren wir großteils Rennen in der Steiermark, da in Niederösterreich die Qualität der Rennen weniger gut war; sie sind oft unprofessionell organisiert und das Gelände ist meist zu flach. Darüber hinaus wurde auch ständig gestritten, was sich bis heute nicht wesentlich geändert hat.

Da fiel die Wahl nicht schwer, denn die steirischen Rennen waren überwiegend schwierig zu fahren und hervorragend organisiert. Es starteten auch meistens Spitzenläufer, also starke Konkurrenz, an der man sich messen konnte.

Nach einigen Rennen und einem Sichtungskurs wurde ich in den steirischen Landeskader aufgenommen. Auf Anraten von Landestrainer Alois Kahr durfte ich als einziger meines Jahrganges alle FIS-Rennen bestreiten.

In diesem Jahr hätte ich fast den Sprung in den ÖSV geschafft. Aber gerade Kahr war es, der abblockte und verlangte, ich solle noch ein weiteres Jahr im Landeskader fahren. Das habe ich getan, aber dann kam ein Wachstumsschub von über zehn Zentimetern. Ich hatte urplötzlich Koordinationsprobleme, fuhr zwar nicht schlecht, war aber von der ÖSV-Qualifikation weit entfernt.

In der Handelsschule im Trainingszentrum Waidhofen/Ybbs, die ich damals besuchte, lernte ich einen jungen Holländer kennen, Ronald Hoovenars. Er fuhr übers Wochenende immer mit mir nach Hause aufs Hochkar, das hatten seine Eltern mit den meinen vereinbart. Dadurch entstand ein Kontakt zum holländischen Schiverband. Vater hatte Marc Girardelli vor Augen, der sich als Einzelkämpfer im Schiweltcup durchgesetzt hatte, und nahm ihn zum Vorbild. Er meldete mich und meine Schwester in Österreich ab und wollte uns in Holland anmelden. Das funktionierte allerdings nicht. Die FIS fasste einen rückwirkenden Beschluss, wonach sich niemand mehr einfach auf ein anderes Land ummelden konnte. Eine Woche nach der anderen warteten wir auf die Freigabe vom holländischen Verband, die nie kam. So konnten wir ein ganzes Jahr kein Schirennen fahren, weil uns Gianfranco Kaspar und Marc Hodler im Duett so richtig schön verarscht haben.

Auch die Schule in Waidhofen brach ich ab. Im Mai wären noch Trainingseinheiten möglich gewesen, ich hätte aber Schulstunden aus dem Rennwinter nachholen müssen. Da kam zum Beispiel vor, dass sechs Stunden Religion auf einmal aufzuholen waren, worauf Vater die Sinnfrage stellte. So brach ich ab und begann die Fernmatura – die ich wie gesagt immer noch nicht abgeschlossen habe.

Die Holland-Geschichte war erledigt, wir konnten nur wieder in Österreich antreten. Als Martina ihren ersten österreichischen Meistertitel gewann, wurde Vater vom Vizepräsidenten des niederösterreichischen Landesverbandes, Helmut Frais-Kölbl, gefragt, ob er nicht Sportwart Alpin in Niederösterreich werden wolle. Er hat zugesagt und war durchaus erfolgreich. Unter seiner Führung wurden der spätere ÖSV-Trainer Roland Bair, meine Schwester Martina und Gerlinde Brandstetter in den ÖSV aufgenommen. Auch Michaela Dorfmeister, aber die ging in Schladming zur Schule und fuhr hauptsächlich mit den Steirern. Nach zwei Jahren legte Vater diese Funktion aber wieder zurück, weil es ihn zu viel Kraft kostete, Kraft, die er ausschließlich in mich und Martina investieren wollte.

Bis in den ÖSV war der Weg für mich lang, hart und steinig. Drei Jahre voller Entbehrungen, in denen wir immer wieder FIS-Rennen in aller Herren Länder bestritten. Nicht nur einmal passierte es, dass wir tausend Kilometer auf eigene Kosten zu einem Rennen anreisten, das dann wegen Nebels abgesagt werden musste. Uns blieb dann nichts übrig, als unverrichteter Dinge wieder heimzukehren. Im zweiten Jahr erreichte ich als Dritter meinen ersten Platz auf dem Stockerl, im dritten Jahr gewann ich mein erstes FIS-Rennen; fünf weitere sollten in derselben Saison noch folgen. Damit schaffte ich Gott sei Dank endlich den Sprung in den ÖSV, mit 21 Jahren.

Vorbild Marc Girardelli (links); wie er wollte ich die Nationalität wechseln.

Einer meiner treuen Wegbegleiter war Hannes Trinkl, den ich auch im TZW kennen und schätzen gelernt hatte. Er war früh im ÖSV-Kader, verletzte sich dann, fuhr schlechter und fiel wieder aus dem Kader. Auch er war ein Einzelkämpfer, der irgendwie versucht hat, sich durchzuschlagen. Wir haben uns zusammengetan und Vater half ihm über einige Querverbindungen, in die Heeressport- und Nahkampfschule aufgenommen zu werden, was ihm viel Sicherheit gebracht hat.

Obwohl er eher schnelle Disziplinen bestritt und ich ein Slalomfahrer war, der schon im Riesentorlauf Defizite hatte, fanden wir irgendwie zusammen. Zu zweit setzten wir uns in Hintertux am Gletscher Läufe und trainierten. Wenn Vater Zeit hatte, kam er für ein paar Tage nach.

Dann übernahm mit Herbert Mandl ein Göstlinger Trainer die Europacuptruppe der Damen. Später ging er als Damencheftrainer nach Norwegen, dann als Herrentrainer für Riesentorlauf und Super-G wieder nach Österreich zurück und heute ist er Damenchef des ÖSV. Er verschaffte uns beiden die Möglichkeit, mit seinen Mädchen zu trainieren, offiziell als Helfer. Mandl hat damals Kopf und Kragen für mich riskiert, denn wenn das ruchbar geworden wäre, hätte es ihn möglicherweise den Trainerjob und die anschließende glänzende Karriere gekostet. Umso dankbarer bin ich ihm heute noch für das, was er für mich und Hannes damals getan hat. Diese Hilfe war sehr wichtig, denn damit waren wir wieder, wenn auch nicht ganz „legal", in einem Team mit kompletter Infrastruktur. So kam es, dass wir in Zauchensee gemeinsam trainierten, die Weltcup-

Herren einerseits und die Europacup-Damen mit uns beiden, Hannes Trinkl und mir, andererseits. Wir wohnten im selben Hotel und am Abend kam ich ins Gespräch mit Hans Pum, der damals Herrentrainer war.

Wie ich erst später erfuhr, hatte sich Pum vorher schon bei Hans Schackl nach mir erkundigt. Schackl, Ex-Weltrekordhalter im Militärischen Fünfkampf und Sportausbildner an der Militärakademie in Wiener Neustadt, hatte mit Pum die Sportlehrerausbildung gemacht und stand sehr hoch in dessen Achtung. Eben dieser Hans Schackl ist ein guter Freund sowohl meines Vater als auch von mir (Vater meines Konkurrenten aus der Kinderzeit Peter „Fips" Schackl), er war oft bei unseren Trainings dabei. Damals lobte er mich: „Der ist ehrgeizig und talentiert, wenn man dem die Chance gibt, schafft er es sicher."

Im Zuge unserer Plauderei an diesem Abend in Zauchensee lud mich Pum zum Training seiner Mannschaft ein: „Komm morgen um acht nach Flachau, das bringt dir ja mehr." Er wollte einfach sehen, wie ich fuhr.

Ich war 19 und ambitioniert; Herbert Mandl gab mir „Unterschlupf".

Totale Hektik im Team folgte: Im ersten Zeitlauf fuhr ich die zweitbeste Zeit! Alle arrivierten Weltcupfahrer fragten sich, was das solle und was ich da mache. Pum überlegte schon, mich in Schladming beim Weltcup einzusetzen, aber dann wurde doch nichts daraus. Es folgte noch ein FIS-Rennen in Matrei, das ich gewann, obwohl die komplette österreichische Elite am Start war, mit der einzigen Ausnahme Rudi Nierlich. Der damalige Slalomtrainer Filip Gartner sagte danach zu Hans Pum: „Diesen Sykora, den brauchen wir!"

In Sestriere debütierte ich im Weltcup. Beim Besichtigen marschierte ich, eingeschüchtert schon von den Namen, zwischen Girardelli, Tomba, Furuseth & Co die Piste hinauf. Sagte Armin Bittner zu mir: „Da hast du dir das richtige Rennen für dein Debüt ausgesucht. So was Schwieriges habe ich überhaupt noch nie gesehen."

Der Lauf war extrem lang und ebenso uneben und eisig. Ich konnte mir nicht vorstellen, wie man da wirklich runterfahren könnte, und fiel dann auch prompt aus Nervosität oder Müdigkeit oder einer Mischung aus beidem kurz vor dem Ziel um. Ich machte mir damals ernsthafte Sorgen: „Wenn Weltcup wirklich so ist, dann weiß ich nicht, ob ich das schaffe."

Mein Erstauftritt in Kitzbühel verlief relativ spektakulär: Mit Startnummer 66 war ich zur Zwischenzeit Zwölfter und schied dann aus. Pum holte mich damals aber zu sich und sagte mir, er sei stolz, dass er mich in der Gruppe habe. Das freute mich sehr, obwohl ich wegen meines Ausfalls maßlos sauer war.

Kitzbühel war immer meine Lieblingsstrecke. Ein Jahr später wurde ich dort Vierzehnter und wieder ein Jahr darauf stand ich schon auf dem Podest.

Konditionstraining ist Schinderei

Eine Begebenheit bei meinem Eintritt in den ÖSV-Kader straft all die Gerüchte Lügen, die über die Arbeit meines Vaters mit Martina und mir im Umlauf waren und vielleicht immer noch sind, Gerüchte, die wissen wollen, er habe uns gedrillt, gezwungen, Rennläufer zu werden, um sein Ego zu befriedigen.

Damals reiste ich zu meinem ersten Konditions-Trainingskurs nach Nauders an, wo ich einiger meiner Illusionen beraubt wurde. Bis dahin hatte Vater ein Trainingsprogramm aufgebaut, das auf spielerischen, abwechslungsreichen, durchaus unterhaltsamen Elementen basierte. Tennis war ein wichtiger Bestandteil, ebenso viele Geschicklichkeitsübungen.

In Nauders aber schwangen wir uns gleich einmal auf die Drahtesel und unternahmen eine endlos lange, für mich brutale Radtour über 80 Kilometer. Nach 50 Kilometern verlor ich den Anschluss an meine Kollegen. Ich war so fertig, dass ich mir in meiner Not nicht anders zu helfen wusste, als die Luft aus dem Reifen zu lassen und laut zu lamentieren. Daraufhin durfte ich die letzten 30 Kilometer im Begleitauto mitfahren.

Am nächsten Tag stand Kraftkammer auf dem Programm. Kaum hatte ich den ersten Schock überwunden, war schon der nächste da. Das Gewicht meiner Hantelstange (mit der Kniebeugen zu absolvieren waren) betrug 90 Kilo. Die anderen wärmten damit bloß auf, für mich aber ging es an die Leistungsgrenze. Die stärksten meiner Kameraden kamen auf über 200 Kilogramm! In diesem Konditionskurs taumelte ich von einem Muskelkater in den nächsten und bewegte mich außer zum Training kaum aus dem Bett, weil ich so müde war. Der frustrierendste Kurs meiner ganzen Laufbahn.

Als ich diese Niederlage zu Hause kleinlaut meinem Vater beichtete, reagierte der wie immer ruhig: „Du hast eben andere Fähigkeiten als die rohe Kraft, die werden dich noch viel weiter bringen.“

Das beweist wohl, dass wir am Hochkar nie tierisch hart trainiert haben, sondern das Schifahren um des Schifahrens Willen betrieben.

Das Fahrrad habe ich damals gehasst, ich lernte es erst in der Zeit meiner Verletzung schätzen. Es ist kein Zufall, dass mir einige Jahre später am Neusiedler See ein ähnliches Missgeschick passierte wie in Nauders. Wieder Konditionskurs, diesmal in Podersdorf. Wir umrundeten mit den Rädern den See, mussten dabei natürlich über ungarisches Staatsgebiet, ich hatte aber keinen Reisepass mit. So nahm ich den Pass eines Trainers, der in Podersdorf geblieben war. Es war daher nicht ratsam, die Gruppe zu verlieren, denn mit einem fremden Pass auf fremdem Staatsgebiet erwischt zu werden wäre möglicherweise nicht lustig gewesen.

Allerdings hatten wir drei Mitglieder des Junioren-Nationalteams als „Pacemaker" mit, die volles Tempo vorgaben. Ich hechelte hinterher. Alles, nur nicht zurückbleiben!

Kaum zurück in Österreich, passierte es aber doch: Das Betreuerauto, das Essen und Getränke mitführte, verschwand aus meinem Blickfeld. Ich erlitt einen sogenannten „Hunger-Ast" und brachte nichts mehr zuwege. Auf einer kleinen Steigung überholte mich eine Frau mittleren Alters mit ihrem maroden Fahrrad. Mein Körper hatte einfach nicht mehr genug Energie, um die Muskeln zu bewegen. In eine solche Situation darf man erst gar nicht kommen, man muss immer etwas essen und trinken, sonst geht dem Körper regelrecht „der Saft aus".

Ich bereitete mich schon seelisch darauf vor, in der nächsten Ortschaft bei einem Obststand um eine milde Gabe zu bitten, denn Geld hatte ich keines mit, da kam der Geistesblitz: Andreas Kamper! Der ehemals beste Rennläufer des Burgenlandes hatte mit mir die Schule in Waidhofen besucht und leitete nun in Neusiedl das heimische Audi-Autohaus. Zu ihm wollte ich noch kriechen. Dort angekommen, informierte man mich, dass er eben ins nächste Gasthaus zum Essen gegangen sei. Das traf sich ja ausgezeichnet, ich folgte ihm auf dem Fuß. Ein Riesen-Hallo, als ich im Gasthaus eintraf. Als ich ihm meine Notlage erklärte, lud er mich sofort zu einem Gulasch ein, aber statt des gewünschten Apfelsafts stand plötzlich ein Glas Bier auf dem Tisch. Das wirkte! Ich spürte sofort, wie sich meine Nüchternheit verflüchtigte, aber wenigstens hatte ich endlich etwas im Magen. Fast eine Stunde verbrachten wir am Wirtshaustisch, ehe mich die Reue packte und ich mein Training fortsetzen wollte. Die anderen waren längst über alle Berge (soweit man das im Burgenland sagen kann) im Quartier in Podersdorf.

Ich trat ins Freie und wollte mich eben aufs Rad schwingen, als ich ein bekanntes Gesicht bemerkte: Christian Huber, unser Konditionstrainer, auch ein Göstlinger. Er hatte mein Fehlen bemerkt und war mit dem Betreuerauto zurückgefahren, um mich zu suchen. Da er Andi Kamper auch kannte, weil er in Waidhofen Trainer gewesen war, machten wir gemeinsam kehrt und tranken noch ein Bier zusammen. Angeblich folgte dann noch eines, wie man mir später sagte. Während meine Kollegen nachmittags in der Kraftkammer schwitzten, war für mich Regeneration im Bett angesagt.

Der Unterschied zum Rest der Slalomwelt

Ich war so etwas wie der erste Carver. Rudi Nierlich hatte es vorexerziert und wäre er nicht tödlich verunglückt, man müsste ihn auch heute erst schlagen, denn seine Technik war wirklich revolutionär. An ihm hat sich mein Vater orientiert. Ich wurde schon von Jugend auf in eine Richtung gesteuert, in die sich die Technik später entwickelte, und war meiner Zeit etwas voraus. Als dann auch noch das Material zu diesem Stil passte, war der Vorsprung für mich da.

Mit besagtem 14. Platz in Kitzbühel wurde die Medienwelt erstmals auf mich aufmerksam. Das ORF-Landesstudio Niederösterreich brachte einen Beitrag, der simulieren sollte, man habe im ORF schon vorher damit gerechnet, dass der junge Niederösterreicher erfolgreich sein würde. Fünfmal musste ich ins Hotel hineingehen und meine Tasche auspacken, so tun, als wäre ich eben erst angekommen – eineinhalb Tage nach dem Rennen. Eine neue Erfahrung für mich, ein bezeichnender erster Blick hinter die Kulissen.

Zwar war ich auch in Madonna schon Siebzehnter gewesen, hatte im zweiten Durchgang eine Zeit unter den ersten Zehn gefahren, aber damals nahm man noch kaum Notiz von mir. Durch die Fünfzehner-Regel bedingt, war nach den Top 15 der Sieger im Ziel und der Rest des Feldes fuhr praktisch unter Ausschluss der Öffentlichkeit. Das traf mich besonders, denn in jedem Weltcuprennen, das ich bis dahin gefahren war, qualifizierte ich mich – sofern ich das Ziel erreichte – für das Finale der besten 30.

Dieser Ablauf hat sich heute grundlegend geändert. Mit der Dreißiger-Regel haben fast alle Läuferinnen und Läufer ein Flash-Interview während des zweiten Durchgangs, sobald sie im Ziel sind, egal, ob sie auf Platz 29 oder 10 lagen.

Die Rennen in Kitzbühel waren 1992 kurz vor den Olympischen Spielen in Albertville. ÖSV-Trainer Filip Gartner hielt große Stücke auf mich und als ich im Außerfern einen FIS-Slalom gewonnen hatte, lud er mich zum Trainingskurs der vier Olympiastarter Bernhard Gstrein, Michael Tritscher, Hubert Strolz und Thomas Stangassinger in St. Anton ein. Das gefiel natürlich Bernhard Gstrein ganz und gar nicht. Er motzte: „Das ist Olympiavorbereitung, da hat niemand anderer etwas dabei verloren." Aber Filip Gartner setzte sich durch, ich trainierte mit. Ein Mann stand damals am Rande der Piste, der seine aktive Karriere schon beendet hatte: Weltmeister Frank Wörndl. Er nahm mich im Ziel zur Seite: „Hör mal, du bist ja pro Lauf um vier, fünf Zehntel schneller als die anderen!" Ich hatte eben neues Schimaterial von Head bekommen, damit lief es wirklich ausgezeichnet. Wörndls Worte hatte ich noch lange danach im Ohr: „Mir ist es jahrelang so gegangen wie dir jetzt. Warte nur, bis du gute Startnummern bekommst, dann geht die Post ab!"

Der Trainerwechsel von Gartner zu Fritz Vallant im Sommer war ein Einschnitt in meiner Karriere. Ich hatte zwar mit Filip Gartner gut gekonnt, aber Vallant schätzte meine individuellen Möglichkeiten richtig ein und ließ mir alle Freiheiten, zu Hause zu trainieren, was meiner Entwicklung wirklich gut tat.

Da ich meine Grundausbildung im Bundesheer absolvieren musste, verlegten wir die ersten Trainingstage vor. Ich trainierte mit Fritz Vallant allein am Kaunertaler Gletscher. Er lachte sich krumm: „Du musst aufrechter fahren, den Schwerpunkt mehr in die Höhe bringen!" Das war ziemlich genau das Gegenteil dessen, was Gartner gepredigt hatte. Jetzt kannte ich mich gar nicht mehr aus. Vallants Nachsatz: „Aber schnell bist du!"

Der Jubel kannte keine Grenzen, plötzlich war ich ein Maßstab für die Weltklasse.

Nach der Grundausbildung stieß ich im Zuge eines Trainingslagers Ende Juni in Norwegen zur Mannschaft. Wir bestritten dort einige Läufe ohne Zeitnahme; abends holte mich Vallant zum Videostudium und sagte trocken: „Das ist absolute Weltklasse. Du bist schneller als jeder andere hier." Er hatte sich das aus dem Video herausgestoppt. Ab diesem Zeitpunkt legte ich Serien-Bestzeiten hin.

Die Topfahrer fuhren zwei, drei Läufe auf einer Piste, was dieser natürlich schadete; dann kamen wir, und trotz der weitaus schlechteren Piste war ich eine Sekunde schneller. Meine Dominanz animierte die anderen, sie mussten nachziehen. Sie arbeiteten sehr hart daran, auch Fritz Vallant verbiss sich in das Ziel, das ganze Team hochzupushen.

Erstes Saisonrennen, Ende November in Sestriere. Mein großes Ziel war, mit Startnummer 36 unter die Top 15 zu fahren, denn dann, so hatte mir Vallant prophezeit, sei ich „nicht zu stoppen".

Der Druck, den ich mir selber angesichts der guten Trainingsleistungen aufgelastet hatte, war enorm. Im Training bester Österreicher zu sein hieß damals nicht automatisch, im Weltcup vorn dabei zu sein; im Winter vorher waren unsere Ergebnisse nicht berühmt gewesen. Meine ganze Konzentration galt dem Ziel, unter die Top 15 zu fahren. Wäre ich wieder nur zwischen 15 und 30 gelandet, der Frust hätte mich aufgefressen. Zwei Jahre lang war ich im zweiten Lauf gestartet, während im Ziel schon der Sieger gefeiert wurde: Diesem Trott wollte ich um jeden Preis entkommen.

Ich startete als Nervenbündel und fuhr im oberen Teil schlecht. Meiner Verkrampftheit bewusst schrie ich mich innerlich an: „Jetzt fahr endlich g'scheit!" Dann kam eine Vertikale, in der ich den Rhythmus fand und im Flachen lief es dann wirklich gut. Ich schaffte es, Platz 13. Im zweiten Lauf das umgekehrte Bild: ich war im oberen Teil Schnellster, rettete mich nach einem schweren Fehler im Flachen gerade noch ins Ziel und wurde letztlich Neunter.

Ich war mit mir zufrieden, aber völlig überraschend war eine andere Entwicklung: die Geburt des österreichischen Slalom-Wunderteams. Mike Tritscher war Zweiter vor Hubert Strolz, ich Neunter, Stangassinger Elfter, Gstrein Zwölfter. Alles Leute, die ich im Training im Griff gehabt hatte.

Mike Tritscher sollte auf Anfrage des ORF nach Wien zur Sendung „Sportarena" am folgenden Montagabend fliegen. Dadurch fehlten ihm die in Sestriere folgenden FIS-Rennen. Ich dachte damals: „Na warte, das nächste Mal sitze ich selber in der ‚Sportarena'!"

Val d'Isère, die nächste Weltcup-Station. Viel Neuschnee, nur der Weltcup-Hang war hart präpariert. Also kaum Trainingsmöglichkeiten, was sich vor allem für Mike Tritscher sehr negativ auswirkte, der ja die FIS-Rennen versäumt hatte. Wieder war ich nervös, diesmal aber aus anderen Gründen. Plötzlich eröffnete sich mir die Chance, ein Weltcuprennen gewinnen zu können. Immerhin war ich in Sestriere im ersten Lauf unten zweitbeste Zeit gefahren, im zweiten oben die beste. Einerseits lähmten mich diese Perspektiven beinahe, andererseits genoss ich die Aufmerksamkeit, die mir überall zuteil wurde, die Interviews, die man plötzlich von mir, dem Aufsteiger des ersten Saisonrennens, haben wollte. Es war wunderschönes Wetter, blauer Himmel, alles passte. Das sollte mein Tag werden!

Die Kameras, die mich beim Aufwärmen filmten, störten mich nicht, ich schwamm auf einer Welle der Euphorie. Trotz Startnummer 29 war ich nach dem ersten Lauf auf dem sehr schwierigen, steilen Hang Siebenter, Fogdoe lag hinter mir. Der Trend von Sestriere setzte sich fort: wieder zahlreiche Österreicher unter den ersten 15. Ich war fast schon irritiert, hatte ich doch mit mir ausgemacht, zur „Sportarena" zu fliegen, und plötzlich gab es weit mehr Anwärter!

Im zweiten Durchgang erreichte ich das Ziel als Zweiter hinter Fogdoe und war wütend, denn ich hatte mich während des Laufs sehr gut gefühlt und fix damit gerechnet, die Führung übernommen zu haben. Dann aber kam ein Läufer um den anderen und keiner erreichte unsere Marke. Es blieb dabei: Fogdoe gewann, ich wurde Zweiter. In diesem Jahr wurde der Schwede Weltcupsieger, er gewann noch weitere vier Rennen.

Der Wirbel war unbeschreiblich. Ich war ein völliges Greenhorn, wusste nicht, wie

Ein neues Gefühl, ich wurde erkannt, Zurufe vom Pistenrand. So ist es also, ein Star zu sein!

ich mit den vielen Medienterminen umgehen sollte, mit den Fotografen, die mich umringten. Ich vergaß, meine Brille ins Bild zu rücken, alles Dinge, die ein Profi automatisch macht. Meine erste Pressekonferenz! Es war, als stiege ein Radfahrer plötzlich auf einen Mercedes um. Der einzige, der cool blieb, war mein Vater. Er reagierte zwar erfreut, wies mich aber trotzdem auf meine Fehler hin. Überall anders herrschte die totale Euphorie.

Mike Tritscher fiel im Rennen aus. Er war mit dem Flugzeug von Wien nach Genf geflogen und ich bekam nun sein Rückflugticket nach Wien, denn nach diesem zweiten Platz war ich wirklich der Nächste in der „Sportarena"!

Madonna di Campiglio. Eines der ganz großen Traditionsrennen des Jahres und ich galt als Mitfavorit. Nach dem ersten Durchgang war ich Dritter hinter Bernhard Gstrein und Jure Kosir, wir lagen sieben Hundertstel auseinander. In diesem Rennen zeigte sich, dass ich für den Sieg noch nicht reif war, obwohl er zum Greifen nah schien. Etwas, das mir noch jahrelang passierte: Immer, wenn ich gewinnen wollte und die Chance hatte, dachte ich zu sehr daran, auch während des Laufes. Das provozierte kleine Fehler, die entweder zum Ausfall führten oder Zeit kosteten.

Ich erreichte das Ziel als Dritter hinter Patrice Bianchi und Tomba und das war auch das Endergebnis. Eine Enttäuschung für mich, ich hätte gewinnen müssen. Die große Sensation war ich trotzdem, denn plötzlich führte ich im Slalom-Weltcup.

Ein Superstar war geboren – so glaubte ich zumindest. Ich überschätzte den Rummel rund um mich, glaubte mich unverwundbar und kam nach Kranjska Gora, um vier Tage nach Madonna endlich mein erstes Rennen zu gewinnen. Mein erster Start in der ersten Gruppe. Den scheinbaren Siegfried erwischte es aber genau an der empfindlichen Stelle. Der Hang war völlig vereist, ich kam mit den Bedingungen überhaupt nicht zurecht und wurde unsanft von meinem hohen Ross geholt: nur Platz 26 nach dem ersten Lauf.

Wieder auf der Erde gelandet, besann ich mich meiner Möglichkeiten und fuhr im zweiten Durchgang ein großartiges Rennen, machte auf den späteren Sieger Thomas Fogdoe bis zur Zwischenzeit Zeit gut, ehe ich im unteren Teil ausschied. Ein Platz unter den Top 10 war möglich gewesen, aber die Erfahrung war viel wichtiger: Gerade zur rechten Zeit hatte mein Hochmut einen ordentlichen Dämpfer gekriegt.

Zu Hause hatte sich im Laufe dieser Wochen ein immenses Interesse aufgebaut. Als ich über Weihnachten am Hochkar trainierte, standen plötzlich viele Leute neben der Absperrung und sahen mir beim Training zu. Die Slalomläufe waren auf einer der Publikumspisten gesteckt, mein eigener Trainingshang folgte erst später. Für mich war diese extreme Aufmerksamkeit zwar neu, aber es gelang mir, mich abzuschotten. Die Lifte musste ich nicht benützen, weil wir den Schi-Doo hatten, also konnten wir problemlos unsere kleine Trainingswelt dicht halten, ohne allzu sehr abgelenkt zu werden. Es gab auch kaum einmal Zwischenfälle, das Training wurde vom Publikum nicht gestört. Wenn jemand fragte, antwortete ich, mehr aber nicht. Keine Arroganz, sondern notwendige Konzentration. Ich fühlte mich zwar als weißer Elefant, der ständig angestarrt wurde, aber so etwas gehört eben dazu, wenn man plötzlich ein sogenannter „Star" ist.

Siegen will gelernt sein

Im Jänner folgten einige Ausfälle. Die Kitzbüheler Rennen mussten wegen Schneemangels nach Lech am Arlberg verlegt werden. Dort gelang mir im ersten Durchgang ein Traumlauf. Als ich zur Zwischenzeit kam, ging ein Aufschrei durchs Publikum. Ich wusste, dass ich schnell sein musste. Zwischenbestzeit! Das totale Risiko aber führte zum nächsten Ausfall: Ich fädelte ein.

Es hätte mein erster Sieg sein können. Dieser Satz bohrte sich in mein Gehirn. Es ging nur noch um Sieg oder nicht Sieg, dabei hätte es heißen müssen: „Leistung oder nicht Leistung". Diese Vorgabe des ersten Sieges schleppte ich mit mir herum, und je länger es dauerte, desto schwerer wurde die Last.

Es war der 17. Jänner 1993. Fast auf den Tag genau drei Jahre sollte es dauern, bis ich dieses Trauma beendete, und zwar mit dem Triumph in Kitzbühel am 16. Jänner 1996. Dazwischen arbeiteten die lästigen Gedanken in meinem Kopf, bohrten einmal stärker, einmal weniger stark. Aber sie waren immer da. „Wenn ich dort nicht eingefädelt hätte, hätte ich schon gewonnen", oder ein andermal: „Wenn ich dort den Fehler nicht gemacht hätte, wäre das der erste Sieg geworden." Immer und immer wieder. Tomba gewann, Fogdoe gewann, Sykora gewann nicht. Und zwar deswegen, weil ich noch nicht reif dafür war.

Nichts blockiert einen Sportler mehr, als über vergebene Chancen zu grübeln.

Das weiß ich jetzt. Damals saß ich im Hotel in Lech, sah Fogdoe gewinnen und dachte: Den hätte ich locker in die Tasche gesteckt, wenn ich durchgekommen wäre. Doch mit Wenn und Aber gewinnt man nicht.

Für die WM in Morioka war ich qualifiziert, dort aber passte rundherum nichts. Nur Platz 9. Zum Saisonabschluss Platz 6 in Aare und auch Platz 6 im Slalom-Weltcup.

ALS SCHWARZFAHRER KOMMT MAN NICHT NACH OLYMPIA

Es folgte wieder eine recht gute Trainingsphase. Ich war nicht so dominant wie im Jahr davor, fuhr aber einige Bestzeiten. Die Leistungen in der Mannschaft waren dichter geworden.

Im ersten Rennen in Park City wollte ich wieder einmal alles niederreißen, übertrieb maßlos, lag nach fünfzehn Toren im Schnee und hatte plötzlich den Druck einer Olympiaqualifikation für Lillehammer auf mir lasten, weil die anderen Österreicher geschlossen im Spitzenfeld lagen. Als Schwarzfahrer kommt man nicht nach Olympia. Irgendwo steht einer und überprüft, ob man das Ticket hat.

Obwohl mein Vater immer das Ziel vorgegeben hatte, nur der sei der Beste, der die ganze Saison über am beständigsten sei, also der Weltcupsieger, haben Olympische Spiele andere Gesetze. Eine Teilnahme als einer von vier Österreichern wirkt sich auf Image und Finanzen aus. Bei Olympischen Spielen sollte man dabei sein. Andererseits: Wenn man dort keine Medaille schafft, war es nachträglich ein unwichtigeres Rennen als ein Weltcuprennen. Hier zählen nur Medaillen, Platz vier ist das Schlimmste, was passieren kann. Das olympische Motto „Dabei sein ist alles“ hat für mich nie gegolten. Der Druck ist um vieles höher, weil eben nur drei Plätze zählen.

Dazu kommt, dass ein Slalomfahrer das letzte Rennen der Spiele zu absolvieren hat. Das heißt: lange Rennpause und viel Zeit, von der Presse genervt zu werden. Je öfter man die Fragen um Chancen und Auswirkungen hört, desto intensiver denkt man darüber nach.

Ich habe immer die Abfahrer beneidet, die von einem Rennen kommen und ohne viel nachzudenken schon die Trainingsläufe für das nächste bestreiten, das dann eben ein Olympiarennen ist. Hier wird man aus dem Trott des Weltcups, aus der Konzentration, nicht so sehr herausgerissen wie als Slalomfahrer, wo noch dazu die Gefahr eines Ausfalls größer ist.

Aber vorerst ist es wichtig, überhaupt einmal dorthin zu kommen und die Qualifikation bedeutet einen nicht zu unterschätzenden Druck auf die Psyche.

Im nächsten Rennen in Stoneham war ich nervös wie selten zuvor, brachte zwei vermurkste Läufe aber doch so hinunter, dass unter dem Strich Platz 7 herauskam.

Dann wieder Ausfälle und endlich in Kranjska Gora ein fünfter Platz, der meine Karten für die Olympiaqualifikation entscheidend verbesserte. Ein Journalist fragte mich vor dem nächsten Rennen in Kitzbühel, was dieser fünfte Platz für den Ganslernhang bedeute. Ich antwortete wie aus der Pistole geschossen: „Dass ich jetzt endlich wieder auf Angriff fahren kann und nicht nur auf Durchkommen!“

Kitzbühel war der erste wirkliche Höhepunkt meiner Karriere. Ich war nach dem ersten Lauf Achter und kam im zweiten als Führender ins Ziel. Dann das große Warten. Einer nach dem anderen fiel zurück oder aus, ich blieb vorn. 30 000 Zuschauer entfachten einen Hexenkessel rund um den Ganslernhang. Erst Thomas Stangassinger als Führender des ersten Durchgangs stieß mich noch vom Siegerplatz. Im ersten Augenblick war ich natürlich enttäuscht, denn der erste Sieg gerade in Kitzbühel, das wäre schon was gewesen. Ich habe mir diesen Traum zwei Jahre später erfüllt. Jetzt genoss ich einfach den Rummel rund um mich.

1994: Erster Griff nach dem Triumph in Kitzbühel. Danebengegriffen, Stani siegte. Foto: Bezard

Stockerlplatz mit Trauerflor

Der nächste Platz auf dem Siegespodest, diesmal in Chamonix, ertrank in Tränen. Es war einen Tag nach dem tödlichen Unfall von Ulli Maier in Garmisch-Partenkirchen. Die ganze Mannschaft war wie gelähmt, der Schock saß allen in den Gliedern. Schwere Unfälle sind keine Seltenheit im Rennsport, vor allem in der Abfahrt, aber mit dem Tod waren wir bis dato noch nicht konfrontiert gewesen.

Die österreichische Mannschaftsführung hatte sich entschlossen, uns ins Rennen zu schicken. Es war eine ungemein schwierige Situation für alle. Wenn man ein Rennen bestreitet, muss man sich konzentrieren und alles andere wegschieben. Das ist uns nur zum Teil gelungen, dem einen besser, dem anderen weniger gut. Ich schaffte es recht gut, mich während des Rennens abzukapseln. Platz drei nach dem ersten Durchgang und ein recht guter zweiter Lauf. Ich erreichte das Ziel als Führender, war also auf dem Stockerl. Am Start und kurz vor dem Ziel erinnerte ich mich noch: nur nicht automatisch jubeln, wenn du schnell bist. Das hatte nichts mit meinen Gefühlen zu tun, sondern war einfach ein Teil des Rennverlaufs, konnte aber vor der Öffentlichkeit völlig falsch ausgelegt werden, nämlich als Pietätlosigkeit vor einer toten Teamkollegin.

Ich jubelte nicht, sah gar nicht auf die Anzeige. Ich wurde Dritter, bester Österreicher und begehrtester Interviewpartner der Weltpresse. Die Fragen drehten sich nur um ein Thema: Ulli.

Es folgten die Olympischen Spiele in Lillehammer: Ausfall im zweiten Lauf.

Tomba und sein Cappuccino

Die nächste Saison begann mit einem Fehlstart in Tignes. Platz 11. Dann Achter in Sestriere, ehe es nach Lech ging, wo zwei Slaloms hintereinander auf dem Programm standen. Am ersten Tag verblies Tomba die Konkurrenz. Ich wurde Zweiter, aber mit eineinhalb Sekunden Rückstand. Am zweiten Tag führte ich nach dem ersten Lauf, obwohl Tomba keinen erkennbaren Fehler gemacht hatte. Zwei Hundertstel Vorsprung hatte ich zu verteidigen. Alberto nahm es entweder locker oder er taktierte geschickt, jedenfalls blödelte er am Start mit mir herum, was mir gar nicht ins Konzept passte.

Dann schaute ich ihm nach. Er war extrem schnell, aber außerhalb meines Sichtbereichs unterlief ihm ein schwerer Fehler. Aufschrei im Publikum, der Platzsprecher brachte die Botschaft bis zu mir herauf. Tomba fing sich und erreichte das Ziel doch noch als Führender.

Taktik! Im Flachen volles Rohr, im Steilhang zurücknehmen, ich hatte Tomba schon so gut wie in der Tasche. Der erste Sieg...!?

Die Taktik ging daneben. Tomba hatte ein akrobatisches Kunststück geliefert und sich den Sieg erkämpft. Ich verlor, weil ich den Lauf verbremste, um zwei Hundertstel. Einmal mehr nachträglich die Erkenntnis, dass ich einfach noch nicht reif war. Tomba tat dann den Ausspruch, der alle seine Konkurrenten, mich aber besonders wurmte: „Derzeit kann ich dazwischen noch auf einen Cappuccino gehen und gewinne trotzdem.“

Seine Stärke war meine Schwäche. Ich war übermotiviert, fiel oft aus; bis zu meinem ersten Sieg in Kitzbühel ein Jahr später schaffte ich keinen einzigen Stockerlplatz mehr. Die längste Durststrecke überhaupt. Ich war nie schlecht, aber auch nicht gut.

Die totale Krise und ihre Folgen

Im darauffolgenden Herbst hatte ich erstmals meinen eigenen Trainingshang auf dem Hochkar zur Verfügung. Ich war von Head zu Elan gewechselt, weil Elan den Ruf eines guten Eisschis hatte und auch der Vertrag war wesentlich besser dotiert. Mike Tritscher und ich waren Elans erklärte Wunschkandidaten beim Einstieg in den österreichischen Schipool gewesen. Und die Stenmark-Marke war es außerdem...

Aber es lief anfangs trotzdem nicht gut, im Gegenteil. Speziell auf eisigen Hängen hatte ich weiterhin Probleme, für die, wie wir bald herausfanden, mein Schuh verantwortlich war. Eisschuhe sind orthopädisch ein Wahnsinn, aber sie bringen im Rennen etwas. Meine Firma baute orthopädisch einwandfreie Schuhe, für Eisrennen aber waren das bessere Moonboots.

Das wichtigste Detail in dieser Phase war mein Training zu Hause. Der Hang war mit Wasser völlig vereist worden und ich trainierte immer mit den schlechten Schuhen. Dadurch eignete ich mir eine sehr ausgefeilte Technik an, die auf das schlechte Material abgestimmt war. Das brachte mir später sehr viel, als ich zu einer anderen Firma wechselte, die wirklich gutes Material bot.

Aber eben erst später. Vorher musste ich noch durch die Krise. Ich war nicht gut, hatte mich in Madonna nicht einmal qualifiziert; in Kranjska Gora war ich trotz schwacher Leistung Siebenter geworden.

Nach meiner Rückkehr aus Kranjska Gora trainierte ich zu Hause Riesentorlauf und nahm dabei die Sohle aus dem Schuh, weil mir die Zehen so weh taten, dass ich einfach mehr Platz haben wollte. An diesem Tag gelang nichts, aber auch schon gar nichts. Kein Schwung passte.

Mit mir trainierte Rainer Herb, der im Landeskader früher Europacuprennen gefahren war und wegen einer Verletzung, letztlich aber aus finanziellen Gründen seine Karriere abbrechen hatte müssen. Doch auch als Hobbyschifahrer fährt er den Landeskaderläufern von heute noch immer um die Ohren und er ist schon x-facher Seniorenweltmeister. Sein Ehrgeiz und sein Talent hätten ihn befähigt, ein Großer zu werden, da bin ich mir sicher. Trotzdem lagen an diesem Trainingstag einfach Welten zwischen mir, einem aktiven Weltcupfahrer, und ihm, einem sehr guten, ambitionierten, aber doch Hobbyläufer.

Irgendjemand muss die Zeit ausgelöst haben; jedenfalls glaubte mein Vater irrtümlich, Rainer sei schneller gewesen als ich, und artikulierte seinen Ärger: „Jetzt hängt dich sogar der Rainer schon ab!“ Ich erwiderte, ebenso zornig: „Das ist ein Blödsinn, der ist ja nicht einmal auf Zeit gefahren!“ Ein Wort gab das andere und ich geriet so in Rage, dass ich meinem Vater erstmals (das sollte sich später, in meiner langen Verletzungszeit, noch einige Male wiederholen) alles vor die Füße warf: „Mir ist egal, ob er auf Zeit gefahren ist oder nicht, ich höre auf!“

Wutentbrannt sprang ich auf den Schi-Doo, steckte die Schier in die Kiste, dass sie hinter dem Sitz in die Luft ragten, und düste mit Vollgas nach Hause ins Schulschiheim. Ohne zu bedenken, dass hinter mir die Schier aufgestellt waren, fuhr ich in die Garage. Die zwei Meter langen Bretter hakten in der Decke ein und rissen den kompletten Aufbau des Schi-Doo herunter, die Trümmer flogen durch die Luft, es sah innerhalb Sekunden aus wie nach einem Bombenangriff.

Vater schaute mich kurz an, sagte ruhig „Sehr gut hast du das gemacht!“ und ging in sein Büro.

Nun noch wütender geworden sperrte ich mich in meinem Zimmer ein und brütete. Vater rief mich an, ich solle ins Büro kommen, und fragte mich, wie ich mir jetzt die Zukunft vorstelle. Für mich war sie klar: „Es reicht. Die Saison fahre ich noch zu Ende, weil ich meine Verträge einhalten muss, aber dann ist es aus. Und trainieren werde ich nicht mehr.“

„Willst du das wirklich, nach allem, was du bisher auf dich genommen hast? Einfach alles hinschmeißen? Das kannst du nicht ernst meinen.“

Allmählich verrauchte mein Zorn und wir diskutierten darüber, wie wir der Probleme am besten Herr werden könnten. Ein Schlüssel dazu war der Schuh. Ich hatte Nordica-Schuhe von Mike da, die ich nun versuchen wollte. Das erste Training mit den anderen Schuhen und ich war um Längen schneller. Plötzlich war der Biss wieder da, das Thema „Karriere beenden“ war ad acta gelegt.

Kurz überlegte ich, ob ich die Schuhmarke wechseln sollte, aber mein Ausrüster legte sich quer. Hätte ich es trotzdem getan, dann wäre ich vielleicht ein Rennen gut, das nächste aber gar nicht mehr gefahren, weil ich ziemlich sicher gesperrt worden wäre. Die Firma nahm auch keine Veränderungen am Schuh vor, sodass ich selbst die Initiative ergriff. Ich bastelte mir Einlagen und schliff am Innenschuh herum. Mit diesen von mir im Eigenbau veränderten Schuhen trat ich in Flachau an, eine Woche vor Kitzbühel. Platz 9 nach dem ersten Durchgang, aber im zweiten Lauf ging der Knopf so richtig auf: Ich distanzierte den Rest der Slalomwelt um Längen. Sieger Alberto Tomba war vier Zehntel langsamer als ich. Platz 4 in der Endabrechnung und ein Rucksack, prall gefüllt mit Selbstvertrauen für das Rennen des Jahres am Ganslernhang in Kitzbühel.

Mario Reiter, der das Rennen in Flachau gegen Tomba knapp verloren hatte, fluchte: „Immer wieder dieser Tomba!" Ich sagte ihm: „Dieses Rennen ist nicht wichtig. Kitzbühel ist wichtig, dort sind wir dran." Mit „wir" meinte ich allerdings nur mich allein.

Zu Hause auf dem Hochkar bastelten wir dann weiter an der Sohle für den Schuh. Ein komisches Gefühl beim Fahren, aber ich war schneller.

Beim Einpacken für Kitzbühel überlegte ich noch, die alte Sohle wieder mitzunehmen, ließ sie aber dann doch zu Hause. Der Grund war einfach: „Wenn ich in Kitz zur Pause nicht schnell genug bin, komme ich vielleicht in Versuchung, zwischen den Läufen die Sohlen zu tauschen, und das kann ich nicht brauchen." Sprach's und warf sie in den Mülleimer.

Zuvor absolvierte ich noch einen stark besetzten FIS-Slalom in Westendorf, ehe es zum großen Zirkus nach Kitzbühel ging.

Ein besonderes Rennen

Ich liebe Kitzbühel. Das Rennen dort ist etwas ganz Besonderes für einen Schifahrer. Der Event, das ganze Rundherum, ist einzigartig im Weltcupzirkus. Nirgends sonst gibt es regelmäßig so viele Zuschauer rund um ein Schisportereignis. Gefeiert wird ohne Ende und auch die Schickeria-Storys gehören dazu. Kitzbühel ist so wie Monte Carlo für die Formel 1. Der dortige Stadtkurs ist für heutige Begriffe eigentlich veraltet, aber Monte Carlo hat allein wegen des Drumherum seinen Fixplatz im Kalender. Kitzbühel hat attraktive Strecken und ein Volksfest, beides zieht die Menschen an. In Kitz waren schon oft mehr Schweizer Zuschauer als in Wengen.

Solche Spektakel braucht der Schisport. Nicht nur lebt Kitzbühel von den Hahnenkammrennen, umgekehrt bringt es dem Schisport auch so viel wie keine andere Veranstaltung des Jahres, Olympische Spiele oder Weltmeisterschaften einmal ausgenommen.

Die Exzesse sind natürlich unbestreitbar; kaum anderswo wird so zielgerichtet Alkohol vernichtet wie an diesem Wochenende in Kitzbühel. Ein Umstand, dem man in jüngster Zeit mit der Brechstange Einhalt gebieten will. Ob es gelingt, steht in den Sternen. Wenn wir früher kamen, um die Piste zu besichtigen, zeugten noch diverse Bierflaschen und -dosen im Schnee vom nächtlichen Konsum. Es war so, als wäre man in Madrid und Real hätte am Vorabend das Europacupfinale gewonnen.

Diese Auswüchse haben sich von Jahr zu Jahr intensiviert, worauf die Veranstalter reagiert und sowohl Startnummernauslosung als auch Siegerehrung in das neu gebaute Zielhaus verlegt haben. Im Zentrum der Stadt war es nicht mehr möglich, eine aus welchen Gründen auch immer ausgelöste Massenpanik hätte fatale Folgen gehabt.

Wie eng es war, zeigt eine Begebenheit bei der Startnummernauslosung dieses Jahres 1996, das Ärgste, das ich in dieser Hinsicht je erlebt habe. Man muss immer zehn Minuten vorher dort sein, sonst bekommt man automatisch die schlechteste Nummer. Alle drei Straßen am Hauptplatz waren voller Menschen, wir hatten uns aber durchgekämpft. Nur einer fehlte: Bernhard Gstrein. Renndirektor Günther Hujara motzte: „Er ist nicht da, dann bekommt er halt die Nummer 15.“ Plötzlich sahen wir ihn. Gstrein war an einem Laternenmast hochgeklettert und winkte uns, dazwischen Tausende Menschen. Der Platzsprecher rief die Leute auf, ihm den Weg frei zu machen, aber vergebens. Bis jemand auf den rettenden Gedanken kam: Über den Köpfen der Zuschauer wurde Bernhard Gstrein weitergereicht, sodaß er trotzdem noch rechtzeitig kam. Hujara hatte ein Einsehen.

Bei der Besichtigung des Ganslernhanges ist es immer sehr ruhig, weil die Leute noch schlafen. Im ersten Durchgang sind dann schon Zehntausende da und feuern die Österreicher frenetisch an. Sollte es gut laufen für uns, dann kommen im zweiten Lauf noch ein paar Tausend mehr. Woher, das weiß ich nicht, aber es ist so. Dieses Rennwochenende hat einen eigenen Status in der Schiwelt. Es ist gut, wenn tolle Athleten hier fahren, aber sehr oft werden Stars auch hier gemacht, denn es ist ein Meilenstein für jeden Rennläufer, einmal in Kitzbühel zu gewinnen, ob Abfahrt oder Slalom.

So war es auch diesmal, am 14. Jänner 1996. Ein Hexenkessel, 30 000 Zuschauer sorgten für Höllenlärm. Ich rutschte eben ins Starthaus, da trat ein profilierter und langdienender Trainer des ÖSV hinter mich. Ich schnüffelte kurz und raunte nur: „Geh bitte raus, du hast eine Riesenfahne.“ Er erstarrte, drehte auf dem Absatz um und verschwand aus dem Startraum. Ein absolut seriöser Mann, der sein Handwerk versteht, aber dem Zauber des Hahnenkamm-Wochenendes war auch er erlegen.

Ich grinste, war dadurch etwas abgelenkt und entspannter. Der Lauf war fast perfekt, Bestzeit!

Im Finale stand ich als Letzter am Start und es gelang mir, die Konzentration zu behalten. Ich bekam nicht mit, wer führte. Unten brannten beim Aufruf meines Namens plötzlich bengalische Feuer. Erstmals schaffte ich es, einfach nur zu kämpfen, um jeden

Zentimeter, jede Hundertstelsekunde. Ich war hundertprozentig sicher, dieses Rennen zu gewinnen.

Das merkte auch Mike Tritscher, der mit seiner Freundin im Ziel stand. Als ich beim Start eingeblendet wurde, sagte er zu ihr: „Der gewinnt, du wirst sehen. So wie der schaut, lässt er sich das nicht mehr nehmen."

Er sollte Recht behalten.

Ich machte einen kleinen Fehler, war einen Meter von der Ideallinie weg. Ein Stich: „Oje, jetzt ist es vorbei!" Aber ich kämpfte weiter. Bei der Zwischenzeit wurde es laut um mich. „Ah, so schlecht dürfte ich nicht liegen", dachte ich und in einer Art Trance flog ich dem Ziel entgegen, mit einem einzigen Gedanken: „Hoffentlich wird's laut!"

Endlich! Der Knoten ist gelöst, und das ausgerechnet beim Schi-Volksfest am Ganslernhang.

Es wurde laut. Und wie! Der Platzsprecher überschlug sich, ein unglaublicher Wirbel brach rund um mich los. Ich brauchte nicht mehr auf die Zeittafel zu schauen, ich wusste, dass ich gewonnen hatte. Der führende Alberto Tomba war um sechs Hundertstel geschlagen.

Was folgte, war unbeschreiblich. Bis zur Pressekonferenz, die 200 Meter entfernt stattfand, brauchte ich eine Stunde. ÖSV-Betreuer Werner Öttl warf sein bescheidenes Körpergewicht von 130 Kilo in die Waagschale, schirmte mich fast in Bodyguard-Manier ab und spielte den Pflug durch die Menschenmassen. Die Brille, das Stirnband wurden mir heruntergerissen, nur meine Rennschi hielt ich eisern umklammert, weil ich meinen Servicemann nicht mehr erreicht hatte und einige Hände auch nach den Schiern schnappten.

Irgendwann am Abend kam ich erstmals dazu, die Schischuhe auszuziehen (was angesichts der Eissohlen eine Erlösung war). Erst nach und nach realisierte ich, was passiert war: Der Gordische Knoten war gelöst, die Schranke, die mich vom ersten Sieg getrennt hatte, niedergerissen.

Ich war drauf und dran, abzuheben. Wer eine solche Begeisterung erlebt, wer für die Leute so zum Helden wird wie ich damals, der schwimmt auf einer Welle der Euphorie. Man fühlt sich wie Siegfried: unbesiegbar. Aber auch Siegfried ist bei seinem Bad im

Drachenblut das Blatt auf die Schulter geflattert, und genau das machte mir mein Team beim Training zu Hause sofort klar. Jeder Held hat verwundbare Stellen. Ohne große Worte holte mich mein Vater gleich wieder auf den Boden der Tatsachen, wo unübersehbar geschrieben stand: Ohne Training, ohne Konzentration, ohne Qual bleibt dieser Erfolg eine Eintagsfliege.

Bei der Feier hatten wir schon den Trainingsablauf für den nächsten Tag vereinbart. Natürlich ging alles leicht von der Hand, steuerte die Euphorie auch im Training ihr Scherflein bei. Diese Konsequenz in meinem Umfeld und wohl auch bei mir selbst sorgte für eine mentale Stärke, wie ich sie nie zuvor gekannt hatte. Ich wusste, es konnte mir nicht allzu viel passieren, fuhr ich schlecht, dann wurde ich eben Dritter.

So war es auch in den restlichen Saisonrennen. Platz 3 in Veysonnaz, Platz 2 beim Österreich-Triplesieg Reiter – Sykora – Stangassinger in Sestriere. In Lillehammer beim Weltcupfinale gewann ich mein zweites Rennen und in Innerkrems wurde ich auch noch Staatsmeister. Ich dachte nur: „Schade, dass die Saison vorbei ist."

Einzige Ausnahme war der sang- und klanglose Ausfall bei der Weltmeisterschaft in der Sierra Nevada. Was in den Weltcuprennen an innerer Stärke, an Konzentration vorhanden war, das fehlte in Spanien völlig.

Der Schritt zum Seriensieger

Der Vertrag mit meiner bisherigen Schuhfirma lief aus. Man machte mir zwar ein höher dotiertes Angebot, aber keine Anstalten, einen besseren Schuh zu produzieren, woraufhin ich einfach Marke für Marke durchtestete und mich für Lange entschied. Damit wusste ich schon vom Gefühl im Training her, dass ich jetzt alle Chancen hatte. Die Tür zum Seriensieg stand weit offen und ich ging durch.

Schon im Trainingslager in Neuseeland war ich weit voraus. Um Reaktionen im engeren und weiteren Umkreis kümmerte ich mich nicht, ich war mir meiner Stärke bewusst und spielte sie auch aus. Dadurch entstand natürlich ein gewisser Druck, denn auch die anderen Nationen hatten schon mitgekriegt, dass da etwas im Rollen war.

Ich war der Favorit für das erste Rennen in Park City und gewann es, obwohl ich in beiden Läufen wie ein Schilehrer gefahren war, viel zu passiv, nur auf Sicherheit bedacht.

In Breckenridge machte ich im ersten Lauf einen groben Fehler und wurde nur Neunter. Im zweiten Lauf kam ich Sieger Tom Stiansen noch auf 16 Hundertstel nahe – Platz 2.

Das erste Rennen in Europa war Madonna di Campiglio. Als erster Österreicher gewann ich den Kampf um den Sieg auf diesem klassischen Hang und nahm Alberto Tomba fast sechs Zehntel ab. 20 000 fanatische Tifosi, die Alberto siegen sehen wollten, schwenkten nach dem Rennen in mein Lager.

Madonna ist noch enger als Kitzbühel, die Massen wirken also noch beängstigender. Und die stürzten sich nun auf mich. Es war fast unmöglich, zur Siegerehrung zu kommen, wie in Kitzbühel verlor ich alle beweglichen Teile meiner Ausrüstung, die wahrscheinlich heute wie Trophäen irgendwo an italienischen Wänden neben Geweihen und Familienfotos hängen. Diesmal allerdings war ich schon vorgewarnt und hatte meine Schi nicht mehr in der Hand; dadurch war ich eine Sorge los, die mich in Kitzbühel geplagt hatte, dass sich nämlich jemand meine Rennschi krallen und in der Menge verschwinden könnte.

Zum Jahreswechsel wurden in Schladming und Sestriere zwei Flutlichtslaloms gefahren, die ich beide gewann; sie zählten allerdings nicht zum Weltcup. Ein Weltcupsieg auf einem Flutlichthang ist mir versagt geblieben.

Es ging weiter in dieser Tonart. Siege in Kranjska Gora, in Chamonix (mit 1,66 Sekunden Vorsprung auf Thomas Stangassinger) und auch in Wengen; wieder war Stani Zweiter.

Ausgerechnet in Kitzbühel, wo alles begonnen hatte, ging die Serie zu Ende, und zwar schmerzhaft.

Erstmals seit einem Jahr landete ich nicht auf dem Stockerl. Der Riesenwirbel um meine Person war der Leistung nicht förderlich. Ich war von neun Uhr morgens bis zehn Uhr abends ununterbrochen unterwegs, wurde zu PR-Terminen herumgereicht, Mittagessen im VIP-Zelt... alle wollten etwas vom Star des ÖSV-Teams (Hermann Maier war ja noch nicht da, dem es später genauso erging). Der Schutzwall, den der ÖSV vor allem in Kitzbühel um seine Athleten aufbaut, um sie von der dortigen Hektik abzuschirmen, funktionierte deswegen nicht, weil zwei verschiedene Managements unabgestimmt Termine für mich ausgemacht hatten, die dann zusammen einen Fulltime-Tag ergaben.

Ob dieses Drumherum eine Rolle spielte, lässt sich heute nicht mehr sagen. Tatsache ist, dass ich beim Einfahren wegen eines kurzen unaufmerksamen Augenblicks auf einer Kuppe einfädelte und schwer stürzte. Die Hüfte schmerzte fürchterlich, ich konnte kaum gehen. Mein Masseur griff zu einem natürlichen Hilfsmittel und rieb mich mit Schnee ein. Eispackung für die beleidigte Hüfte. Es half kurzfristig, ich führte sogar nach dem ersten Durchgang. Wäre ich weiter hinten gelegen, hätte ich den zweiten Lauf sausen lassen. So aber wollte ich es unbedingt versuchen, obwohl die Schmerzen immer schlimmer wurden. Ich rettete meinen Vorsprung bis zur Zwischenzeit, unten aber folgte ein schwerer Fehler. Nur Platz 7. Die erste herbe Enttäuschung in diesem Winter, denn Kitzbühel bedeutet eben mehr als jedes andere Rennen im Weltcup.

Wenige Tage später in Schladming dasselbe Bild: Zigtausende Zuschauer, starke Schmerzen, trotzdem trat ich an und wurde Vierter, womit ich die Führung im Weltcup absicherte.

Mit den Ausläufern der Verletzung hatte ich auch beim Saisonhöhepunkt, der Weltmeisterschaft in Sestriere, zu kämpfen: Durch den Unfall und die Trainingspausen hatte ich total die Form verloren.

Nach einem Ausfall in Shiga Kogen, wo Thomas Stangassinger gewann, durfte ich mir beim Finale in Vail keinen Salto Nullo leisten, denn Stani hatte trotz meiner Serie zu Saisonbeginn noch die Chance, mich zu überholen. Ich behielt die Nerven, belegte mit zwei Sicherheitsläufen Platz 9 und gewann damit den Slalom-Weltcup. Das große Ziel, das mir mein Vater immer wieder vor Augen gehalten hatte, die Kristallkugel war erreicht!

Dieser erste Gewinn des Weltcups bleibt mir auch angesichts der folgenden Feiern im Gedächtnis. Nachdem wir in Vail schon die Nacht zum Tag gemacht hatten, kam ich praktisch direkt vom Flugzeug zum Göstlinger Weltcupfest, wo über 1000 Leute auf der Straße waren. Mein Geschenk von der Gemeinde: ein Grundstück auf dem Hochkar, die Grundlage meiner heutigen Existenz, denn dort entstanden später mein Haus und die Schirmbar.

Wer die Göstlinger kennt und weiß, wie sie zu feiern verstehen, der wird sich nicht darüber wundern, dass ich in dieser Nacht nicht geschlafen habe. Am folgenden Tag jagte ein Interview das andere, eigenartigerweise relativ problemlos und auch in optisch durchaus brauchbarem Zustand. Am Abend fiel ich irgendwann ins Bett und begann den ersten Marathon meines Lebens: einen Schlaf-Marathon. Ich schlief eine Nacht, einen Tag und noch eine Nacht durch. Mutter schaute einige Male besorgt nach, ob ich noch lebe.

Das zweite Duell mit Stani

Schon im ersten Rennen des nächsten Jahres zeichnete sich die Neuauflage des Duells vom vergangenen Jahr ab: Sykora gegen Stangassinger um den Weltcupsieg. Ich führte im ersten Durchgang, fiel aber im zweiten aus, Stani katapultierte sich mit einem tollen zweiten Lauf auf Platz 1.

Die gesamte Saison war davon gekennzeichnet, dass ich zwar um eine Spur weniger Glück hatte und auch einige Male ausfiel, wahrscheinlich aber noch besser in Form war als im Jahr zuvor. Platz 2 in Sestriere hinter Jagge, Sieg in Kranjska Gora, die alte Ordnung war scheinbar wiederhergestellt. In Schladming hätte ich so gern gewonnen –

aber Tomba war klar schneller. Platz 2. Dritter Hans-Petter Buraas, ein junger Norweger, der den Harakiri-Stil bevorzugte. Seine Sternstunde sollte – schade für mich – in Nagano kommen.

Ausfall in Veysonnaz, Stani gewann. Er sammelte Punkt um Punkt wie ein Eichhörnchen, ließ sich nicht abschütteln, übernahm damit die Weltcupführung. Auch in Kitzbühel wieder einer der vielen zweiten Plätze in dieser Saison, wieder hinter Stangassinger. Die Felle begannen mir allmählich davonzuschwimmen. Ich schlug am Tag danach (vor weitaus weniger Zuschauern, weil ein Montag) beim Nachtragslalom zurück, gewann vor Buraas. Der tat danach den Ausspruch, den man ihm als „großgoschert“ auslegte: „Diesmal bin ich Zweiter, im nächsten Rennen werde ich besser sein!“ Das nächste Rennen war bei den Olympischen Spielen, und prompt gewann er.

Nach den Spielen waren Stani und ich im Duett „am Sand“. Beide brachten wir nichts zu Wege, eierten die Läufe hinunter. In Yong Pyong wurde Stani Fünfter, ich Siebenter. Beim Finale in Crans Montana kam es zum großen Showdown, dem wir allerdings wieder nicht gerecht wurden. Stani hatte zwölf Punkte Vorsprung, wir wurstelten beide über die Piste, letztendlich drängten sich drei Fahrer zwischen mich und ihn, das genügte: Mit Platz 5 holte ich mir zum zweiten Mal den Slalomweltcup, Stangassinger wurde Neunter und verlor um vier Punkte. Es war für lange Zeit mein letztes sportliches Erfolgserlebnis.

Der Fluch der Grossereignisse

Ob Weltmeisterschaften oder Olympische Spiele, die auf mich gesetzten Hoffnungen und Erwartungen konnte ich nie ganz erfüllen. In Morioka 1993 herrschte blankes Chaos, in Sachen Wetter wie Organisation. Die Top 5 der Weltrangliste durften sich damals die Nummern aussuchen; ich war nicht dabei und wurde mit Nummer 13 ausgelost. Angesichts dieser Startnummer fuhr ich gar nicht schlecht und lag im zweiten Lauf durchaus im Bereich einer Medaille, wurde dann aber von einer nachrutschenden Stange irritiert und belegte schließlich Platz 9. Meine Reaktion war nicht allzu emotionell, ich dachte, ich hätte noch lange Zeit und Gelegenheiten genug. Nun, Gelegenheiten hatte ich auch wirklich…

In Lillehammer 1994 war ich auf Medaillenkurs. Thomas Stangassinger war weit voraus, aber dahinter lag alles recht eng beisammen. Ob es Gold hätte werden können, weiß ich nicht, aber Bronze in jedem Fall. Ich war nach dem ersten Durchgang mit einem schweren Fehler Vierter. Alberto Tomba lag auf Platz 10. Im zweiten Lauf gelang ihm eine tolle Aufholjagd und er war auch noch vorn, als ich startete.

20 Grad minus in Lillehammer, ich lag im Bereich der Medaillen, ehe eine Schnalle brach – Ausfall.

Nach der ersten Zwischenzeit führte ich noch, zur zweiten kam ich nicht mehr. Ganz oben war mir eine Schnalle am Schuh gebrochen, die Stabilität war dahin, ich ruderte nur noch herum und fiel dann aus. Mit der Kaltschnäuzigkeit, die ich bei späteren Weltcupsiegen oft bewies, hätte ich mich vielleicht irgendwie ins Ziel geschwindelt und wahrscheinlich auch noch eine Medaille gemacht. Stani rettete von seinem großen Vorsprung noch 17 Hundertstel ins Ziel und wurde Olympiasieger.

1995: Die WM in der Sierra Nevada musste abgesagt werden und wurde 1996 nachgeholt. Der vielleicht schlechteste Auftritt, den ich jemals geliefert habe – dabei hatte ich wenige Wochen zuvor Kitzbühel gewonnen.

Damals hatte ich Probleme mit dem Schuh, die mir eine hartnäckige Zerrung bescherte. Heini Bergmüller vom Trainingszentrum in Obertauern stellte mich vor die Wahl, entweder schon eine Woche vorher vor Ort zu sein, um mich in der Höhenlage zu akklimatisieren, oder sehr kurzfristig hinzufliegen. Ich entschied mich für die zweite Variante, was ein grober Fehler war. Der Schnee war völlig anders, aggressiv, ich brachte schon beim Einfahren kaum einen Schwung zu Stande. Daraufhin nahm ich den Teil des Schuhs, den wir verändert hatten, heraus, startete, stieg nach nur fünf Toren auf den eigenen Schi und schied aus. Vielleicht hätte ich den Ausfall mit Kampfgeist verhindern können, aber ich war geistig nicht da. Für mich das schlimmste Rennen meiner Karriere. Ich sehe es auch heute noch aus einer seltsam distanzierten Perspektive. Es ist, als ob ich nie dort gewesen wäre.

Damals kam es zum ersten und einzigen Konflikt mit meinem treuen Fanclub. Ich ließ mich nicht mehr blicken, verkroch mich in meinem Hotel in Granada und flog sofort wieder heim, so sauer war ich auf mich selbst. Das nächste Rennen in Lillehammer gewann ich, und zwar mit über fünf Zehntel Vorsprung...

1997 in Sestriere war ich wieder durch eine Verletzung gehandicapt. In Kitzbühel war ich beim Einfahren auf die Hüfte geknallt und hatte mir eine sehr schmerzhafte Prellung zugezogen; in Schladming quälte ich mich zum vierten Platz. Vor Kitzbühel hatte ich alles gewonnen, durch den Unfall aber war ich völlig aus der Bahn geworfen.

Obwohl ich mich so schlecht und recht heruntergekämpft hatte, war ich nach dem ersten Lauf Zweiter, allerdings eine Sekunde hinter Sebastian Amiez. Was damals fehlte, waren Selbstvertrauen und Biss. Anstatt eine Aufholjagd auf Gold zu starten, wäre ich vor dem zweiten Durchgang schon mit einer Medaille zufrieden gewesen. Irgendwie war völlig der Saft draußen.

Nach fünf Toren war ich in der Sierra Nevada plötzlich WM-Tourist. Völlig perplex rutschte ich neben der Piste ins Ziel.

Das hatte wahrscheinlich auch mit der langen Pause zu tun, denn fast vier Wochen vor diesem Slalom hatte es kein Rennen mehr gegeben. So war es extrem schwierig, ruhig zu bleiben. Ich war der erste Seriensieger seit Franz Klammer, alles hatte sich auf mich gestürzt, ich war die Bank für Gold schlechthin, was auch überall ausposaunt wurde. Ich ließ mich von der Medienwelle überrollen, hätte aber besser damit umgehen müssen, um cool bleiben zu können.

Hätte das Rennen aus dem Weltcup heraus stattgefunden und ich wäre nicht verletzt gewesen, ich bin sicher, ich hätte gewonnen. So aber habe ich den zweiten Lauf vor allem in der Flachpassage vor dem Ziel, die mir eigentlich liegt, in Erinnerung wie ein Durchkämpfen durch zähen Schleim. Platz 9 war die logische Folge, und auch Amiez hat nicht gewonnen, sondern Tom Stiansen, der das Feld von hinten aufrollte.

In Nagano 1998 lieferte ich sicher meine beste Leistung bei einem Großereignis. Im ersten Lauf legte ich eine souveräne Bestzeit hin, und das bei wirklich schlechten Bedingungen. Wir fuhren mitten in den Nebel hinein, im Gegensatz etwa zum späteren Olympiasieger Hans-Petter Buraas, der gute Sicht hatte. Ich war der einzige der Spitzenfahrer, der diese Nebelsuppe durchpflügen musste und trotzdem vorn dabei war. Im zweiten Durchgang verhängte sich gleich beim Start ein Stock zwischen meinen Beinen und brachte mich völlig aus dem Rhythmus. Das hat zweifellos etwas mit Nervosität zu tun, denn so etwas ist mir vorher und nachher nie passiert. Der Startteil dort ist so flach, dass ich bis zur Kante das Rennen schon verloren hatte. Es war ein einziger Krampf, den ich erst bei der letzten Zwischenzeit in den Griff bekam. Ich dachte: „Reiß dich zusammen und fahr wenigstens die letzten Tore richtig!" Das ist mir auch

Ich war einer der Sport-Botschafter für Nagano. Im Bild die Einkleidung mit ÖOC-Präsident Leo Wallner und einer Japanerin.

gelungen, sonst hätte ich wahrscheinlich nicht einmal Bronze gemacht. Heute bin ich froh, dass ich wenigstens diese Bronzemedaille habe.

Ob ich ein gespaltenes Verhältnis zu Großereignissen habe, es mental einfach nicht geschafft habe? Ich weiß es nicht. Tatsache ist, dass es immer mein Bestreben war, der Beste des Jahres zu sein. Als Armin Bittner den Weltcup gewann und damals schon klar war, dass ich im Slalom meine Stärken habe, sagte mein Vater zu mir: „Dorthin wollen wir, die Kugel wirst du auch einmal in der Hand halten."

Wir sprachen nie über Olympische Spiele und Weltmeisterschaften, immer nur über den Weltcup. Er wollte nicht, dass ich ein Zufallsolympiasieger werde, sondern einer, der wirklich der Beste ist. Dass ich es nicht geschafft habe, wie ein Tomba, ein Stenmark oder ein Hermann Maier als Bester auch noch die Olympischen Spiele oder die WM zu dominieren, das tut mir aber zugegebenermaßen sehr weh.

Olympiasieger kann man auch mit einer mittelmäßigen Weltcup-Form werden; bei den Spielen wird viel schlechter gefahren als im Weltcup, weil so viele Faktoren mitspielen und der Druck viel größer ist. Deshalb gibt es auch so viele Zufallsolympiasieger und Zufallsweltmeister. Nur: Absoluter Zufall führt nie zu einem Sieg. Eher ist es eine Anhäufung von Faktoren, die für diese Läufer sprechen.

Aber mich wurmt auch, dass ich Schladming nie gewonnen habe, denn das ist wie Kitzbühel eines der Rennen, die man als Österreicher gern gewinnt.

Sportler des Jahres

Mit meiner Siegesserie im Winter 1996/1997 löste ich fast eine Art Sykora-Hysterie aus. Ich hatte Tomba hinter mir gelassen und Hermann Maier erschien erst später auf der Bildfläche. Was sich da um mich abgespielt hat, ist unbeschreiblich. In der Wahl zum Sportler des Jahres allerdings wurde ich Zweiter hinter Toni Polster – weil der ein Lied gesungen hatte. So blöd das klingt, in dieser Entscheidung haben seine „Thekenschlampen“ sicher mitgespielt. Hätte ich die WM in Sestriere auch noch gewonnen, hätte Polster wohl eine ganze Plattensammlung nichts genützt.

Im ersten Augenblick war ich enttäuscht, obwohl ich es verstand, dass Polster gewählt wurde, denn damals hatte das Nationalteam die Qualifikation für die Weltmeisterschaft geschafft und er war das Aushängeschild dieser Mannschaft. Es war eben der verflixte WM-Titel, der mir fehlte.

Die Wahl, die mir am meisten bedeutet hat, fand in dem Jahr statt, als ich schon kein Rennen mehr gefahren war: Trotzdem wurde ich Sportler des Jahres der *Niederösterreichischen Nachrichten*. Darauf war ich stolz, denn es hat gezeigt, dass ich als Sportler, vor allem aber als Mensch immer noch präsent und nicht wegen der Verletzung von der Bildfläche verschwunden war. Diese Ehrung hat mir sehr, sehr viel gegeben.

Die grössten Persönlichkeiten

Männer, mit denen ich zu kämpfen hatte. Allen voran:

Alberto Tomba

Obwohl ich meine Weltcupsiege immer im Duell mit Thomas Stangassinger errang, war Tomba der größte Gegner, den ich je hatte. Er war der wirklich gefährliche Killertyp – im übertragenen Sinn natürlich. Alberto konnte nach dem ersten Durchgang Zehnter sein und man war nicht sicher, ob er das Rennen nicht doch noch gewann. Enormer Siegeswille zeichnete ihn aus, er wollte jedes Rennen gewinnen, ein zweiter Platz bedeutete für ihn, erster Verlierer zu sein. Andere setzten es sich zum Ziel, zweite oder dritte Plätze aus dem ersten Durchgang zu halten; nicht so er. Wenn er zurücklag, riskierte er wie ein Wahnsinniger und man musste ebenso fahren wie ein Irrer, um ihn zu besiegen. Er trieb die Konkurrenz immer zur Höchstleistung. Und wehe, wenn er am Start von jemandem geärgert wurde, dann war er noch um eine Spur aggressiver! Bei Stani sah man in den Augen, ob er gut drauf war oder nicht, ob er angreifen würde oder nicht. Bei Tomba gab es nur eines: volles Rohr.

Andererseits war er aber auch ein sehr guter Verlierer, was im Fernsehen nie so richtig sichtbar wurde. Er konnte Siege zelebrieren wie kein anderer, bewies aber auch in der Niederlage Größe, gratulierte immer. Und das waren keine Alibi-Gratulationen, sondern Ausdruck echter Anerkennung. Das habe ich immer an ihm geschätzt.

Tomba war ein perfekter Showman, der die Massen bewegte, der aber auch professionell an seinem Image als Lebemann arbeitete. Seine nächtlichen Disco-Auftritte, von denen in den Gazetten zu lesen war, waren großteils getürkt. Er pflegte oft vor einem Rennen sein Hotel zu mitternächtlicher Stunde oder später zu verlassen, in eine gut besuchte Disco einzustechen, dort für großes Aufsehen zu sorgen und nach zehn Minuten wieder im Hotelbett zu liegen. Damit warf er der Journaille bewusst einen Happen zum Fraß vor: mitternächtliche Disco-Exzesse, und das vor einem Rennen, das Tomba vielleicht dann auch noch gewann! Das machte den Alberto Tomba aus: Die Show war und ist sein Leben, das spürt man heute noch. Wenn er irgendwo auftaucht, steht er sofort im Mittelpunkt.

Als Kollege konnte man mit ihm viel Spaß haben, er war ein lustiger Typ, der allerdings auf Grund seiner Popularität und auch seines Reichtums gewisse Grenzen nicht mehr kannte. Ich war einmal dabei, als er einen Tisch abservierte, indem er die Tischtuchenden nahm und den so entstandenen Sack in die Küche trug, wo er ihn auf den Boden warf, was das Geschirr natürlich nicht überlebt hat. Der Tisch war ihm einfach nicht schnell genug abgeräumt worden.

Am Holmenkollen in Oslo bestritt ich ein Benefizrennen. Alberto war auch dort, fuhr aber nicht mit, weil er verletzt war. Den Hauptpreis, eine Harley Davidson, spendeten wir zur Versteigerung für den Zweck der Veranstaltung, nämlich krebskranken Kindern zu helfen. Für so etwas war Tomba immer zu haben. Wir waren im selben Auto unterwegs, gerieten allerdings bei der Abreise in einen Stau und waren auf einmal eingeschlossen, konnten nicht vor und nicht zurück. Da wurde er nervös und begann wie ein Verrückter zu telefonieren, wollte die Polizei anrufen, um sich holen zu lassen, wollte plötzlich mit der Harley fahren, die wir schon verschenkt hatten. Hektik pur, obwohl wir erst am nächsten Tag abreisten. Es ging eigentlich nur darum, dass wir länger ins Hotel brauchten, was er letztlich auch akzeptieren musste. Vor Gott und im Stau sind eben doch alle gleich, sogar Alberto Tomba.

Die einzige Kontroverse, die wir miteinander hatten, gründete in den verschiedenen Ansichten davon, welche Regel im zweiten Durchgang angewandt werden sollte. Er war ein Verfechter der 15er-Regel, also dass die Top 15 des ersten Laufes in umgekehrter Reihenfolge um den Sieg fahren sollten, ich hingegen war und bin heute noch überzeugt davon, dass die 30er-Regel besser ist. Warum? Eine Piste verschlechtert sich nach den ersten zehn Läufern und bleibt dann halbwegs konstant schlecht für alle folgenden. Die Gefahr, dass es bei der 15er-Regel einen Überraschungssieger gibt, der die Gunst der besseren Piste nützt, ist daher größer, als wenn 30 fahren, wo der Zwanzigste doch meistens so weit zurückliegt, dass er kaum beim Sieg mitreden kann. Das heißt, dass die Chancengleichheit in der 30er-Regel für mich eher gegeben ist als in der 15er. Noch dazu werden die Rennen spannender, denn wenn nach der 15er-Regel gefahren wird, starten die Nummern 16 bis 30 im zweiten Durchgang praktisch unter Ausschluss der Öffentlichkeit.

In Kranjska Gora kam es deswegen zum Eklat. Alberto führte nach dem ersten Durchgang, die Piste war nicht gut, trotzdem fuhren die besten 30 in umgekehrter Reihenfolge. Daraufhin begann er, beim Besichtigen mit den Schi-Enden in der Piste zu stochern und ganze Brocken herauszureißen.

Rennchef Günther Hujara stellte ihn in seinem besten Germanen-Englisch zur Rede: „Alberto, stop, or I put you in the forest!"

Daraufhin regte sich Alberto noch mehr auf. Wie könne man so zu ihm reden, immerhin seien Tausende Tifosi nur wegen ihm hier! Ich war damals sein stärkster Gegner und begann seine Schwäche auszunützen, stellte aufreizend den Schi auf und begann zu dehnen. Daraufhin schrie er Hujara an, dass ich auch den Schi in die Piste rammte. Hujara aber sagte, ich machte ja nichts. Jetzt klinkte Tomba völlig aus, fuhr ins Ziel und gab bekannt, dass er wegen der indiskutablen Piste den zweiten Durchgang nicht bestreite. Sprach's und rauschte ab. Mir war's recht, ich habe das Rennen gewonnen.

Das nächste in Schladming holte er sich und ich wurde Zweiter. Als ich dann nach meiner Meinung über Albertos Absage in Kranjska Gora gefragt wurde, sagte ich nur: „Schade, dass er hier gefahren ist, sonst hätte ich das auch gewonnen!" Da war schon deutlich zu spüren, dass ihn diese Aussage etwas genervt hat.

Aber wir verstanden uns trotzdem gut. Einige Wochen später stand das Weltcup-Finale in Vail vor der Tür, bei dem ich meinen ersten Weltcupsieg holte. Ich verbrachte ein paar Tage mit Fritz Vallant in Malibu. Wir borgten uns Inline-Skates aus und liefen an der Santa-Monica-Küste entlang, als uns jemand nachpfiff, schrie und winkte. Überrascht drehten wir uns um: Es war Tomba, der mit Skatern im Sand saß. Zusammen setzten wir uns dann auf eine Mauer und beobachteten die Leute, die vorbei skateten, liefen oder gingen. Dabei stellten wir Spekulationen an, wie viel Silikon pro Frau wohl Verwendung gefunden hatte...

Thomas Stangassinger

Mein größter Konkurrent im eigenen Lager, nicht nur in den zwei Saisonen, als ich den Weltcup gewann. Es ist leichter, gegen einen Italiener zu verlieren als gegen einen Österreicher. Es geht nicht nur um die Vormachtstellung im eigenen Team, sondern vor allem um die mediale Präsenz als bester Österreicher. Umso mehr schmerzte es, als ich in Kitzbühel nur wenige Hundertstel hinter Stani auf Platz 2 landete.

Ich habe erst mit der Zeit gelernt, dass es egal ist, hinter wem man Zweiter wird. Aber das ist wahrscheinlich der Grund – Stani hat da sicher ebenso gedacht wie ich –, warum wir nie extrem gute Freunde geworden sind. Ja, wir sind einander sogar beim Training oft aus dem Weg gegangen. Er trainierte bisweilen mit einem Co-Trainer in Maria Alm, ich daheim. Wenn ich Zeitläufe bestritt, trat er oft nicht an, umgekehrt war

Thomas Stangassinger und Alberto Tomba – meine größten Konkurrenten.

es natürlich genauso. Obwohl wir im selben Team standen, haben wir versucht, uns gegenseitig nicht in die Karten schauen zu lassen.

Das heißt aber nicht, dass wir keinen Respekt voreinander hatten, im Gegenteil. Seine Erfolge sind unbestritten, er ist ein Top-Schifahrer. Es war keine Schande, hinter ihm Zweiter zu werden und ich weiß, dass auch er so dachte. Trotzdem war unser Verhältnis distanziert. Wir haben nie gestritten, uns aber auch nicht geliebt; es war eine recht kühle Beziehung.

Erst in dem Jahr, in dem ich mich verletzte, sind wir einander näher gekommen. Wir hatten dieselben Schi, denselben Servicemann, fuhren gemeinsam mit dem Auto zum Training und diskutierten über das Material. Das war insofern interessant, als ich bei Head und Elan immer Nummer-1-Fahrer war und die Schier entwickelt habe und er detto bei Fischer und Salomon. Wir haben gelernt, gut zusammenzuarbeiten. Vor allem, als Salomon einen schlechten Schi produzierte und uns weismachen wollte, es sei derselbe wie der vom Vorjahr. Wir kämpften gemeinsam und das Resultat war ein Spitzenschi, mit dem Stani Weltcupsieger wurde. Ich bin mit Salomon ja kein einziges Rennen gefahren.

Er ist ein Typ, der alles zu fokussieren versteht. Zu Beginn seiner Karriere fuhr er auch Riesentorlauf und Super-G, landete sogar einmal unter den Top 10 in einem Super-G. Aber das interessierte ihn nicht, er konzentrierte sich auf den Slalom, um dort alles herauszuholen. Diesen Minimalismus praktizierte er auch im Training. Er klügelte an einer bestimmten Form herum, bestritt dann maximal sechs Fahrten und war regelmäßig einer der ersten, die wieder im Hotel waren.

Als ich mein erstes Jahr im ÖSV bestritt, wohnte ich eine Woche lang mit ihm in einem Zimmer. Immer wenn ich, damals ein Jungspund, müde ins Hotel kam, lag Stani schon im Bett und schmökerte in einer Wirtschaftszeitung, weil er sich viel mit Aktienspekulationen beschäftigte (was er übrigens sehr erfolgreich getan hat). Er sagte „Servus!“, drehte sich um und las weiter in seiner Zeitung.

Als er in Lillehammer Olympiasieger wurde, war ich schwer enttäuscht wegen meines Ausfalls, weil ich mit einer Medaille spekuliert hatte. Das wurde durch das Verhalten des damaligen ÖSV-Rennsportleiters Werner Wörndle noch verstärkt, der sich in dem engen Schlauch des Ausgangs aus dem Ziel wortlos an mir vorbeizwängte, um Stani zu gratulieren. Der Einzige, der sich mit mir und meiner Enttäuschung auseinander setzte, war Fritz Vallant. Der machte das immer so: Er gratulierte dem Sieger, ging aber dann sofort zum Verlierer, um ihn aufzurichten. Das ist es, was die Persönlichkeit Vallants auszeichnet. Vallant war es auch, der mich später an der Hotelbar aufgabelte: „Ich will noch feiern gehen! Der Stani liegt aber schon im Bett." So fuhr ich mit ihm ins Österreicherhaus, wo wir gemeinsam mit den Sykora-Fans und den Stani-Fans die Goldmedaille des Mannes feierten, der schon im Bett lag.

Später, als sich unsere Beziehung gebessert hatte, waren wir in Salzburg bei einem Fan Stanis, der auch ein Fan meiner Freundin Claudia war, zum Grillen eingeladen. Ich kam damals nach und stand plötzlich vor einem kleinen blonden Mädchen. Es war Stanis Tochter, die mich wie vom Donner gerührt anstarrte und dann zu ihrer Mutter lief und sie fragte: „Wie ist denn der aus dem Fernseher herausgekommen?" Und das, obwohl ihr Vater genauso oft in ihrem Fernseher drin war. Aber das nimmt ein Kind wahrscheinlich als selbstverständlich hin. Marlies, Stanis Frau, erzählte mir dann, dass das Mädchen mein Fan sei. Ich war für sie so etwas wie ein Fernsehstar und der Papa war eben der Papa. Klingt komisch, ist aber kein Einzelfall. Hannes Trinkls Tochter zum Beispiel ist ein Hermann-Maier-Fan.

Ich habe Stani bei der WM in St. Anton getroffen und ein nettes Gespräch mit ihm geführt. Aber letztlich – das war's auch schon wieder. Eine Freundschaft wie mit Mike oder Hannes Trinkl kann sich da einfach nicht entwickeln, dafür sind unsere Charaktere zu verschieden. Während ich, wenn ich in Schladming bin, fast immer bei Mike auf einen Sprung vorbeischaue, weiß ich bei Stani nicht einmal genau, wo er wohnt und habe auch keine Telefonnummer von ihm.

Thomas Fogdoe

Ein Konkurrent, der mich immer im Griff hatte. Für mich vielleicht der schnellste Slalomläufer unserer Zeit. Sein Schicksal zeigte sehr krass auf, wie schnell ein schönes Leben vorbei sein kann. Im Training stürzte er bei einer freien Abfahrt so unglücklich, dass er gegen einen Baumstumpf prallte und das Rückenmark durchtrennt wurde. Er ist seitdem querschnittgelähmt. Und das alles nur, weil er wie viele andere Schirennläufer die Unart hatte, sich während der Abfahrt die Schnallen der Schischuhe zuzumachen. Dabei geriet er auf eine Schneeknolle, es verschlug ihm die Schier und er stürzte von der Piste in den Wald, wo er auf den unseligen Baumstumpf prallte. Ich habe seitdem nie wieder während einer Abfahrt eine Schnalle angerührt.

Als klar war, dass er gelähmt bleiben würde, fuhren wir ein Benefizrennen am Holmenkollen, um ihm ein behindertengerechtes Auto zu finanzieren. Er kam damals nicht zu dem Rennen, was wir ihm anfangs verübelten. Erst mit der Zeit realisierten wir, dass die Nähe zum Schirennsport für ihn damals noch zu schmerzhaft gewesen wäre.

Zwei Jahre später war er erstmals dabei; das Rennen war inzwischen als „Finken-Cup“ für krebskranke Kinder schon institutionalisiert. Ich traf ihn erstmals wieder und war überrascht von seiner wiedergewonnenen Lebensfreude. Er fuhr sogar in einem Spezial-Kart bei einem Rennen mit und drehte mehr Runden als jeder andere.

Ich war zur Zeit seines Sturzes ebenso Elan-Pilot wie er. Einige Wochen später merkte ich im Training, dass ich einen Schi fuhr, auf dem noch der Name Fogdoe stand. Das gab mir einen Stich und ich gab dem Servicemann den Schi zurück und bat ihn, das nicht wieder zu tun. Die Schier meines größten Konkurrenten, der sie jetzt wegen dieser furchtbaren Verletzung nicht mehr benützen konnte, waren für mich tabu geworden.

Bei der Schi-Weltmeisterschaft in St. Anton 2001 traf ich Thomas dann wieder und wir haben uns unterhalten, aber kaum über meine ersten Versuche, wieder Schi zu fahren. Er vermied das Thema Schi, wo es ging, und sprach lieber über andere Dinge.

Irgendwann aber war das Eis gebrochen; in Kitzbühel redeten wir wieder angeregt über den Schisport. Er hat sogar eine Funktion im schwedischen Schiverband übernommen.

Bernhard Gstrein

Ein Gegner aus meiner Anfangszeit, ein Tüftler und extremer Heißsporn. Bei Sitzungen war er immer reif für einen Streit mit den Trainern. Als Werner Margreiter neuer Cheftrainer wurde, stellte er den arrivierten Läufern die Rute ins Fenster und sprach von einer Chance für die Jungen. Bernhard explodierte geradezu!

Er sagte immer seine Meinung, und die war extrem. Sein Gerechtigkeitssinn war beinahe übersteigert, er konnte unwichtige Nebensachen zum Thema machen und völlig überziehen. Kein angenehmer Zeitgenosse für die Trainer, was ihm auch auf den Kopf fiel, denn nach der ersten schlechteren Saison flog er aus dem Kader.

Heute ist er Hotelbesitzer, hat an Gewicht zugelegt, seine Art aber beibehalten.

Michael „Mike“ Tritscher

Der einzige Konkurrent, für den ich mich wirklich von Herzen freute, wenn er gut gefahren war. Natürlich war es mir nicht recht, wenn er schneller war als ich, aber wenn ich schlecht fuhr, war es mir am liebsten, wenn er gewann. In seiner besten Zeit häuften sich Verletzungen und dadurch ist ihm eine große Karriere leider versagt geblieben. Ein Sieg im ersten Rennen, dann ein Kreuzbandriss. Er kämpfte sich noch einmal an die Spitze heran, dann der Riss der Patellasehne, und dann glückte ihm der Anschluss einfach nicht mehr.

Für mich war Mike der ehrlichste Sportler überhaupt. Während wir oft nach Ausreden suchten, wenn es nicht richtig lief, suchte er die Schuld immer nur bei sich selbst.

Nachdem er ein Jahr lang die japanische Damenmannschaft betreut hatte, ist er jetzt Jugendbetreuer bei Salomon.

Als ich beim Rennen in Flachau im zweiten Durchgang vom 9. auf den 4. Platz fuhr, sah ich im Ziel nicht gleich die Zeittafel, sondern zuerst auf der Videowall Mike eingeblendet, der erfreut lachte. Da wusste ich, ich führe und ich habe eine gute Zeit. Das kennzeichnet unser Verhältnis, so glaube ich, sehr genau.

Österreichs „junge Wilde“

Benjamin Raich war der erste der jungen Generation der erfolgreichen Österreicher. Sein Stern ging auf, als meiner unterging. Nach dem Motto „Der König ist tot, es lebe der König“ stand er gerade in dem Rennen erstmals auf dem Podest, in dem ich mir die Sehne riss: in Kranjska Gora. Das nächste Rennen in Schladming, nur wenige Tage später, gewann er, wodurch er zum neuen großen Star der österreichischen Slalomtruppe avancierte.

Zu dieser Zeit war der Carving-Boom im Slalom noch in ferner Zukunft. Dementsprechend entstammt Raich einer Zwischengeneration: er ist kein klassischer Extremcarver wie später Mario Matt oder Manfred Pranger. Das wirkte sich vor allem im Olympiajahr aus, in dem er gerade im Slalom nicht so richtig auf Touren kam, obwohl er regierender Weltcupsieger war. Raich ist noch einer, der direkt auf die Stangen fährt und den Schwung kürzer setzt als Mario Matt oder Bode Miller.

Sein großer Vorteil ist – ähnlich wie bei mir –, dass er einen Vater und einen Bruder im Hintergrund hat, die ihn trainieren und dass er dadurch die individuellste Betreuung aller österreichischen Mannschaftssportler hat. Außerdem besitzt er den „Killerinstinkt“ wie etwa Alberto Tomba, den man daran messen kann, dass er Chancen, Rennen zu gewinnen, meistens nützt.

Mario Matt ist der eigentliche Ur-Carver im aktuellen Schiteam. Ein Komet, Sieger in seinem dritten Weltcuprennen, Weltmeister praktisch vor seiner Haustür unter dem Druck von 50 000 Zuschauern. Er kann sich wahrscheinlich von allen am meisten steigern. In der Trainingsphase glaubte ich, dass das, was er zeigte, nicht alles gewesen sein konnte. Das hat sich auch bei den ersten Rennen in Amerika bestätigt, wo er Erster und Dritter war. Die außergewöhnlichste Leistung brachte er aber in Kitzbühel: trotz ausgerenkter Schulter nur sieben Zehntel Rückstand. Wer jemals einen Slalomlauf bestritten hat, der kann ermessen, was das heißt, die Schmerzen müssen unmenschlich gewesen sein. Diesen Lauf bezeichne ich als die größte Leistung eines Läufers in der Schisaison 2001/2002.

Ich habe während der Trainingsphase kein besonderes Naheverhältnis zu ihm aufgebaut. Anfangs erwiderte er nicht einmal einen Gruß. Wie ich später merkte, war das aber keine Abneigung mir gegenüber, die Distanz liegt offensichtlich in seinem Naturell.

Dadurch entwickelte sich nie eine wirkliche Freundschaft wie etwa mit Kilian Albrecht, der in meiner kurzen Comebackzeit Mike Tritscher ersetzte. Ihn kannte ich ja schon von früher, er war schon länger im ÖSV-Team, nur nicht sonderlich erfolgreich. Er war nach Matt der zweite Österreicher, der die Zeichen der Zeit erkannte, auf die Carvingschier umstieg und damit auch erfolgreich wurde. Er ist der beweglichste Slalomfahrer im Team, der zeitweise Situationen bewältigt, in denen andere sicher ausfallen würden. Leider Gottes hat er eine etwas schlampige Technik, die ihn bei schwierigen Verhältnissen, unter denen große Rennen meist stattfinden, zu Fehlern zwingt. Die bringen ihn dann um die Früchte seiner an sich sehr starken Trainingsleistungen.

Viele bezeichnen ihn schon als Trainingsweltmeister mit schlechten Nerven. Ich behaupte, er ist einer der Allerschnellsten auf der Welt, der ein Aha-Erlebnis wie ich mit meinem ersten Sieg in Kitzbühel brauchen würde, damit ihm der Knopf endgültig aufgeht.

Der Mensch Kilian Albrecht ist einer der angenehmsten und nettesten im Schizirkus, außerdem ist er der Intellektuelle in der Mannschaft, der neben dem Sport sogar sein Wirtschaftsstudium vorantreibt und – da bin ich sicher – auch zu Ende bringen wird.

Rainer Schönfelder ist das *enfant terrible*. Der Rasta-Man mit musikalischer Ader ist so ganz nebenbei einer der besten Slalomläufer der Welt. Genau diese „Zwitterstellung“ zwischen Sport und Musik wurde ihm zumindest vor seinem Sieg in Kitzbühel angekreidet, was ihm natürlich sportlichen Druck bescherte. Nicht nur einmal war zu hören: „Der bringt nichts zu Stande, der soll einmal mit dem Singen aufhören und sich aufs Schifahren konzentrieren!“ Ich glaube aber, dass er diese Ablenkung sogar braucht, um sich auch auf der Schipiste entfalten zu können.

Gerade dort feierte er seinen größten sportlichen Erfolg, wo das Highlife regiert: Trotz vieler Auftritte hatte er die Nerven für das Weltcup-Rennen des Jahres auf dem Ganslernhang. Gewonnen hat er übrigens mit einem Schischuh, den ich ihm geschenkt hatte. Und das kam so:

Im Zuge der Arbeit mit Kathrin Zettel hatten wir einen Schischuhtest durchgeführt, bei dem sich ein Produkt von Nordica als wahre Wunderwaffe herausstellte. Ich war so begeistert von dem Schuh, dass ich mir auch einen bestellte (und selber bezahlte, was im Ausrüster-Schizirkus nicht normal ist). Es gab ihn allerdings nur in einer Größe, die für mich um eine Spur zu klein war. Als ich in der Zeit der Krise rund um das Rennen in Kranjska Gora meinen Schischuh wechselte, griff ich sofort zu diesem Nordica-Schuh. Aber weil er etwas zu klein war, hielt ich ihn nicht länger als ein bis zwei Läufe aus. Da mein Markenkollege Rainer Schönfelder mit denselben Problemen kämpfte wie ich, bot ich ihm den Schuh an: „Wenn ich schon nicht davon profitiere, dann wenigstens du. Probier den Schuh, für mich ist es wohl sowieso endgültig vorbei." „Schöni" probierte und er passte. Nicht nur am Fuß, sondern auch im Rennen – und plötzlich war er wieder vorn dabei. Mit dem Schuh bestritt er noch alle restlichen Rennen der Saison.

Das Phänomen Hermann Maier

Am Material liegt es nicht, dass Hermann Maier allen Konkurrenten überlegen war. Er verwendete ab und zu andere, oft aber gleiche Schier wie die Konkurrenz, und die kam ja zumeist aus demselben Haus, nämlich von Atomic. Seine Vorteile liegen woanders. Bis zu seinem Unfall war er körperlich immer topfit und technisch eine Klasse stärker als die anderen Fahrer. Es gab immer wieder jemanden, der an ihn herankam oder ihn sogar überholte, aber das waren immer wieder andere, während er konstant vorn war. Extrem schwierige Stellen, wo bis dahin gleich schnelle Konkurrenten stürzten, bewältigte er meistens.

Seine Überlegenheit beginnt schon beim Freifahren. Hans Knauss fährt auch super frei, aber bei Maier hat man den Eindruck, das kann nur er so. Er springt über Wellen, ist zehn Meter in der Luft und fährt einen Riesentorlaufschwung weiter, als sei das die einfachste Sache der Welt. Er kann das Gelände „lesen".

Maier ist ein technisch völlig ausgereifter Fahrer, dem die neue Generation der Carvingschier entgegengekommen ist. Wenn man so viele Rennen gewonnen hat wie er, wird man im Kopf stark. Das durfte ich selber auch miterleben. Man ist vollgepumpt mit Selbstvertrauen und fährt nur noch auf Sieg. Andere würden sich alle zehn Finger nach einem dritten Platz abschlecken, doch das gilt nichts mehr.

Zum Selbstvertrauen gesellt sich das letzte Risiko. Mit dem Risiko, mit dem Maier in Nagano dreißig Meter durch die Luft geflogen ist, hat er ein Jahr später in Vail gewonnen.

Während viele im Schatten Maiers glauben, sie müssten wie die Mauerblümchen verkümmern, denke ich, dass solche Lichtgestalten sogar eine Chance für die übrigen Läufer bieten. Der erste, der Maier – hätte er nicht diese unselige Verletzung erlitten – mehrmals besiegt hätte, wäre selber zum Superstar geworden.

Wir hatten dieselbe Situation mit Alberto Tomba. Ich habe profitiert davon, war ich doch der erste, der ihn in den Griff bekam. Das hat mir unheimlich viel gebracht, letztlich auch finanziell.

Ein Läufer, der seine Ruhe hat, kann viel eingehender und konzentrierter seine Ziele verfolgen. Ein Maier musste zwischen den Trainings noch PR-Termine absolvieren, während sich andere regenerierten oder trainierten. Für die Sache Schirennsport hatte er weniger Zeit als die anderen.

Er sieht den Schisport als absoluten Einzelsport und holte immer das Optimale für sich heraus. Er schaut in einen Tunnel hinein und der Lichtschein am anderen Ende ist der Sieg. Daneben sieht er nichts.

Geheimnisse verrät er natürlich nicht, im Gegenteil, er geht sogar so weit, dass er absichtlich andere verunsichert. Sein Spleen mit der späten Besichtigung ist zu einem guten Teil Taktik. Damit provoziert er die anderen, die wieder einmal warten, wann er kommt und ob er rechtzeitig fertig wird. Er setzt sich damit in die Köpfe der Konkurrenten und riskiert bewusst, zu spät zu kommen, was ja auch mehrmals passiert ist, ehe er deswegen sogar disqualifiziert wurde.

Wenn man Maier oder auch mich – ohne mich mit ihm vergleichen zu wollen – betrachtet, drängt sich der Eindruck auf, die individuell entstandenen Spätstarter seien die besseren Fahrer, nicht die, die im Schoß des ÖSV groß geworden sind. Im Prinzip ist es schon richtig, dass wir beide dem ÖSV „passiert" sind. Was aber nicht heißt, dass das Konzept falsch ist, denn das Gegenteil beweisen ein Benni Raich, ein Christoph Gruber oder ein Mario Matt, die fast so etwas wie „ÖSV-Retortenkinder" sind und alle Kader durchlaufen haben.

Heute läuft alles anders, viel professioneller als zu meiner Anfangszeit. Unter Präsident Arnold Koller wurde nicht allzu viel für den Nachwuchs getan. Jeder Techniker wurde zum Abfahrer umgemodelt, Modell Charly Kahr. Das sind Vorgangsweisen, die lange nachgewirkt haben. Seit dem Jahr aber 1993 wurde intensiv am Projekt Gesamtweltcupsieger gearbeitet. Dass ausgerechnet einer diesen Titel holte, der dem ÖSV „passiert" ist, ist zwar ein Treppenwitz der Schigeschichte, aber man hätte es auch geschafft, wenn es Maier nicht gegeben hätte. Dann wäre eben Stephan Eberharter schon zwei Jahre früher der vielumjubelte Held gewesen, der nach zehn Jahren wie der Phönix aus der Asche wieder zurückgekommen und Weltcupsieger geworden wäre. Eine schöne Story und mit Zeitverzögerung hat es ja dann doch geklappt.

Der Schweiz geht es jetzt so wie uns vor zehn Jahren. Auch die Norweger – abgesehen von den beiden Ausnahmeathleten Aamodt und Kjus – bröckeln allmählich weg. Das österreichische Team dominiert und das ist eine insgesamt gesehen schlechte Entwicklung. Unsere gute Arbeit hat dem Schirennsport weltweit geschadet. In Wahrheit hätte uns nichts Besseres passieren können als ein Olympiasieger Bode Miller, ein Hero für die Amerikaner. Beispiel Deutschland: Schifahren wird im Fernsehen gar nicht mehr übertragen, es musste Biathlon weichen, weil die Deutschen in dieser Sportart im Augenblick besser sind. Dasselbe Bild in Italien nach dem Abgang von Alberto Tomba. Darum wäre es wichtig, wieder mehr Nationen im Spitzenfeld des Schisports zu sehen.

Ein Hermann Maier in Topform steht allerdings über dem Mannschaftserfolg Österreichs. Superstars seines Schlages tun dem Sport im Allgemeinen gut, ähnlich wie Tomba zuvor. Aktionen wie in Nagano – zuerst der Segelflug durch die Luft, dann Olympia-Gold – erregen weltweit Aufsehen. Das hat nicht einmal die Amerikaner kalt gelassen: der Maier-Flug flimmerte mehrmals zu offiziellen Anlässen bei den Olympischen Spielen über diverse Vidiwalls.

Damit ist auch das enorme Medieninteresse erklärbar, das jeden seiner Schritte verfolgte, während er verletzt war. Ein Interesse, das natürlich unter Druck setzt und die Gefahr steigen lässt, es zu früh versuchen zu wollen.

Wir trafen einander erstmals nach seinem Unfall bei der Einkleidungsfeier des ÖSV in Linz. Ich habe ihm nur einen Tipp gegeben: „Hör auf deinen Körper, dann weißt du, wann es wieder so weit ist."

Der Charakterzug, der ihn am meisten kennzeichnet, ist sein hohes Aggressionsniveau. Alles, was er macht, macht er mit Volldampf. Sein Level liegt immer über hundert Prozent, egal, was er macht, ob er Kart fährt oder Fußball spielt oder einfach nur auf dem Hometrainer sitzt. Im Schisport wirkt sich diese Aggressivität auf seine extreme Risikobereitschaft aus. Immer eine Spur mehr als die anderen, höher, weiter, stärker.

Wie man sich für ein Rennen konditioniert

Willi Dungl erzählte mir einmal von einem Dirigenten, der zu ihm gekommen war, weil er immer so „aufbrausend und unfair" zu seinen Musikern sei. Dungl fuhr mit ihm zu einem Wasserfall, um ihm Ruhe zu vermitteln. Um dieses Erlebnis zu konservieren, so erzählte Dungl weiter, drehte der Dirigent später immer einen Wasserhahn auf, um fließendes Wasser zu hören und den beruhigenden Einfluss zu spüren.

So hat jeder, der unter Druck steht, seine eigene, ganz persönliche Marotte. Natürlich auch Sportler. Es gibt kaum einen Rennläufer, der nicht einen individuellen Ablauf vor dem Start hat. Die einen steigen morgens vor einem Rennen immer mit demselben Fuß aus dem Bett, der andere hat, wie ich gehört habe, in der Nacht die Startnummer des nächsten Rennens unter dem Kopfpolster.

Auch in meinem Fall begann die eigentliche Rennvorbereitung am Abend davor. Nachdem die Interviewtermine erledigt waren, schloss ich die Zimmertür hinter mir ab und bereitete das Material für den nächsten Tag vor. Ich legte Rennanzug, Handschuhe, Brillen und Schischuhe bereit, um am nächsten Tag nicht in Vorbereitungsstress zu verfallen.

Eine Eigenart war auch, dass ich beim Rennen immer nur „angefahrene", also gebrauchte Schisocken trug. Der Grund dafür war, dass sie sich nicht so flauschig anfühlten, sondern die Maschen schon komprimiert waren; ich redete mir ein, dadurch mehr Gefühl für die direkte Übertragung auf den Schi zu haben. Vor dem Schlafengehen stand verpflichtend eine Rasur auf dem Programm. Das stammte noch von meinem ersten Kitzbühel-Sieg, wo ich das zufällig getan hatte. Das war die ganz persönliche Abschottung von dem Trubel, der in den Weltcuporten immer herrschte. Ab dem Zeitpunkt, da die Zimmertür hinter mir versperrt war, begann mein Countdown. Da beschäftigte ich mich ausschließlich mit mir selber und ließ mich bis zum Ende des Rennens durch nichts mehr ablenken. Ich verstand es, mein Denken und Tun ganz auf die Läufe zu fokussieren.

Autogenes Training im eigentlichen Sinn habe ich praktisch nie betrieben, denn fast alles, was mir diese Trainer weismachen wollten, gehörte für mich ohnehin zum Alltag. Außerdem sind viele dieser Mentalbetreuer für mich eine Art Rattenfänger, die sich im psychischen Tief eines Athleten einhaken, in der Folge unentbehrlich machen und nebenbei ordentlich für ihre Dienste kassieren.

Volle Konzentration, ich gehe im Geist die Schlüsselstellen durch.

Vielleicht denke ich auch deshalb so darüber, weil ich mit meinem Vater eine Bezugsperson hatte, mit der ich in jeder Phase reden konnte, die mich immer verstand und von der ich wusste, dass sie nur mein Bestes wollte.

Der Einzige, von dem ich in dieser Hinsicht etwas halte, ist Valentin Hobel (der Mentalbetreuer von Mario Reiter). Er half mir in einer Phase, in der auch mein Vater völlig verunsichert war, nämlich nach dem zweiten Riss der Patellasehne. Mit ihm arbeitete ich an der Entscheidungsfindung, an der Frage: Soll ich weitermachen oder nicht? Billig war die Angelegenheit allerdings nicht, ganz im Gegenteil.

Zurück zu den Abläufen vor dem Start. Nach der Besichtigung, für die es kein wie immer geartetes Ritual gab, folgte die zwanzigminütige Intensivphase. In dieser Zeit ließ ich niemanden mehr an mich heran und kapselte mich völlig ab. Es kam immer wieder zu Situationen, in denen Leute mit mir redeten und ich ihnen auch antwortete, nachher allerdings wusste ich nichts mehr davon. Die Konzentration galt ausschließlich dem Rennen, alles andere verstand ich wegzuschalten. Zigmal ging ich die Passagen und die dazugehörigen Bewegungsabläufe in Schlüsselstellen durch. Das Rennen begann für mich schon kurz vor dem Start. So wie sich Andi Goldberger vor jedem Sprung an der Nase zupft, so gehörte für mich das Schließen der Schnallen in einer bestimmten Reihenfolge und das anschließende Klappern mit den Schistöcken dazu, um den Schnee von den Tellern loszuschlagen. Mittels Tunnelblick sah ich nur noch den Lauf vor mir, der Stangenwald war meine kleine Welt, alles Denken war auf die Ideallinie ausgerichtet.

Sogar heute noch, beim freien Schifahren, geschieht es manchmal, dass ich dieses Ritual wiederhole und plötzlich auf eine Art konzentriert bin, die völlig unnötig ist. Bei Rennen und Training habe ich das so oft geübt, dass es in Fleisch und Blut übergegangen ist.

Der Goldschmied: Ernst Sykora

Mein Vater ist ein Sportfanatiker. Er hat Tennis, Handball, Fußball und Basketball gespielt und fuhr zum Spaß auch Schirennen, allerdings keine qualitativ hochwertigen. Er beschäftigte sich immer mit jeder Art von Sport und hat ein Auge dafür, was wichtig ist. Heute weiß man, dass Rudi Nierlich mit seinem Stil seiner Zeit voraus war. Nachdem mein Vater Nierlich bei einem FIS-Rennen zum ersten Mal gesehen hatte, als dieser noch nicht einmal ein Weltcuprennen gewonnen hatte, schwor er uns auf diesen Stil ein: immer von hinten kommend einen runden Schwung fahren, das war seine Devise. Ich war damals 16 Jahre alt.

Vater wurde oft ausgelacht, weil er immer die Stoppuhr dabei hatte. Auch der jetzige Abfahrtstrainer Robert Trenkwalder macht das so. Die anderen Trainer ätzten: „Der braucht die Uhr, damit er weiß, wie schnell einer ist, der sieht das nicht mit freiem Auge." Vater hat es sehr wohl gesehen, aber er hat sich nicht angemaßt, alles zu wissen. Wenn plötzlich einer daherkam und etwas anders machte, wie etwa Rudi Nierlich, dann stoppte er Abschnitte der Fahrt und erkannte schnell, dass diese Fahrweise Geschwindigkeit brachte. Rudi war damals der „Wahnsinnige", der sich aufs Extremste hineinlegte, oft ausrutschte und vor allem voll am Innenschi lag, ohne Hüftknick, gegen alle Konventionen.

Später, als schon der Erfolg und damit das erste Geld da war, konnten wir in das professionelle Umfeld beim Training investieren, in Schi-Doos, Pistenraupen, Video, Kunstschneeanlage, Flutlicht und eine Zeitnehmung, die alle zehn Sekunden Zwischenzeiten stoppt. Ich kann jede Sequenz herausnehmen und im Video Vergleiche zwischen Technik und Zeit anstellen. Nur der Trainingshang selber gehört nicht mir, den erhielt ich von der Hochkar-AG zur Verfügung gestellt. Er ist zwar prinzipiell auch für Publikumsschilauf offen (nicht allzu ratsam, weil er extrem steil und meist sehr eisig ist), aber ich konnte entscheiden, ob er für mich gesperrt werden solle, was während der Trainingsphasen praktisch immer der Fall war. Ein Lauf auf dem Hang dauert ungefähr 40 Sekunden und er beinhaltet so viele Schwierigkeiten, dass ich überall auf der Welt antreten und mich einfach nichts überraschen konnte. In die Infrastruktur investierte ich im Lauf der Jahre über sechs Millionen Schilling. Aber es hat sich letztlich bezahlt gemacht. In dem Jahr, in dem ich die Kunstschneeanlage installierte, gewann ich erstmals Kitzbühel.

Im Schnitt acht Läufe pro Trainingstag wurden auf Video aufgezeichnet und entweder vor Ort im Wohnwagen am Fuß des Hangs oder später zu Hause analysiert. Dass Vater und ich nicht immer einer Meinung waren, ist eine glatte Untertreibung, aber meistens hatte er – leider – recht.

Es kam nicht selten vor, dass ich zuerst auf seine ruhige Analyse hin fast ausrastete, regelrecht zu toben begann, dann dadurch zu müde war, um seine Anweisungen wirklich richtig auszuführen, und schließlich beim Studium des Videos zerknirscht zugeben musste, dass er Recht hatte. Das war vor allem in Zeiten des jugendlichen Überschwangs so; später gingen die Trainingseinheiten schon weitaus ruhiger über die Bühne.

Trotzdem bin ich überzeugt, dass diese Spannung zwischen uns das Erfolgsgeheimnis war. Die emotionellen Streitgespräche, die ich mit einem ÖSV-Trainer nie so führen hätte können, dieses Ausloten jeder Kleinigkeit, die haben mich letztlich auch so stark gemacht.

Wenn mein Vater plötzlich – aus welchen Gründen auch immer – nicht mehr da gewesen wäre, hätte ich nicht mehr Schifahrer sein können. Er war zweifellos meine wichtigste Grundlage. Ich hätte sofort aufgehört.

Vielleicht war ich zu sehr auf ihn fixiert, vielleicht auch zu wenig selbstständig. Die Geborgenheit bei ihm, das Wissen darum, dass er mich bis ins kleinste Detail ausloten und mir sagen konnte, was richtig oder falsch war, die hätte ich nicht ersetzen können. Das ÖSV-Umfeld hält keinem Vergleich damit stand.

Ungewöhnlich ist auch, dass gerade er, meine Bezugsperson, bei Weltcuprennen nie dabei war. Es kam oft vor, dass ich ihn zwischen zwei Durchgängen anrief und er mir seine Analysen mitteilte, was mir nicht selten im zweiten Lauf geholfen hat. Dass er vor

Crans Montana: Zum zweiten Mal hatte ich den Slalom-Weltcup gewonnen.
Foto: Hans Bezard

Foto: Hans Bezard

nöm
ellesse
CAMPIGLIO

Riesenjubel über meinen ersten Sieg. Unter meine treuen Fans hat sich auch meine Tante, Landeshauptmann-Stellvertreterin Liese Prokop, „geschmuggelt“.

ÖSV-Alpindirektor Hans Pum habe ich viel zu verdanken.
Zwischen den beiden Fotos liegen 32 Jahre:
Der Sohn (rechts) ist dem Vater (links) wie aus dem Gesicht geschnitten.

Landeshauptmann Erwin Pröll war immer einer meiner ersten Gratulanten. Ob via Telefon oder wie im Bild in Schladming persönlich.
Nach meinem ersten Weltcupsieg wurde ich von 1000 Göstlingern empfangen und auf einem Thron durch die Menge getragen.

Ein seltenes Bild aus früheren Zeiten, als ich noch voller Ambitionen im Riesentorlauf war: zweites ÖSV-Jahr 1991. Foto: Head

Und so haben Training und Ausrüstung zwölf Jahre vorher ausgesehen.

Die einzige Trophäe bei einem Großereignis: Olympia-Bronze 1998 in Nagano.
Foto: Alois Furtner

Mein Vater (rechts) und Ewald Mandl beobachteten und analysierten meine Trainingsläufe.

Ort bei einem Rennen nie die Möglichkeit haben würde, so genau zu analysieren, wurde ihm klar, als er einmal in Kitzbühel mit dabei war. Er hatte keinen Einblick auf die gesamte Piste und kam wegen des enormen Trubels auch nicht an mich heran. Daraufhin hat er sich auf die Rolle des Fernsehzuschauers beschränkt, weil das mehr brachte. Als ich Kranjska Gora zum zweiten Mal gewann, war ich nach dem ersten Lauf relativ weit zurück. Ich war unsicher, rief ihn an und er las mir gehörig die Leviten. Ich sei hinuntergekrabbelt und bei den Toren bergauf gefahren, nur damit es mir nicht zu schnell werde. Für so etwas bräuchte ich nicht zu trainieren, das könne ich aus dem Stand auch.

Es hat geholfen, ich nahm mir seine Vorwürfe zu Herzen, machte es im zweiten Lauf besser – und gewann das Rennen. Das war aber eher eine Ausnahme; zumeist sagte er mir nur in einigen Stichworten, was ihm aufgefallen war.

Heute als Co-Kommentator passiert es mir immer wieder, dass ich mich zu Antje Kostelic, dem Vater von Janica und Ivica, hingezogen fühle. Ich plaudere sehr gern mit ihm. Nicht nur, dass er wie mein Vater Klasse-Handballer war, ähneln auch seine Ansichten denen meines Vaters über individuelles Training. Erstens tut auch er alles für seine Kinder und durch die enge Beziehung erkennt er viel früher Fehler, Schwächen, aber auch Stärken, wodurch er individueller und schneller reagieren kann. Zweitens wirft man ihm – ähnlich wie meinem Vater – vor, zu viel zu trainieren. Aber der Erfolg gibt beiden Recht. Vielleicht trainieren andere zu wenig.

Es gibt auch zahlreiche andere Beispiele, die zeigen, dass Individualtraining, von den richtigen Leuten betrieben, zum Erfolg führt: die Girardellis, Tomba und Thöni und nicht zuletzt Hermann Maier und Andi Evers. Die Letzteren genießen dazu so wie ich den Vorteil, zusätzlich im perfekten ÖSV-System aufgehoben zu sein. Sonja Nef gehört ebenfalls zu dieser Gruppe, sie trainiert fast ausschließlich mit Sepp Brunner, einem Österreicher, und kaum mit dem Schweizer Schiverband.

DER GUTE GEIST: FLORA

Wie Vater der Architekt meiner Karriere war, so war Mutter das Fangnetz für uns beide. Eine Art warmes Nest, das man spürte, auf das man sich immer verlassen konnte. Während wir an meiner Karriere bastelten, organisierte sie mit geradezu übermenschlichem Einsatz das Umfeld. Sie ist ein Samaritertyp, der versucht, allen zu helfen, der sich für geliebte Menschen aufopfern kann.

Damals, als eine große Welle über uns hinwegschwappte – die Kinder, die Schirmbar, das Comeback, die PR-Termine und meine ORF-Tätigkeit im Zusammenspiel einfach für alle Beteiligten zu viel zu werden drohten und das Comeback dadurch schon auf mehr als wackeligen Beinen stand –, sprach sie ein Machtwort: „Ich helfe euch, da beißen wir uns jetzt durch. Wenn Thomas Schi fahren will, dann müssen wir alle zusammenstehen." Und sie übernahm wieder zusätzliche Rollen und Aufgaben, die für „normale" Menschen meiner Vorstellung nach nicht machbar sind.

Es gibt zwei Personen in meinem Umfeld, die extrem viel Druck aushalten, und ich glaube, es ist kein Zufall, dass beide weiblich sind: meine Frau Heidi und meine Mutter. In der ersten Zeit mit den Zwillingen kochte sie für uns, passte auf die Kinder auf, half in der Schirmbar mit und führte ganz „nebenbei" auch noch den Betrieb im Schulschiheim. Solche Belastungen, die doch sehr auf die Substanz gehen, kann sie über längere Zeit durchhalten.

Das war schon so in meiner Aufbauzeit als Rennläufer. Mutter hielt Vater im Betrieb den Rücken frei, damit er Zeit hatte, mit Martina und mir zu trainieren. Als ich dann durch den Sport schon Geld verdiente, suchte ich beim Land Niederösterreich darum an, für das Schulschiheim eine zusätzliche Sekretärin bezahlen zu dürfen (das ist ja nicht so einfach in einem vom Land geführten Betrieb), die für eine Entlastung meiner Mutter sorgen konnte.

Meine erste grosse Liebe, oder: ein gescheitertes Ehe-Experiment

Noch heute liegen tiefe Gräben zwischen meinen Eltern und Uschi, meiner ersten großen Liebe und späteren Kurzzeit-Ehefrau. Ich lernte sie bei einem Urlaub mit meinem Jugendfreund, dem Handballer Andi Dittert, am Zicksee kennen. Jedes Jahr traf sich dort unten im Burgenland eine Gruppe von bis zu 20 jungen Leuten aus verschiedenen Nationen und wir hatten immer viel Spaß miteinander.

1989, ich war gerade 21, war erstmals auch Uschi dabei. In der Disco funkte es zwischen uns beiden. Sie wohnte in Wien, ich auf dem Hochkar, unsere Beziehung beschränkte sich also auf gegenseitige Besuche. Eine Wochenendbeziehung, die durch mein Leben als Schifahrer aber auch gar nicht anders möglich war. Unsere Telefonrechnungen stiegen ins Astronomische.

Als ihre Eltern verlangten, sie solle sich auf eigene Beine stellen, half ich ihr, eine Wohnung zu finden. Das klappte nicht so toll, sie fand sich im Singleleben ohne den Schutz der Eltern nicht übermäßig gut zurecht. So entschieden wir uns, sie solle zu mir auf das Hochkar ziehen. Aus heutiger Sicht eine falsche Entscheidung. Zum einen kam das zu früh in unserer Beziehung, zum anderen war die Umstellung vom pulsierenden Wien auf das einsame Hochkar mit seinen eigenen Gesetzen schwer. Überdies fanden wir keinen Beruf in der Umgebung, der ihr zugesagt hätte. Also wurde sie im Schulschiheim als Sekretärin angestellt. Das lief allerdings von Beginn an in die falsche Richtung, die Zusammenarbeit mit meinen Eltern funktionierte nicht, es kam immer wieder zu Reibereien. Ich war einfach zu naiv, die Gewitterwolken am Horizont zu sehen, und stimmte sofort zu, als sie vorschlug, wir sollten doch heiraten. Damit begannen die wirklich großen Probleme.

Das Fiasko war vorauszusehen, aber ich war zu feig, auch angesichts der Größenordnung dieser Hochzeit, einen Rückzieher zu machen. Da sie im Mai stattfand, stand ich während der Vorbereitungszeit großteils voll im Rennstress, war kaum zu Hause und wurde dann vor vollendete Tatsachen gestellt, was wiederum zu Konflikten führte. Die Hochzeit war ein Mega-Ding mit über 300 Gästen, darunter alles, was Rang und Namen hatte, begonnen beim Landeshauptmann. Da war schon ein gewisses Maß an Selbstinszenierung dabei, keine Frage.

Eine Hochzeit als Anfang vom Ende einer Beziehung. Es kriselte immer stärker. Während ich zuvor immer von Kindern gesprochen hatte, Uschi aber abgelehnt hatte, war jetzt plötzlich sie es, die von einem Baby sprach. Das gab wahrscheinlich den Ausschlag, denn ich hatte plötzlich das Gefühl, sie wolle mich mit letzten Mitteln an sich binden. Von da an entwickelte sich alles Richtung Trennung, wobei sie sich sehr fair verhalten hat. Wir hatten denselben Scheidungsanwalt, fuhren gemeinsam zur Schei-

Die Hochzeit des Schistars, der Landeshauptmann war da, ein Mega-Ding.

dung und auch gemeinsam wieder zurück. Sie blieb auch noch einige Zeit am Hochkar, ehe sie auszog. Wir hatten danach noch fallweise Kontakt, seit gut drei Jahren aber nicht mehr.

Die Zukunft

All die Investitionen auf meinem Trainingshang sind nach dem Ende meiner Karriere ein Fall für Siemens Lufthaken. Das, was ich hineingesteckt habe, habe ich ohnehin doppelt und dreifach zurückbekommen. Als ich die Schneekanonen kaufte und dieses sichere Training auf Kunstschnee wahrscheinlich auch den Sieg in Kitzbühel ermöglichte, kam eine Lawine ins Gleiten. Jeder sah die aufstrebende Form, das brachte Top-Verträge, ganz abgesehen von den Preisgeldern. Das hätte ich sonst nie in dem Ausmaß erreicht.

Nach meiner Karriere steht alles irgendwie nutzlos herum, aber ich werde es auch nicht scheibchenweise verkaufen. Für ein normales Racecamp ist es nicht nützbar, weil zu schwierig. Aber ich kann mir vorstellen, dass mein Schützling Kathrin Zettel damit die Grundlage für einen Aufstieg im Schizirkus erhält. Sie ist eine junge, ehrgeizige Göstlingerin, ein Ausnahmetalent in ihrer Altersgruppe in Niederösterreich, das vielleicht größte Talent, das ich je gesehen habe. Sie hat nur Sport im Kopf und ist es wert, gefördert zu werden. Kathrin hat alle Anlagen zur perfekten Allrounderin; ich will versuchen, sie bis zu ihrem Eintritt in den ÖSV zu coachen und dafür ein möglichst professionelles Umfeld zu bieten.

Die Rolle allerdings, die mein Vater für mich gespielt hat, die kann ich für sie nicht spielen. Er hat aus Liebe zu seinen Kindern und für deren Erfolg alles andere zurückgestellt, kaufte sich statt eines Audi einen alten Mazda, damit er uns das alles ermöglichen konnte, und fuhr zehn Jahre nicht auf Urlaub. In dieser Aufbauphase war es Mutter, die den Betrieb Schulschiheim Hochkar phasenweise fast allein aufrecht erhalten hat. Mutter ist eigentlich ein Sicherheitsmensch, trotzdem akzeptierte sie, dass das Konto nach der Saison auf null stand oder sogar überzogen war, dass das teure Auto verkauft und ein billigeres gekauft wurde, nur damit sich letztlich alles ausging.

Meine Eltern investierten in einen Traum und die Gefahr war natürlich groß, dass alles so enden würde wie bei Martina. Aber ihren Ausstieg sieht Vater trotzdem nicht negativ. Wir haben beide einmal mit Aktienfonds spekuliert und dabei verloren. Da sagte er zu mir: „Die einzigen Aktien, in die ich gern investiert habe, waren meine Kinder. Und es ist in beiden Fällen aufgegangen."

Nicht nur mein, sondern auch Martinas Weg macht ihn glücklich, obwohl sie sich vom Spitzensport zurückgezogen hat. Sie hat ihr Studium mit einem Notenschnitt von 1,2 beendet und er ist auf sie genauso stolz wie auf mich. Es ist zum Beispiel eine Marotte von ihm, dass immer er zahlt, wenn wir miteinander essen gehen. Das ist eben so, ich wehre mich gar nicht mehr. Er hat das von mir verdiente Geld immer verwaltet, aber nie einen Schilling davon angerührt. Diese Konstellation ist einmalig, so etwas tut man aber, so glaube ich, nur für eigene Kinder.

Ich helfe Kathrin, wo ich kann. Ihre Familie gefällt mir, es sind natürliche, sehr nette Menschen, die ihre Tochter in jeder Hinsicht unterstützen, aber eben das nötige Umfeld nicht finanzieren können. Wie oft vielversprechende Talente an dieser Hürde scheitern, haben einige Rennkollegen meiner Generation bewiesen, die sicher mindestens gleichwertige Anlagen wie ich hatten, etwa Rainer Herb oder Alfred Seidl. Sie mussten aufhören, weil ihre Eltern das Geld nicht mehr hatten, um ihre Karriere weiter zu unterstützen.

Die Konstellation im niederösterreichischen Schiverband lässt es nicht sicher erscheinen, ob dort wirklich alle Voraussetzungen geschaffen werden können. Kathrin trainiert ab und zu bei mir mit und wenn ich nicht da bin, nimmt sich Vater ihrer an. Sie besucht im Trainingszentrum Waidhofen/Ybbs die Handelsschule und ich spreche meine Trainingseinheiten mit dem TZW ab. Ich bin also nicht ganz allein für den Aufbau verantwortlich. Aber in dieser Zusammenarbeit hat sich auch gezeigt, dass ich den hundertprozentigen Einsatz nicht aufbringen kann, weil das Streit bedeuten würde. Ob nun die Lehrer im TZW oder später die Trainer im ÖSV, jeder würde sich wohl in

Meinem Schützling Kathrin Zettel zeige ich die Kniffe im Profi-Schisport.

seiner Ehre gekränkt fühlen, wenn der Sykora einfach Kathrin erklärte, sie solle diese oder jene Übung so oder so machen. Auf diesen unvermeidlichen Konflikt lasse ich mich nicht ein. Ab einer gewissen Klasse wird Kathrin ganz allein damit umgehen müssen. Sie macht ihren Weg, davon bin ich überzeugt, denn sie ist ein Riesentalent.

Ich will und kann auch deswegen nicht den ganzen Winter mit ihr unterwegs sein, weil mir meine Familie zu wichtig ist. Als Slalomfahrer mit zehn Rennen im Jahr ist man relativ viel daheim; wenn man aber alle Disziplinen bestreitet, ist man praktisch immer unterwegs, mit wenigen und kurzen Unterbrechungen. Dadurch würde ich Heidi und die Zwillinge fast nie sehen, und das ist es mir nicht wert.

Wenn das Experiment Zettel erfolgreich ist, könnte sich daraus eine Regelmäßigkeit entwickeln, die da heißt: Es gibt einen Stützpunkt Hochkar, wo Talente eine schitechnische Ausbildung erhalten und wohin sie immer wieder zurückkommen können. Sollte Kathrin im ÖSV-Kader sein und irgendwelche Probleme auftreten, dann findet sie bei mir eine offene Tür, eine Art Auffangnetz. Das könnte auch für andere Schifahrer gelten, von Talenten im Aufbau bis hin zu ÖSV-Kaderläufern, die mit mir Fehler ausmerzen oder einfach einen anderen Weg versuchen wollen.

Ambitionen, im niederösterreichischen Schiverband irgendeine Funktion zu übernehmen oder gar Landestrainer zu werden, habe ich nicht. Abgesehen von den mehr als geringen finanziellen Anreizen will ich einfach nicht irgendwo bei FIS-Rennen herumgondeln. Und es ist schwierig, in der vorhandenen Verbandsstruktur in Ruhe arbeiten zu können, ohne Reibungsverluste durch die üblichen Eifersüchteleien und Grabenkämpfe. Ich mag einfach nicht streiten, wodurch ich für einen Job im niederösterreichischen Schiverband nicht geeignet bin.

Die Zwillinge

Weltmeisterschaften in St. Anton. Ich war als Co-Kommentator dabei, mit einem sehr mulmigen Gefühl im Magen. Würde es sich ausgehen bis nach den Bewerben? Würde ich bei der Geburt meiner Kinder dabei sein können? Der Termin war erst später, aber Zwillinge haben es meistens eiliger.

Angesichts dieser unsicheren Situation hatten sich meine Freunde Markus Auer und Harry Pruckner bereit erklärt, mich nach St. Anton zu chauffieren und im Fall des Falles sofort nach St. Pölten zu bringen, sollte es soweit sein. Und prompt passierte es. Heidi rief an, wir setzten uns sofort ins Auto und die beiden lenkten abwechselnd, während ich telefonierte.

Ich war nicht einmal noch in Innsbruck, da wussten es die Leute bereits, weil es im Fernsehen ausposaunt worden war. Hannes Trinkl hatte im Interview seinen eigenen Geburtstag hintangestellt und uns gratuliert. Typisch Hannes.

Die erste Frage eines Journalisten war natürlich: „Wie heißen die beiden denn?" Und ich sagte „Jakob und Klara". Dann schoss es mir siedend heiß ein, dass wir den Namen für unser Mädchen noch gar nicht fix festgelegt hatten, eigentlich noch zwischen Maria und Klara schwankten. Im Spital bereitete ich Heidi schonend darauf vor, dass ich die Entscheidung nun schon getroffen hatte. Sie war ohnehin einverstanden, hatte sich aber noch keinen Namen anzugeben getraut. So stand auf dem Armbändchen Klaras anfangs nur „Sykora Mädchen".

Das Gefühl, als ich das winzige, zarte, zerbrechliche Ding, das meine Tochter war, erstmals hielt, war unbeschreiblich. Als Vater-Lehrling wusste ich nicht, wie ich sie angreifen sollte, ohne ihr weh zu tun, aber es hat letztlich ganz gut geklappt. Sie schlief die ganze erste Nacht auf meinem Bauch.

Jakob war in den ersten Tagen nach seiner Geburt noch im Brutkasten. Ihn zu besuchen, zu sehen, aber nicht herausnehmen zu dürfen, das war hart. Man konnte ihn nur durch ein kleines Fenster berühren. Jedes Mal, wenn ich das tat, beruhigte er sich spontan, das war am Herzfrequenzmesser deutlich abzulesen.

Der Augenblick, als ich erstmals beide Kinder zu mir nehmen konnte, war unwahrscheinlich glücklich. Allerdings stellte sich innerhalb kürzester Zeit auch der damit verbundene Stress ein. Zwei Kinder heißt doppelte Arbeit, die ich aber nie gescheut habe. Die Babys zu wickeln, zu füttern, das gehört einfach dazu, wer das ablehnt, der hat nicht verstanden, was es heißt, Vater zu sein. Mir wurde auf jeden Fall ab diesem Zeitpunkt nie mehr langweilig, zumal die beiden auch völlig unterschiedlich sind, nicht nur vom Aussehen her, sondern auch, was den Charakter betrifft.

Jakob ist der Teddybär, schwerer als seine Schwester. Er nahm nie einen Schnuller, schläft dadurch auch nicht so schnell ein und pflegt prinzipiell eine Zeitlang zu raunzen, ehe das Sandmännchen seine Arbeit erledigt hat. Sein Lachen ist der Sonnenschein der Familie, er lacht gern, vor allem auch, wenn es schneit und ihn Schneeflocken im Gesicht treffen. Da reagiert er wie ich und er sieht dem kleinen Thomas Sykora auch zum Verwechseln ähnlich.

Klara dagegen braucht den Schnuller, schafft es aber andererseits, im Gegenteil zu ihrem Bruder, sich selber zu beschäftigen. Sie ist die Aufgewecktere, die Lebendigere, und sie kann es nicht leiden, wenn ihr Schneeflocken ins Gesicht fallen. Bezeichnend auch die Reaktion der beiden, als sie einen Kopfüberzug mit Elektroden zur Schlafuntersuchung übergestülpt bekamen. Klara schrie wie am Spieß und wollte die Haube herunterreißen, Jakob ließ es mit sich geschehen und lachte die Krankenschwestern an.

Nun bremste sich aber auch das Tempo meines Comebacks einigermaßen ein. Zu Beginn hielten die Zwillinge Heidi und mich gleichermaßen auf Trab, am Tag, aber vor allem in der Nacht, denn sie zogen es vor, die Nacht zum Tag zu machen und putzmunter zu sein. Einmal war alles zum Training vorbereitet, die Piste war optimal, alles hätte gepasst, aber ich hatte die ganze Nacht nicht geschlafen und musste das Training absagen. Daraufhin zog Heidi die Konsequenzen und übernahm die Nachtschicht allein, was auch kein Honiglecken war angesichts der vielen Arbeit, die die Schirmbar tagsüber macht. Da sprangen aber auch die beiden Großmütter ein, alle halfen zusammen, um diese harte Zeit zu überstehen. Als Heidi zu stillen aufhörte, schliefen die beiden plötzlich fast durch, was die Lage wesentlich entspannte.

Trotzdem war nichts mehr so wie vorher. Damals hatte ich trainiert und mich danach ausgeruht, jetzt ging ich trainieren und bekam anschließend mindestens ein Kind in den Arm gedrückt. Aber das war weitaus weniger tragisch für mich, als wenn ich für Rennen oder zum Kommentieren weg war und sie nicht sehen konnte. Als ich zurückkehrte, merkte ich jedes Mal, was ich verpasst hatte.

Die beiden Zwerge und ihre Bedürfnisse haben mich in den schwierigsten Monaten, zwischen März und Mai, mehrmals an die Kippe gebracht, das Comeback überhaupt zu stoppen, um mich mehr den Kindern und der Schirmbar widmen zu können, denn es war absehbar, dass die Situation allen Beteiligten über den Kopf wachsen würde. Aber irgendwie haben wir es immer wieder durchgedrückt. Inzwischen haben wir mit Simone ein sehr nettes Kindermädchen, wodurch die Troubles praktisch vorbei sind.

Für mich persönlich eine der schwierigsten Phasen meines Comeback-Winters war der Saison-Auftakt in den USA. Ich verließ Heidi und die Kinder sehr schweren Herzens und schäme mich auch der Tränen nicht, die ich vergossen habe. Miteinander zu telefonieren ist zwar schön und gut, aber das ersetzt den Kontakt nicht. Vier Wochen Abwesenheit, da war klar, wie die Kinder bei meiner Rückkehr reagieren würden – sie kannten mich nicht mehr. Klara sah mich aus großen Augen an, weinte sofort und wollte zur Mutter, Jakob ließ es mit sich geschehen, dass ich ihn trug, erkannte mich aber auch nicht. Ich spielte eine Zeitlang mit ihnen, was wieder eine gewisse Nähe brachte, und nach zwei Tagen war endlich alles eingerenkt.

Die Zukunft, das höre ich aus vielen Gesprächen heraus, ist den beiden ja ohnehin vorgegeben: wohnen auf dem Hochkar, der Vater Schifahrer, da müssen die Kinder auch Schifahrer werden. Genau das glaube ich nicht. Der Druck des Namens ist wahrscheinlich zu groß, als dass sie sich dafür entscheiden werden. Was ich sehr wohl anstrebe, ist, mit ihnen Sport zu machen, egal was, möglichst vielseitig und möglichst spielerisch. Ob sie Sportler werden oder Künstler, das kann jetzt noch niemand vorhersagen. Jedes Kind hat ein Talent, ich will beide individuell fördern. Ich bin sportlich erzogen worden und deshalb auch Sportler geworden, aber nicht zuletzt deswegen, weil ich es wollte und dabei unterstützt wurde.

Auf keinen Fall will ich sie einseitig beeinflussen. Das schlimmste Beispiel für mich sind die Eiskunstlauf-Mütter oder Eltern, die ihre Kinder zu Film-Castings schleppen, um Kinderstars aus ihnen zu machen. Wenn eines eine Lehre machen und Tischler werden will, dann soll es so sein.

Der Weg eines Sportlers

Der größte Fehler, der im Leben eines künftigen Sportlers gemacht werden kann, ist die Limitierung. Ob Eltern, Lehrer oder Trainer, wer einen genauen Plan zum Aufbau einer Karriere auf dem Reißbrett entwirft und ihn vom Kleinkindalter an verfolgt, der läuft Gefahr, dass diese Kinder mit 15 oder 16 Jahren die Lust verlieren, weil ihnen der Stundenplan zum Hals heraushängt, weil sie das Gefühl haben, vom Leben etwas zu verpassen.

Eine universelle Grundausbildung, von der Akrobatik bis zum Ausdauerlauf, ist der wichtigste Grundstock für spätere Sportler, die sich eigentlich erst mit 14 oder 15 Jahren entscheiden sollten, was sie machen wollen. Erst dann entwickeln sie wirklich den Biss, der sie befähigt, sich auch durchzusetzen.

Für mich im Schüleralter war Sport immer ein Spiel. Ich habe Tennis, Fußball und Basketball gespielt, sorgte als Bub mit Andi Dittert für die Pauseneinlagen bei Handballspielen, fuhr mit Freunden Schi ohne Tore, einfach um die Wette, irgendeine Abfahrt hinunter. Dadurch hatte ich eine universellere Ausbildung im Sport und fand mich auch in anderen Sparten, speziell in der Leichtathletik, auf Anhieb gut zurecht. Martina Navratilova zum Beispiel hat lange Basketball gespielt und ist erst spät in den Tennissport eingestiegen.

Der Drill von Kindesbeinen an in eine Richtung geht früher oder später schief. Sportler, die sich dann abwenden, weil sie ihre Sportart nicht mehr ausstehen können, sind endgültig verloren. Solche Fälle kommen sehr viel öfter vor, als man glauben würde. Einige Bekannte von mir hörten nach der Schihauptschule aus diesen Gründen auf, während ich dann erst so richtig begann, an meiner Karriere zu feilen.

Im Zuge meiner Laufbahn sind mir auch einige Schifahrer begegnet, die an einer Umstellung in der Schitechnik gescheitert und von der Bildfläche verschwunden sind. Sie waren zu einseitig auf einen bestimmten Stil ausgebildet und schafften den Umstieg nicht. Ein Phänomen war da etwa Ingemar Stenmark, der sowohl mit geraden als auch mit Kippstangen seine Rennen gewonnen hat. Diese Fähigkeit hatten nicht viele Weltklassefahrer.

Heute wird Gott sei Dank in den Schulen schon sehr viel mehr Wert auf Vielseitigkeit gelegt, obwohl die Mädchen gegenüber den Burschen noch immer im Nachteil sind. Bei ihnen ist man offensichtlich eher geneigt, sie einseitig zu erziehen, was den berüchtigten „Sechzehnerknick" zur Folge hat: die meisten Sportlerinnen, die sich von ihrer Profession abwenden, tun das mit 16 Jahren.

Auch ein weiterer Aspekt spricht für die universelle Ausbildung: die Gefahr bleibender Schäden durch einseitige Belastung vom Kindesalter an.

Ab einem gewissen Alter aber ist es unabdingbar nötig, den entsprechenden Ehrgeiz zu entwickeln. Ab 14, 15 oder 16 Jahren, wenn die Entscheidung für eine Sportart gefallen ist, muss auch der Einsatz stimmen. Dann müssen eben die Tore „gefressen" werden und auch der konditionelle Aufbau darf nicht zu kurz kommen. Gerade mein Schützling Kathrin Zettel hat mich da viel gelehrt. Sie verbindet die Freude, die Verspieltheit im Sport mit dem Ernst eines beinharten Trainings. Sie hat enormen Bewegungsreichtum, der mit gezieltem Training jetzt umgesetzt werden kann.

Aber es ist trotzdem nicht vorherzusehen, wie sie reagiert, wenn der erste Freund kommt, der vielleicht kein Sportler ist und kein Verständnis dafür aufbringt. Von heute auf morgen kann alles null und nichtig sein, denn ein Sportlerleben ist mit vielen Entbehrungen verbunden, vor allem auch privater Natur.

Eines hat mich mein Vater gelehrt: Zeit darf im Spitzensport keine Rolle spielen. Meine Verletzung hat das bestätigt. Ob ich mit 20, 21 oder 25 in die Weltspitze vorstoße, verkürzt höchstens den Zeitraum, den ich dann zur Verfügung habe.

Im Kreuzfeuer der Medien

Es gibt wohl niemanden, dem es egal ist, wie er in den Medien präsent ist. Das bedeutet Bekanntheit, auf der Straße erkannt werden. Ich bin über meine Popularität nicht unglücklich, im Gegenteil. Ein schönes Beispiel ist die Hochzeit unseres Teammasseurs in Kitzbühel kurz vor meinem Comeback. Wir waren eine Gruppe Schifahrer, die da durch Kitzbühel gingen, darunter Benni Raich und Mario Matt. Und die Leute riefen: „He, der Sykora!" Ich war drei Jahre vom Sport weg gewesen, und trotzdem erkannten mich immer noch alle. Das hat sicher auch mit meiner Tätigkeit als Kommentator im ORF zu tun, keine Frage. Ich habe mich aber auch nie vor Medien verschlossen oder versteckt.

Allerdings passiert es mir oft, dass ich Dinge ausplaudere, die eigentlich noch geheim bleiben sollten. So war es auch zu Beginn von Heidis Schwangerschaft, eine Zeit, in der es bei Zwillingen durchaus passieren kann, dass man eines der beiden verliert. Wir waren mit Landeshauptmann Erwin Pröll in der Wachau Rad fahren, im Schlepptau natürlich eine Menge Journalisten. Und plötzlich stieß Pröll mit mir auf die Zwillinge an. Da erntete ich einen vernichtenden Blick von Heidi.

Ich versuche, zu allen offen zu sein, und Journalisten sind eben der verlängerte Arm der Öffentlichkeit. Mit dieser Art, zu sagen, was ich mir denke, habe ich es geschafft, meine Popularität zu verlängern, ohne mich dabei sonderlich anzustrengen. Wenn ich aber etwas sicher nicht bin und jemals sein werde, dann ein professioneller Adabei. Abschreckende Beispiele dafür gibt es genug. Eher versuche ich, Kameras zu meiden, wenn es möglich ist. Wenn jemand etwas braucht, kann er das gern haben, wenn nicht, bin ich auch froh darüber.

Das einzige wirklich negative Erlebnis, das mir in Erinnerung geblieben ist, ist die Hetzjagd nach mir und Claudia, als wir noch gar kein Paar waren. Dieser Medienrummel war mehr als kontraproduktiv. Später, als wir dann wirklich zusammen waren, fürchtete sie sich davor, als Freundin von Thomas Sykora abgestempelt zu werden, weil sie eine eigene Karriere anstrebte, und mied die Medien in dieser Frage, was nachträglich betrachtet auch nicht ganz richtig und professionell war.

Auch der Einstieg von Bernd Pansold im Höhentrainingszentrum Obertauern war ein wunder Punkt in meiner Medien-Geschichte. Ich schätze Pansold als Leistungsdiagnostiker von Weltruf, ein Spitzenmann. Aber als er in Obertauern auftauchte, geriet seine Doping-Vorgeschichte für mich mit meinem Ruf als Sportler in Konflikt. Dazu kommt noch, dass mein Onkel Gunnar Prokop ein bekennender Doping-Befürworter ist. Meine Konsequenz daraus: Ich ging weg aus Obertauern, weil ich mich nicht in diesen Dunstkreis ziehen lassen wollte.

Es gibt die Parabel von dem Mann, der öffentlich behauptete, die Hälfte des Gemeinderates seien Idioten. Worauf er wegen Rufschädigung verurteilt und zum Widerruf gezwungen wird. In diesem Widerruf stellt er klar, dass die Hälfte des Gemeinderates keine Idioten seien... So etwas Ähnliches ist mir damals auch passiert. Als in der Zeitschrift *News* stand, dass der „Giftmischer" Bernd Pansold jetzt in Obertauern sei und dass dort auch Hermann Maier, Thomas Sykora und so weiter trainierten, rief ich den Reporter sofort an, sagte ihm, ich sei dort nicht mehr dabei und erklärte ihm auch die Umstände. Was zur Folge hatte, dass im nächsten Artikel stand, ich hätte in Obertauern aufgehört, weil ich das Gefühl hätte, dass dort gedopt würde, was wieder kompletter Unsinn war.

Im Prinzip bereue ich jetzt noch, dass ich Obertauern aus diesem Grund verlassen habe, denn ich weiß heute besser denn je, welche Fähigkeiten in Sachen Leistungsdiagnostik und Trainingssteuerung Pansold hat. Er gab mir einmal ein Trainingsprogramm mit, das ich zu hundert Prozent erfüllt habe. Trotzdem stimmten nach seinen Messungen meine Werte nicht genau mit den von ihm prognostizierten überein. Erst nach längerer Diskussion ergründeten wir des Rätsels Lösung: Ich hatte zum Ausgleich ein paar Mal Tennis gespielt. In diesen Spielen überschritt ich den von ihm vorgegebenen Pulsbereich, was er in der Sechs-Wochen-Analyse merkte.

Ich weiß, dass er jetzt von Doping nichts mehr wissen will und auch anklingen hat lassen, dass die Sportmedizin und die Trainingsmethoden in Österreich die Reserven des Körpers noch lange nicht ausreizen. Dadurch kann er mit seinen Methoden mehr bringen als jeder Einsatz von Doping. Für mich versteht er am meisten von dem Prinzip des Wechselspiels zwischen Belastung und Regeneration. Seine Trainingseinheiten waren zwar extrem ausgedehnt, aber weitaus extensiver, als ich es vorher gewohnt war. Ich fühlte mich um vieles besser als sonst, kam nie in ein Übertraining und war dadurch auch nie krank. Rückblickend war mein erster Weltcup-Gesamtsieg konditionell auf seinen Bausteinen aufgebaut.

Was nicht heißen soll, dass ich so gutgläubig bin, anzunehmen, im Skisport gäbe es kein Doping; spätestens Alain Baxter hat das Problem bei der Olympiade an die Oberfläche gezerrt. Meine ganz persönliche Meinung wurde von meiner Schwester beeinflusst, die Gentechnikerin ist: Die effektivste Kontrolle böte ein Gen-Test. Eine sichere Kontrolle brächte dem Sport allgemein wieder vieles von seiner inzwischen verloren gegangenen Glaubwürdigkeit zurück, Sportler und Medien könnten sich wieder mehr auf Leistungen konzentrieren als auf das gegenseitige Belauern unter dem Motto „Wessen Leistungen sind auf normalem Wege noch zu erbringen?"

Trotzdem ist eines klar: Für Sportler ist Österreich ein Land der Seligen. Verglichen mit den Medien in Deutschland oder Italien wird man hier mit Samthandschuhen angefasst. In unserem Fall gab es auch noch Manfred Kimmel, der das Pressewesen im ÖSV über Jahre hinweg so im Griff hatte, dass vieles nicht geschrieben wurde.

Ham and Eggs

Bei einer Pressekonferenz zur Saisoneröffnung, in der Iglo als Hauptsponsor des ÖSV vorgestellt wurde, sorgte ich einmal für Aufregung, als ich auf die Frage nach meiner Lieblingsspeise „Wiener Schnitzel" angab. Es war ein längeres Interview, das dann auf die Aussage „Wir sind ja keine Sportler, wir sind nur Schifahrer" reduziert und daher etwas aus dem Zusammenhang gerissen wurde, allerdings keineswegs böswillig. Tatsache ist, dass im Schisport – anders als bei Ausdauersportlern – keine völlige Umstellung der Ernährung nötig ist. Ein Glas Wein macht bei uns ebenso wenig aus wie ein bisschen Bauchspeck; bei Marathonläufern ist das schon anders. Um dort Weltklasse zu sein, muss die Ernährung in eine völlig andere Richtung gehen. Wir ernähren uns fast „normal".

Mein Ausspruch vor der Kamera sorgte allerdings intern im ÖSV für heftige Reaktionen. Die jüngere Generation der Fahrer wie Kilian Albrecht, aber auch zum Beispiel die Konditionstrainer reagierten fast durchwegs negativ: „Spinnst du, so etwas kannst du doch nicht sagen!" „Ältere Semester" hingegen wie Hannes Trinkl oder Fritz Strobl, die das Ganze schon etwas lockerer sehen, riefen mich an und meinten: „Super, endlich einer, der sich die Wahrheit sagen traut!"

Ein Stemmer wird nie vom sogenannten „Körndlfutter" leben; er braucht sein Eiweiß, isst sein Steak. Ein Schifahrer steht etwa in der Mitte, er kann es sich leisten, auch einmal einen Schweinsbraten zu essen oder zum Frühstück Ham and Eggs. Das Klischee von der speziellen Sportlernahrung trifft also nur für einen Teil der Sportler zu.

Wir essen meist „normal", ich kenne keinen alpinen Schifahrer, der sich anders ernährt. Das einzige Zugeständnis, das ich an die sogenannte „Sporternährung" gemacht habe: Drei Jahre lang habe ich völlig auf Zucker verzichtet und nur Wasser getrunken, kaum Kaffee. Das war kein Problem, so lange ich aktiv war. Mit der Verletzung verfiel ich wieder in den alten Trott: „Gehen wir auf einen Kaffee?" Dazu ein Krapfen… da kam eines zum anderen.

Durch die Verbindung mit Heidi hat sich meine Ernährung in eine andere Richtung verlagert. Es gibt weniger Fleisch, mehr Nudeln, grundsätzlich gesündere Sachen. Das esse ich sehr gern. Aber wenn ich unterwegs bin, esse ich, was alle auf den Tisch bekommen, ohne Ausnahme. Die Rückkehr zur zuckerlosen Ernährung habe ich nicht geschafft, dafür nascht Heidi zu gern. Ich habe es eigentlich gar nicht überlegt, obwohl es für die Verletzung vielleicht gut gewesen wäre.

Einen Monat lang hielt ich mich an eine Empfehlung Willi Dungls, der mir eine chinesische Diät angeraten hatte. Es hat mir gut getan, aber letztlich war es nicht auf Dauer durchführbar, weil der richtige Koch dazu fehlte. Beim ersten Kurs stand am Abend eben Wiener Schnitzel auf dem Tisch und die einzige Möglichkeit, Dungls Ratschläge zu befolgen, waren mehr Kartoffeln und eine Zusatzportion Reis.

Österreichischer Schröcksnadel-Verband

Der österreichische Schiverband ist ein Koloss mit vielen Gesichtern. Sehr professionell, aber auch sehr steril. Wäre er das nicht, könnten die Strukturen in dieser klaren Form nicht funktionieren. Dass ÖSV oft auch als Abkürzung für „Österreichischer Schröcksnadel-Verband" interpretiert wird, ist kein Zufall. Peter Schröcksnadel und Hans Pum haben die Fäden im ÖSV in der Hand, wobei Schröcksnadel ein klassischer Diktator ist, ohne den nichts entschieden werden darf und kann.

Angesichts des Aufschwungs des ÖSV unter seiner Führung neige ich aber fast zur Ansicht, dass eine gute Diktatur immer noch besser ist als eine schlechte Demokratie.

Der Verband ist wirtschaftlich und sportlich zweifelsohne sehr gut geführt. Im Laufe der Ära Schröcksnadel hat er sich zu einem professionellen Wirtschaftsunternehmen entwickelt. Strategie: Alles wird uniformiert und gleichgeschaltet. Wir sind eine Mannschaft, wir machen alle das Gleiche, tragen alle denselben Dress, treten dort und dort auf und sagen auch alle dasselbe. Bewusst steril, aber in der Öffentlichkeit eine Einheit, in der alle an einem Strang ziehen.

Damen-Rennsportleiter Herbert Mandl (rechts) verschließt die Augen normalerweise nicht vor seinem Chef Peter Schröcksnadel.

Es gibt allerdings Ausnahmen: etwa Hermann Maier, oder ich selbst, da ich als „Flachländer" immer in einer exponierten Position war. Auch Michaela Dorfmeister ist ein gutes Beispiel dafür und sie stellt sich medial zumeist bewusst anders dar als die meisten übrigen Damen.

Aber letztlich führen alle Stränge zusammen. Wenn Medientag ist, egal wo, haben alle da zu sein und sind auch alle da. Das gehört zum Geschäft. Diese fast paramilitärische Führung ist wohl nötig, um den Verband zusammen zu halten.

Im Falle einer Elfi Eder hat diese straffe Organisation nach außen hin negativ gewirkt, der Weg von straff bis starr ist nicht weit. Aber gerade ich, der ich fast für Holland gefahren wäre, kann beurteilen, wie gut man es im ÖSV-Nest trotzdem hat; heute bin ich froh, dass es damals nicht geklappt hat. Die Entscheidung für Österreich war für mein Image und auch für die Karriere besser, weil ich mich immer mit gleich

Starken oder Besseren messen konnte. Ob ich als Einzelkämpfer für Holland genauso stark geworden wäre, lässt sich natürlich nicht sagen, aber sicher nicht mit dieser Popularität. Ich wäre nicht der Niederösterreicher gewesen, sondern der Holländer. Und in Holland hätte ohnehin kaum jemand Anteil genommen, da wäre es mir so gegangen wie Vastic in Österreich, der nie so populär sein wird wie Herzog.

Auch Girardelli ist kein Luxemburger, sondern ein Vorarlberger, und trotzdem wurde er in Österreich gnadenlos ausgepfiffen.

Auch von der finanziellen Seite her steht ein ÖSV-Läufer besser da. Das kann ich insofern beurteilen, als ich die Situation von Claudia Riegler genau kenne, die als Halb-Neuseeländerin (ihre Mutter stammt von dort) weitaus mehr Neuseeländerin ist, als ich Holländer gewesen wäre. Da Neuseeland aber nicht gerade schiverrückt ist und in Österreich nur jemand Aufhebens um sie macht, wenn sie gewinnt, hat sie es natürlich weitaus schwerer. Wird sie Vierte, schert sich bei uns niemand darum. Wäre sie als Vierte beste ÖSV-Fahrerin, stünde sie bei uns überall in der Zeitung, und das könnte sie ausnützen und auch Kapital daraus schlagen.

Peter Schröcksnadel unterstützt auch seine Sportler, ob es Läufer oder Schispringer sind, durch Materialdeals oder die Suche nach persönlichen Sponsoren. Ob es besonders günstig ist, dass der ÖSV als Verband einzelne Sportler vermarktet, wie etwa Hermann Maier, Mario Matt, Benni Raich oder Andreas Widhölzl, lasse ich dahingestellt, weil die Optik nicht mehr ganz klar ist. Wenn es auf Messers Schneide steht, wer bei Olympischen Spielen oder einer Weltmeisterschaft starten darf und wer nicht, ist der Verdacht der Einflussnahme immer da, ob sie nun stattfindet oder nicht. Ein Konfliktpotenzial ist in jedem Fall vorhanden. Letztlich aber hat wieder jeder die Chance, ihm zu sagen: „Peter, ich will vom ÖSV vermarktet werden!"

Schröcksnadel wird hofiert wie ein Star, ist mit Sicherheit eine der bekanntesten Persönlichkeiten des Schiverbandes. Wahrscheinlich war er das Beste, was dem Verband passieren konnte, denn erst durch seine Professionalität und Liebe zum Schisport hat sich dieses Wunderteam gebildet.

Thema Nummer 1: das liebe Geld

Als ÖSV-Läufer unterwirft man sich natürlich auch im finanziellen Bereich sehr strengen Spielregeln. Man darf zum Beispiel nur Firmen als persönlichen Sponsor nehmen, die der ÖSV genehmigt, weil sie nicht mit Firmen konkurrieren, die als Sponsoren im Schipool vertreten sind.

Ein Beispiel: Telekom ist Sponsor bei den Damen. Die Folge ist, dass kein Fahrer, auch keiner der Herren, etwa One oder Telering als Kopfsponsor nehmen darf. Gerade dieses Konkurrenzverhältnis wäre der ideale Nährboden für gute Einzelverträge, das könnte durchaus unseren Marktwert steigern. Aber das lehnt der ÖSV ab.

Dazu hat der Schiverband noch die Möglichkeit, bei Einzel-Werbeaktionen seiner Sportler mitzunaschen. Es steht dem Aktiven zwar frei, zusätzliche Werbegelder zu lukrieren (sofern dies nicht den Pool-Bestimmungen widerspricht), wie viel davon aber direkt in die Verbandskassa weiterzuleiten ist, das ist Verhandlungssache und kann bis mehr als die Hälfte betragen.

Die einzige frei vermarktbare Fläche auf der Ausrüstung eines Schifahrers ist das Stirnband bzw. der Helm. Diese Sponsoren müssen nicht dem Schipool angehören, sie dürfen nur nicht in Konkurrenz mit einem Schipool-Sponsor stehen. Wenn Eberharter Uniqa hat und Sykora die Niederösterreichische Versicherung, dann spricht nichts dagegen, solange nicht im Pool die Generali sitzt. Dadurch ist der Spielraum an möglichen Sponsoren aber sehr klein, weil die meisten, die im Schisport auftreten, schon im Schipool sind. Für mich wurde sogar eine der wenigen Ausnahmen gemacht, weil die Bundesländer-Versicherung noch im Pool war, als ich bei der Niederösterreichischen Versicherung unterschrieb.

Die Summe, die man damit erzielen kann, ist nicht limitiert und richtet sich einzig nach Popularität und Verhandlungsgeschick des Sportlers oder seines Managers, 20 Prozent davon gehören aber dem Schiverband. Zu Beginn einer Karriere ist diese Sponsorsumme meist auf Prämien aufgebaut, später, wenn der Erfolg da ist, wandelt sich das mehr in Richtung Fixum.

Ich führte einmal Verhandlungen mit dem Molkereikonzern NÖM und legte drei Varianten vor: nur Fixum, nur Prämien und eine Mischform. Der NÖM-Manager verwarf die Varianten Fixum und Mischform sofort und wollte rein auf Prämien setzen, worauf ich ihm eine Rechnung zeigte, was herauskäme, wenn mir noch einmal eine solche Saison gelang wie die vorhergehende. Das war das Jahr meiner Seriensiege. Er hat hart geschluckt und die Mischvariante akzeptiert.

Wie begrenzt man in den Möglichkeiten ist, zeigte sich bei mir, als ich mit Milka verhandelte und die Idee auftauchte, ich könnte als eine Art „lila Kuh" fahren, also mit einem lila Rennanzug. Das mag man finden, wie man will, mir war auch nicht gerade wohl bei dem Gedanken, aber finanziell wäre das den Philipp-Morris-Bossen einiges wert gewesen. Der ÖSV hat abgelehnt, weil er die Folgewirkung befürchtete, dass irgendwann jeder in einem eigenen Outfit fahren würde.

Mit dem, das man direkt vom ÖSV bekommt, finanziert man keine goldenen Nasen, im Gegenteil. Das Geld, das im Schipool übrigbleibt, wird nach einem Schlüssel der Anzahl der Stockerlplätze aufgeteilt. Eine rein leistungsorientierte Geschichte, für den Großteil der Läufer in Summe ein Pappenstiel, fast nichts.

Mein Trainingshang bei Nacht. Die Flutlichtanlage war zwar wichtig, um die Trainingszeiten ausdehnen zu können, ein Flutlichtrennen habe ich im Weltcup aber trotzdem nie gewonnen.

Kathrin Zettel ist für mich eines der größten Talente Österreichs;
mein Vater und ich, wir haben ein Auge auf sie.

Ein erblondeter, rekonvaleszenter Sportler verliebt sich in seine Therapeutin.
Ganz still und heimlich tauschten wir am 2. September 2000 die Eheringe.
Ein Erinnerungsfoto an das kleine Fest im Schloss Hernstein.

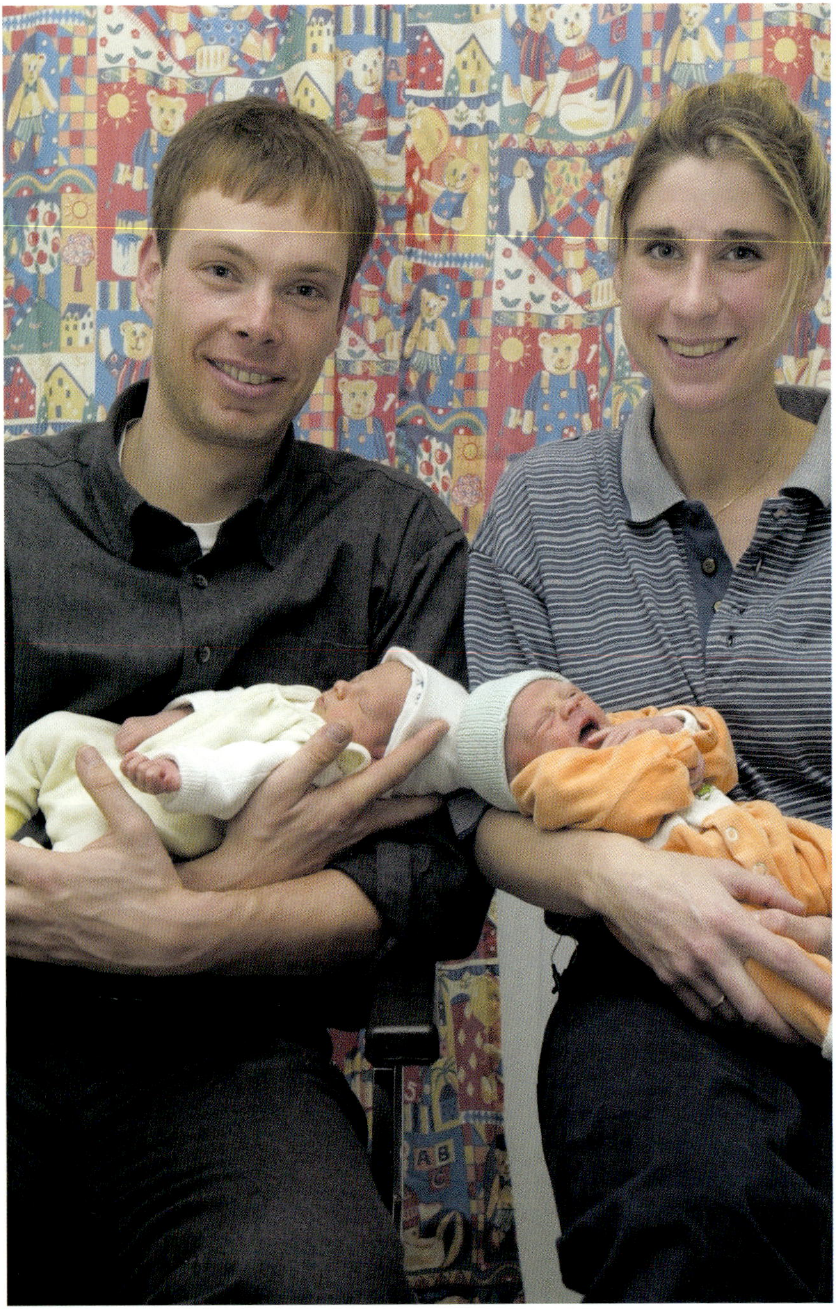

Glückliche Eltern mit den gerade eine Woche alten Zwillingen.

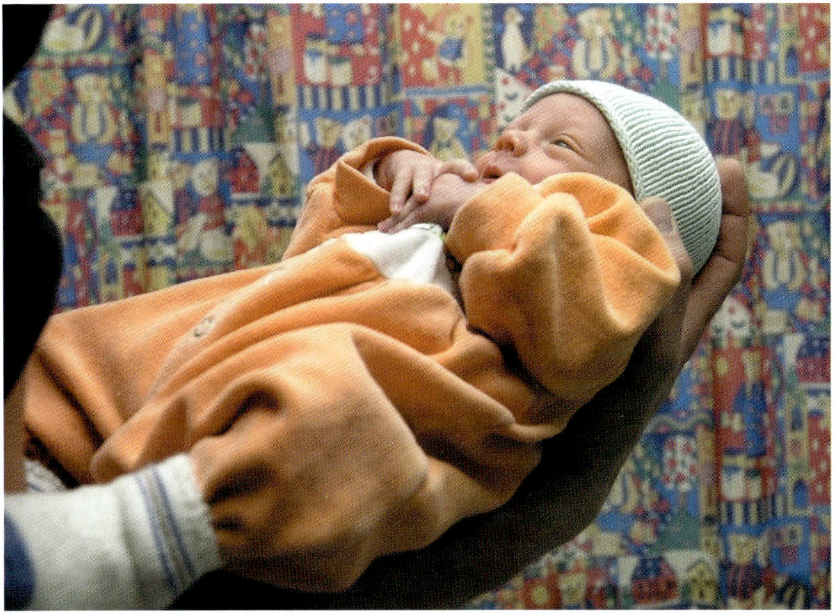

Jakob passt nach seiner Geburt gerade auf meine Handfläche.
Ein Jahr später tummeln sich die beiden schon vergnügt im Schnee auf dem Hochkar.

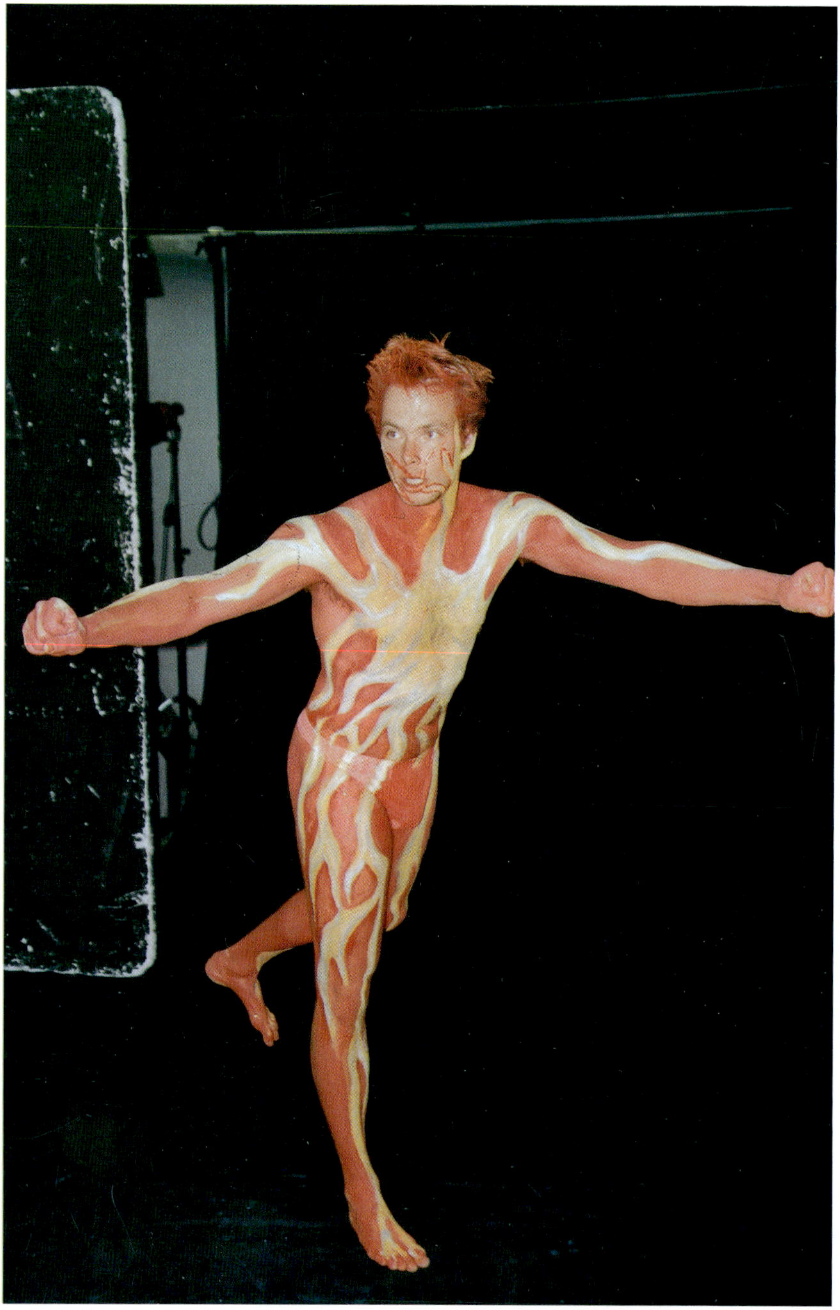

Futuristisch: Bodypainting für eine Illustrierte.

Tante Martina (rechts) mit ihren Kindern Tatjana und Matthias bei der Taufe der Zwillinge, links Heidis Schwester Eva.
Oma Flora mit Enkerl Jakob.

Die letzten Tore als aktiver Rennfahrer: mein Abschlussrennen in Kitzbühel 2002. Foto: Hans Bezard

Das ist jetzt meine Welt: die Schirmbar am Hochkar, die sich zum Schifahrertreff entwickelt hat.

Trotz allem ist der alpine Schilauf noch die Wintersportart, in der man als Spitzenathlet am besten verdienen kann. Man wird sicher kein Krösus wie Thomas Muster mit einer Mega-Farm in Australien oder wie ein Weltklasse-Fußballer, aber als Alpiner steht man zumindest in Österreich finanziell weit über den übrigen Schisportarten, auch über den Schispringern, mit Ausnahme vielleicht von Andreas Goldberger in seiner erfolgreichsten Zeit.

Ich habe gutes Geld verdient, das ich zu Beginn in meine Trainings-Infrastruktur gesteckt habe, später in den Aufbau meines Betriebes auf dem Hochkar; außerdem gehören mir zwei Wohnungen in Salzburg und eine in Wien.

Ein treuer Partner

Heute weiß ich, welche möglichen und unmöglichen Erklärungen an den Stammtischen kursierten, warum ich meine Karriere fortsetzen wollte. Kaum jemand tippte auf die Freude am Sport, zumeist wurde mein Sponsorvertrag bei der Niederösterreichischen Versicherung herangezogen. Die vielen „Insider" spekulierten mit Fantasiesummen, die mir mein Kopfsponsor zahlen müsse, sollte ich unerwarteterweise doch noch einmal bei einem Weltcuprennen starten.

Tatsache ist, dass ich einen frisch unterschriebenen Vertrag über zwei Jahre hatte, der mich zum zweithöchst dotierten Schifahrer Österreichs hinter Hermann Maier machte – und dass ich mich dann verletzte. Ich war aber im zweiten dieser zwei Jahre als Co-Kommentator im ORF tätig, was sich auch auf den Werbewert für den Sponsor positiv niederschlug. Trotzdem weiß ich nicht, ob es eine Vertragsverlängerung gegeben hätte, wäre mein Partner nicht Johannes Coreth gewesen. Er lässt einen nicht so schnell fallen, das hat er auch bei Barbara Paulus bewiesen, der er trotz ihrer langen Verletzungspause die Sponsor-Treue gehalten hat.

Mein Vertrag war nach den zwei Jahren ausgelaufen und bei den Verhandlungen über die Verlängerung spielten zwei Faktoren eine Rolle. Erstens die oben angesprochenen Werbewertergebnisse und zweitens meine Zusicherung, unbedingt ein Comeback anzustreben. Ich legte Coreth klar: „Wenn du mich unterstützt, kann ich dieses Wagnis auf mich nehmen." Und er sagte darauf: „Das ist kein Thema, wir stehen zu dir, du bekommst deinen Vertrag." Dieser Vertrag war natürlich nicht mehr ganz so hoch dotiert wie der vorherige, hatte aber die Klausel, dass er im Falle meines Comebacks wieder auf dieses Niveau angehoben würde. Dazu waren fünf absolvierte Weltcuprennen Voraussetzung.

Eines ist aber völlig klar: Ich wäre nie mit dem Wissen in ein Comeback gegangen, dass ich es ohnehin nicht schaffen könne, nur um zu kassieren. Geld macht kein kaputtes Knie mehr heil und auch kein ruiniertes Image, denn eine Blamage wäre unter diesen Voraussetzungen unausbleiblich gewesen. Gott sei Dank habe ich so viel Geld als Schifahrer verdient, dass ich so etwas nicht nötig hatte.

Was sich zusätzlich finanziell positiv ausgewirkt hat, ist natürlich der Schifahrer-Erlass, der mich als Mitglied des Nationalteams steuerlich begünstigt. Übrigens heißt er gar nicht mehr Schifahrer-Erlass, weil auch alle anderen Sportler, die großteils im Ausland ihr Geld verdienen, wie etwa Alexander Wurz, in diese Kategorie einbezogen wurden.

Es ging um den besten Schi

Der Hauptsponsor und der Vertrag mit der Schifirma sind die wichtigsten Einnahmequellen jedes Schifahrers. Dazu kommen die Firmen für Schuhe, Brillen und Stöcke. Jede Ausrüsterfirma verhandelt individuell mit jedem Sportler, sie muss nur dem Schipool angehören.

Am ehesten verdient man mit Schi-Verträgen. Das war für mich bei meinem Comeback aber weniger wichtig. Mir ging es nicht mehr ums Geld, sondern um das beste Material. Aber auch früher war das schon so: Beim Wechsel von Elan zu Salomon verzichtete ich auf fünf Millionen Schilling und entschied mich für das 2,5-Millionen-Angebot von Salomon und gegen den Vertrag mit über 7 Millionen, der mir von Elan offeriert worden war.

Bei Atomic verdiente ich in diesem Comeback-Jahr ein Zehntel dessen, was ich früher herausgeholt hatte. Es ging letztlich nicht ums Geld, sondern um die beste Unterstützung durch die Firma. Atomic schneidert für jeden Fahrer das optimale Paket. Der eine fährt kürzere Schi, der andere längere, der eine weichere, der andere härtere, der dritte bekommt seinen Schuh völlig umgebaut, wie es auch bei mir der Fall war. Optimale Betreuung und Flexibilität war für mich in meiner Situation mehr wert.

Dadurch ergibt sich auch der Unterschied zwischen dem Schi eines Rennfahrers und einem Kaufhausschi. Der Rennschi ist anders produziert und wird auch viel „giftiger" präpariert. Ein solcher Schi rutscht nicht wie ein Serienschi, den man über bestimmte Passagen „drüberschmieren" kann. Man muss immer genau auf der Kante fahren, was mehr Kraft und Konzentration fordert. Um einen Eishang zu bewältigen, braucht man eben so bissiges Material. Otto Normalverbraucher würde mit einem solchen Schi nicht allzu viel Freude haben. Um den erfolgreich führen zu können, braucht man schon ausgezeichnetes Schilehrerniveau. Aber ich bin mir fast sicher, dass auch ein solcher guter Schilehrer mit einem Serienschi leichter fahren könnte. Wirkliche Vorteile bringt ein Rennschi erst dann, wenn man ihn in einem Rennen richtig einsetzt.

Das ist ein Unterschied wie zwischen Rennauto und Limousine. Die Limousine kann auch sehr schnell sein und reagiert relativ gutmütig, kann aber nie mit einem Rennwagen mithalten. Wenn man bei dem das Schalten und Bremsen nicht genau beherrscht, liegt man nach der nächsten Kurve in der Botanik. Ich würde mir nicht zutrauen, einen Formel-1-Boliden zu beherrschen.

Heisses Pflaster Politik

Jeder weiß, dass zwischen mir und dem niederösterreichischen Landeshauptmann Erwin Pröll ein Naheverhältnis besteht, nicht nur, weil meine Tante seine Stellvertreterin ist. Er war zum Beispiel auch Ehrenpräsident des Sykora-Fanclubs.

Wir waren uns immer bewusst, dass diese Beziehung von seinen Politkollegen, vor allem den Konkurrenten, sehr genau im Auge behalten wird. Auch angesichts dessen haben wir es peinlichst vermieden, dass ich auch nur in den Geruch einer Bevorzugung kam; durch unsere öffentliche Präsenz wären wir beide zu angreifbar gewesen. Trotzdem hatte ich natürlich Vorteile, etwa beim Bau meines Betriebes, wo ich umfangreiche Information und Beratung innerhalb unbürokratisch kurzer Zeit erhalten habe.

Ich könnte mir niemals die Blöße geben, mehr Förderung zu urgieren oder gar zu erhalten. Erwin Pröll weiß, dass ich von der politischen Gesinnung her in seinem Lager bin. Das ist aber nicht der Grund für diese persönliche Beziehung, wir haben uns einfach von Anfang an sehr gut verstanden.

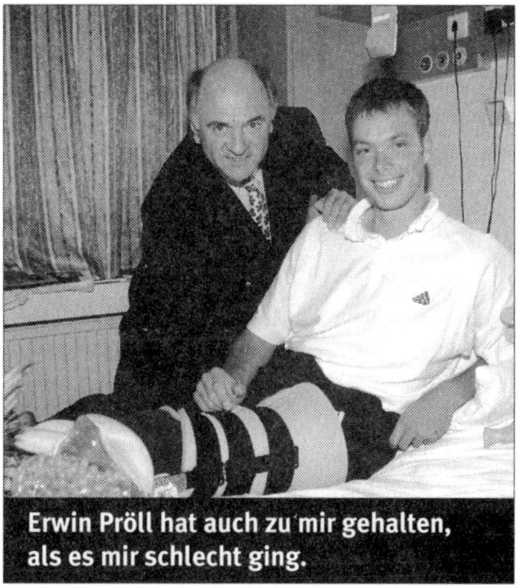
Erwin Pröll hat auch zu mir gehalten, als es mir schlecht ging.

Bei meiner ersten Weltcupparty in Göstling, als er eben die Wahl gewonnen hatte, sagte ich zu ihm: „Wenn ich einen Politiker einladen wollte, dann dich, auch wenn du nicht Landeshauptmann geworden wärst.“ Diese Beziehung geht tiefer als das Oberflächliche zwischen Landeshauptmann und Spitzensportler. Wenn eine andere Fraktion an die Macht käme, wäre trotzdem er mein Ansprechpartner – eben weil er so ist, wie er ist.

Kurzfristig wurde einmal mit dem Gedanken gespielt, ob ich nicht in die Politik einsteigen solle. Erwin Pröll hat das aber nicht weiter verfolgt, weil er gespürt hat, dass ich keinen Gedanken daran verschwendete und alles auf das Comeback konzentrieren wollte. Ich war damals nicht bereit, einzusteigen, und so lange Heidi etwas zu reden hat, werde ich wohl auch nicht bereit sein.

Ich muss allerdings zugeben, dass mich die Sache reizen würde. Hätte ich keine Familie, würde ich wohl blind ja sagen, gesetzt den Fall, ich würde gefragt.

Andererseits hätte ich aber auch Angst davor, denn damit wäre mein Privatleben auf null reduziert. Ich kenne das Leben der Liese Prokop, die spät heimkommt und früh wieder weg muss und die ganze Zeit über ihre Kinder nicht gesehen hat. Und hat sie Urlaub, steht trotzdem der Sekretär vor der Tür, für den sie Akten durchsehen muss.

Gewisse Dinge, die mir in Fragen der Lebensqualität ungemein wichtig sind, wären dann wahrscheinlich nicht möglich, etwa jeden Tag meine Sporteinheit in aller Ruhe. Nicht um vier Uhr früh laufen gehen, um rechtzeitig weg zu kommen, um Termine erledigen zu können. Ich wäre todunglücklich, wenn ich dann deswegen Speck ansetzen würde und ich will auch nicht gezwungenermaßen, weil alle so gemütlich sind und mit dem Politiker gut Freund sein wollen, einen Schnaps nach dem anderen trinken.

Die Freiheit, die meine Eltern haben, sich am Samstag frühmorgens ins Auto zu setzen und irgendwo eine Bergtour zu unternehmen, bedeutet mit Sicherheit weitaus mehr Lebensqualität, als von einem Empfang zum anderen zu hetzen. Mein Vater war immer da, er hat mir so viel an Zeit gewidmet; nachträglich betrachtet würde ein Stück meines Lebens fehlen, wenn er das nicht in dieser Intensität getan hätte. Ich will nicht, dass meine Kinder ohne mich aufwachsen. Sie würden mir genauso fehlen wie ich ihnen.

Es ist mir sehr wohl bewusst, dass ein Großteil der Familienväter sehr viel ihrer Zeit nicht zu Hause verbringen. Aber ich bin eben in der glücklichen Lage, es mir einteilen zu können, und das will ich nützen. Es wäre natürlich auch möglich, dass mir nach meiner Karriere so langweilig ist, dass ich unausstehlich werde und mich meine Familie fortschickt, damit sie ihre Ruhe hat. Warten wir's ab.

Ein mahnendes Beispiel für mich ist Patrick Ortlieb, der deswegen gescheitert ist, weil er seiner Popularität vertraut hat. Er ist von null auf hundert gestartet, sofort in die Bundespolitik eingestiegen und war im Parlament plötzlich auf dem Abstellgleis, weil es eben sehr schwierig ist, sich dort als Neuling zu behaupten. Das würde ich nie tun. Die Politik und ihre Wege muss man erst verstehen lernen, sonst stolpert man zu leicht über die Steine, die dort liegen.

Wenn ich jetzt als Quereinsteiger sofort Sportlandesrat würde, wäre das weder für mich noch für den Sport von Vorteil. Viele wurden schon ins Wasser gestoßen und haben dadurch schwimmen gelernt, aber noch viel mehr sind dabei ertrunken. Lieses Weg war viel besser, sie ist nach und nach in das politische Getriebe hineingewachsen und ist heute eine unumstrittene Persönlichkeit in der Sportpolitik Österreichs.

Eine politisch orientierte Aktion war meine Wahl zum Mitglied des ORF-Publikumsrates. Ich habe aus meiner ÖVP-nahen Gesinnung nie ein Hehl gemacht. Beim Trainingskurs in Zermatt wurde ich vom Büro der Generalsekretärin Maria Rauch-Kallat angerufen, ob ich mich nicht zur Wahl des Publikumsrates aufstellen lassen wolle, und zwar in der Kategorie Jugend. Ich sei von Landeshauptmann Pröll empfohlen worden. Ich erbat mir Bedenkzeit, weil ich ja doch mit einer späteren Tätigkeit als Co-Moderator im ORF liebäugelte und mir das alles überlegen wollte. Ich erhielt sie, aber nur zwei Stunden, weil die Nominierung schon vor dem Abschluss stand. Da der Name Erwin Pröll gefallen war, ließ ich mich schließlich aufstellen. Allerdings unter der Bedingung, keine PR-Auftritte machen zu müssen und im Falle einer Wahl für einige Winter-Sitzungen während der Weltcuprennen fehlen zu dürfen. Ich wurde in der Kategorie Jugend Zweiter hinter Andrea Konrad, der „Magenta“ aus *Taxi Orange*, und war nicht wirklich unglücklich darüber. Dann allerdings hat mich der Bundeskanzler als seinen Kandidaten nominiert und jetzt bin ich doch im Gremium.

GÖSTLING UND DIE GÖSTLINGER

Ich bin kein Eingeborener, sondern ein „Zua'groaster“ vom Annaberg, der erst mit fünf Jahren hierher gezogen ist. Das bekam ich in den ersten Schuljahren auch zu spüren. Die Göstlinger sind eben eine Clique, in die aufgenommen zu werden man sich erst verdienen muss. Doch ich habe mich bald als echter Göstlinger gefühlt. Dazu gehört, dass man diesem Ort verbunden bleibt, und das bin ich. Während ich mit dem Schizirkus in der Weltgeschichte herumreiste, wusste ich immer, dass ich auch nach meiner aktiven Zeit hier bleiben würde. Ich war viel unterwegs, aber ich habe keinen Flecken gefunden, wo es mir so gut gefallen hat wie hier. Die Landschaft ist nicht hochalpin, sondern sanfter, aber doch noch gebirgiger als das klassische Alpenvorland. Nur die Gegend um Schladming gefällt mir ähnlich gut wie Göstling und vor allem das Hochkar.

Das Hochkar ist mit seinen 1355 bis 1808 Höhenmetern das schneesicherste Schigebiet Niederösterreichs. Auch wenn es nicht so groß ist wie etwa der Arlberg, sind hier alle Möglichkeiten für Schifahrer vorhanden, mehr kann man sich nicht wünschen. Bevor der Leser jetzt die Fußnote „Entgeltliche Einschaltung des Fremdenverkehrsamtes Göstling“ sucht: Das ist meine ganz persönliche Überzeugung und dazu stehe ich. Hotelburgen und andere Auswüchse sucht man hier vergebens. Ein Ort, in dem alles ausgelegt ist auf ein Leben ohne Tourismus, in dem aber Fremdenverkehr herrscht.

Mir gefallen die Häuser hier, die Bauernhöfe, wie sie früher gebaut wurden, mit großen, steilen Dächern, ein Ausdruck von Schlichtheit und Einfachheit, der mich immer wieder beeindruckt.

Es herrscht auch ein gewisser „Nationalstolz" der zuvor angesprochenen Clique. Göstling mit seinem Hochkar konkurriert mit dem nahen Lunz und seinem See ähnlich wie das Ötztal mit dem Tuxer Tal in Tirol. Im Göstlinger Gemeindegebiet wird dieser Kantönligeist noch einmal auf den Unterschied zwischen dem Ort Göstling und dem Hochkar herabgebrochen. Wenn es gegen außen geht, halten alle zusammen, aber letztlich sind die einen die Göstlinger und die anderen die Hochkarler, punktum.

Sie sind das Urbild des rauen Bergvolkes. Dickköpfig, emotionell, auf ihr Recht pochend. Liebenswerte Polterer, die ganz schnell den weichen Kern nach außen kehren, wenn es ums Private geht. In Gesellschaft von Göstlingern einen Abend zu verbringen, heißt die Uhr draußen lassen und warten, bis es hell wird. Eine Einladung bedeutet essen, bis der Bauch platzt, danach der unvermeidliche Schnaps, gefolgt von weiteren Alkoholika. Ein geselliges Volk, das gern beisammen sitzt und feiert. Viele Zeltfeste anderswo müssen wegen mangelnden Zuspruchs abgeblasen werden, das Göstlinger Pfingstfest aber platzt jedes Mal aus allen Nähten.

Mein Fanclub passte genau in dieses Schema: „Wehe, wenn sie losgelassen." Diese Gruppe war im ganzen Schiweltcup wegen ihrer urigen, offenen Art bekannt, ohne allerdings ausschweifend zu werden: negative Schlagzeilen über meine Fans hat es nie gegeben. Ich bin auch stolz darauf, dass nicht ich selber es war, der diesen Fanclub ins Leben gerufen hat, wie es bei einigen anderen Schifahrern der Fall war, sondern mein Freund Robert Fahrnberger, der auch alles organisierte. Immerhin waren diese Leute in Gruppen unterschiedlicher Größe bei fast jedem Weltcuprennen, das ich bestritten habe, haben um sechs Uhr früh ihre Transparente im Zielraum aufgebaut, damit sie ihrem Platz frühzeitig besetzt hatten. Ob in Lillehammer bei minus 20 Grad oder sogar in Nagano, sie waren dabei und eine moralische Stütze, ein Gruß aus der Heimat. Und das zu Eigenkosten in Höhe von oft Zigtausend Schilling, etwa in Nagano.

Auch die Reaktion dieser Leute auf mein Schicksal hat mir sehr viel gegeben. Nach dem Unfall haben sie ihre Fahnen und Kuhglocken eingemottet unter dem Aspekt, sie wieder hervorzuholen, wenn ich in den Weltcupzirkus zurückkehre. Und das taten sie dann auch. Um so mehr tut mir heute meine Reaktion damals in der Sierra Nevada leid, als ich mich nach den wenigen Toren des WM-Slaloms in meinem Frust im Hotel verkrochen und sie nicht besucht habe, worauf sie mit vollem Recht verärgert waren. Das hat sich allerdings dann bald wieder eingerenkt.

Ewald Mandl, Helmut Janz, Johannes Putz, Kurt Ruspekhofer – diese Namen sind untrennbar mit dem Begriff „Freundschaft" verbunden. Das sind Pfundskerle, die mich mein ganzes Leben begleitet haben und immer da sind, wenn ich sie brauche. Ohne sie hätte ich nie Professionalität in meine Karriere bringen können. Steine aus dem Hang klauben, Eis aufspritzen, das ist eine Unmenge Arbeit, die niemand sieht. Und als mein Haus gebaut wurde, genügte ein Anruf, wann immer etwas zu machen war.

Wenn man in Göstling Namen sagt, meint man immer ganze Familien. Eine der bekanntesten – und größten – ist die von Ewald Mandl, dessen Bruder der ÖSV-Trainer Herbert Mandl ist. Ewalds gleichnamiger Vater ist ein gewichtiger Bauer, Statur Ottfried Fischer, zumeist mit nacktem Oberkörper anzutreffen, Sommer wie Winter. Sein Hof namens Ernreith war der Schauplatz meines größten „Absturzes" überhaupt. Ich war gerade 20 und hatte am Hochkar ein FIS-Rennen gewonnen. Woraufhin es – fast unvermeidlich – hieß: „Jetzt gehen wir feiern!"

Bis dahin hatte ich Alkohol höchstens zum Einreiben benützt. In Erwartung der Dinge wollte man mich nicht mit dem Auto fahren lassen, sondern chauffierte mich auf den Ernreith-Hof. Mit dabei meine Freunde Ewald Mandl, Rainer Herb, dessen zukünftige Frau Maria (auch eine Tochter des Hauses), Johannes Putz, Heli Janz und natürlich der Hausherr.

Begonnen hat es mit einem „Siebenfinger-Tee": fünf Finger Schnaps, zwei Finger Tee. Dazu Eierspeise und Bauernkrapfen. Um den „Tee" hinunterzuspülen, der mir zu stark war, trank ich Bier nach. Der Ernreither verkündete sein Credo: „Musst g'scheit essen, Bua, dann hast a guate Unterlag!" Und ich aß alles, was greifbar war, dazu den extrem süßen, aber hochprozentigen Tee. Irgendwann bot mir der Ernreither das Duwort an (während Rainer Herb, der schon jahrelang mit seiner Tochter zusammen war, noch immer Sie sagen musste) und ging dann schlafen. Wir feierten weiter. Ich sackte immer öfter rücklings gegen die Wand, wo allerdings die Blätter einer Pflanze herabhingen, die ich mit dem Kopf so ausdrückte, dass danach wegen der grünen Flecken an der Mauer neu gefärbelt werden musste.

Dann setzt meine Erinnerung aus; erst im Haus von Rainer Herb kehrte sie wieder. Als ich aufwachte, hatte mein Sichtfeld die Form eines großen Kübels, der zwar leer war, aber trotzdem ziemlich stark roch. Den Inhalt meines Magens soll ich – so hörte ich später – während der Autofahrt in die Landschaft verteilt haben. Rainer hatte mir den Kübel für alle Fälle vermacht, sich dann noch zur Sicherheit zu mir gelegt und letztendlich selber für

Meine Göstlinger Freunde Rainer Herb und Herbert Mandl.

die Schweinerei gesorgt, die er bei mir verhindern wollte. Habe ich erwähnt, dass er ein guter Freund ist? Er ist ein sehr guter Freund, bis zur Selbstaufgabe.

Weltcup auf dem Hochkar

Bestrebungen, ein Weltcuprennen auf dem Hochkar durchzuführen, waren bereits im Gange. Warum nichts daraus geworden ist? Den Proponenten hat die nötige Konsequenz gefehlt. Ich glaube noch heute, dass es möglich gewesen wäre.

Peter Schröcksnadel war einmal hier, hat meinen Trainingshang besichtigt und einige Änderungen urgiert, die unumgänglich gewesen wären. Der Trainingshang in seiner jetzigen Form ist zu kurz, er hätte um gut 400 Meter verlängert werden müssen.

Die ganze Sache wurde aber nie konkret angegangen, schon in dieser Phase wurde der Weltcup zerredet. Ganz Göstling wollte, aber passiert ist nichts. Dass der Schiclub damals eine Mithilfe bei der Verlängerung verweigerte, weil man nicht „dem Sykora den Trainingshang herrichten“ wollte, ist ein unrühmliches Kapitel in meiner ansonsten guten Beziehung zum SC Göstling.

Landeshauptmann Erwin Pröll war Feuer und Flamme und stand voll hinter dem Projekt. Er war sehr, sehr enttäuscht darüber, dass es nicht zu Stande gekommen ist.

Natürlich wäre es schwierig gewesen und hätte eines Kampfes bedurft, denn der ÖSV bekommt ein Kontingent an Schirennen für ein Jahr und die müssen in Österreich aufgeteilt werden. Dass die westlichen Bundesländer ein Übergewicht haben, ist nur normal. Solche Umstände erfordern eben zusätzlichen Einsatz. Am Semmering wurde bewiesen, dass es geht. Man richtete FIS- und Europacuprennen aus, immer nach dem Motto „steter Tropfen höhlt den Stein“, packte dann an einem Kitzbühel-Wochenende die führenden FIS-Funktionäre in einen Hubschrauber und flog sie auf den Semmering. Das war Konsequenz, der unbedingte Wille, den man bei uns nicht gespürt hat. Wir hätten wohl nicht jedes Jahr ein Rennen bekommen, aber alle fünf Jahre sicherlich. Dass es möglicherweise in eine Phase gefallen wäre, in der ich schon verletzt war, wäre zwar eine Ironie des Schicksals gewesen, aber Weltcup ist Weltcup. Ein Rennen darf ohnehin nicht an einer Person aufgehängt werden. Das hat man bei Flachau gesehen, das ein Weltcupfinale zugesprochen bekam und ausgerechnet dann konnte Superstar und Lokalmatador Hermann Maier nicht fahren, weil er verletzt war.

Eine Studie von Herbert Mandl, der damals nicht ÖSV-Trainer war, hat ergeben, dass der Hang zu kurz sei und dass es zu wenige Hotelbetten in der entsprechenden Kategorie gebe. Alles Dinge, die wir vorher schon wussten. Wenn man der FIS ein gutes Rennen mit zahlreichen Zuschauern hätte liefern können, dann hätte sie wohl in Kauf genommen, dass bei der Unterbringung Abstriche gemacht werden müssten. Einige Läufer hätten via Shuttle von weiter her geholt werden müssen, einige weniger Komfort akzeptieren. Dazu kam natürlich die lange Hochkar-Straße, die nur mittels Shuttlebussen befahren hätte werden können, aber auch diese Hürde wäre zu überwinden gewesen. Vielleicht wäre das sogar die Möglichkeit gewesen, eine längst fällige Sanierung dieser Straße anzudenken. Oder eine lange Piste plus Lift bis nach Lassing ins Tal? Der Fantasie sind keine Grenzen gesetzt, aber man traute sich nicht einmal zu denken. Den „Gnadenschuss" hat das Projekt Weltcup dann in dem Augenblick erhalten, als meine Sehne riss.

Ein ketzerischer Gedanke geistert schon lange in meinem Kopf herum. Schladming will die Weltmeisterschaft 2009 wieder nach Österreich holen. Warum trauen wir uns so etwas nicht zu? Eine Piste ins Tal brächte einen Ausbau als Schigebiet, wie es das in weitem Umkreis nicht gibt und wie es in St. Anton bei der WM 2001 gemacht wurde. Schladming wurde auch durch die Weltmeisterschaft 1982 groß. Da fließen öffentliche Gelder, mit denen einiges geschaffen werden könnte. Das Schigebiet Göstling/Hochkar wäre um nichts schlechter als die Planai, die Hotellerie käme von selbst und/oder würde im Rahmen einer WM verbessert – und später weiter genützt.

Im Laufe der vergangenen Jahre ist alles sehr viel schwieriger geworden. Wir haben es einfach verschlafen, den entscheidenden Schritt zu tun. Der Semmering hat von den Weltcuprennen extrem profitiert, nicht nur was die Bekanntheit und das Image betrifft, sondern vor allem durch die Investitionen und Förderungen der öffentlichen Hand für die Rennen, was eine deutliche Verbesserung der Infrastruktur zur Folge hatte.

Auf „normalem" Wege ist jetzt auf dem Hochkar nichts mehr zu verändern, jetzt hilft nur noch ein Kick, etwas Besonderes. Jetzt ist Kreativität gefragt.

Der Schumacher-Fan

Ich liebe die Formel 1 und lasse kaum ein Rennen aus. Früher war ich Lauda-Fan, dann verehrte ich Gerhard Berger und jetzt Michael Schumacher. Als Bub flitzte ich mit dem Rad durch enge Kurven und stellte mir vor, ich sei Niki Lauda.

Die Bewunderung für Schumacher, die ja nicht alle Österreicher teilen, fußt auf einem Erlebnis in Monte Carlo. Patrick Ortlieb und ich waren von Philipp Morris zum Grand Prix eingeladen. Philipp Morris ist der Konzern, zu dem sowohl Milka als auch Marlboro gehören; Marlboro war damals Sponsor von Ferrari und auch von McLaren. Wir wurden einfach durch die Boxen zum Fotoshooting durchgereicht. Mir war das relativ peinlich, denn es war in der Vorbereitungsphase für das Qualifying und niemand weiß besser als ich, wie unangenehm es ist, wegen solcher PR-Termine in der Konzentration gestört zu werden. Bei McLaren war der Empfang kühl, die Fotos mit David Coulthard und Mika Häkkinen waren schnell erledigt. Dann war Michael Schumacher dran, und der reagierte ganz anders, als ich es mir vorgestellt hatte. Er winkte uns auf das Dach des Ferrari-Motorhomes, wo wir uns hinsetzten und plauderten. Er erzählte uns, dass er auch gerne Schi fahre, aber nicht in Österreich, sondern in Norwegen, weil ihn dort niemand erkenne. „Dort fahre ich mit dem Lift hoch und dann so schnell den Berg hinunter, wie ich kann!" Ich musste unwillkürlich schmunzeln, denn genauso muss es für ihn klingen, wenn ich ihm erzähle, dass ich für mein Leben gern im Kart sitze und um die Kurven drifte, was das Zeug hält. Gerade Schumacher, der ansonsten so unnahbar wirkt, war der einzige in diesem Zirkus, der wirklich „nahbar" war. Damals hat die Faszination vom Rennfahrer Schumacher, mit Sicherheit der beste der Gegenwart, für mich auch einen persönlichen Touch bekommen.

Diese Begeisterung für Schumacher und die Formel 1 findet nicht nur Befürworter in meiner Familie. Einmal verließ ich eine Geburtstagsfeier meiner Mutter im Hochkarhof, weil ich so „fürchterliches Kopfweh" hatte. Zu Hause legte ich mich hin – aber wie der Zufall spielt, wurde gerade eine Formel-1-Rennen übertragen. Heidi kam nach und drehte den Fernseher wieder ab, denn Fernsehen schadet bekanntlich, wenn man Kopfweh hat. Ich drehte wieder auf, sie wieder ab. Dreimal. Schumacher hat gewonnen.

Den Schifahrern wird nachgesagt, sie hätten einen Hang zum Rasen im Straßenverkehr. Dem trete ich entschieden entgegen. Wie überall gibt es auch in unseren Kreisen schwarze Schafe, aber alle über einen Kamm zu scheren wäre ungerecht und falsch. Ich selber habe zwar einen Hang zur Geschwindigkeit, aber nicht im Straßenverkehr, da bin ich eher der defensive Typ. Wenn man so viel Auto fährt, entwickelt sich die Vernunft dementsprechend. Ich hatte einmal einen Audi RS 2 mit 320 PS, den gab ich nach drei Monaten wieder zurück und tauschte ihn gegen einen A 4 Turbodiesel mit 115 PS. Diese Kraft konnte und wollte ich nicht ausnützen und mit dem Diesel kam ich pro Tank um 500 Kilometer weiter. Bestimmte Entscheidungen werden außerdem durch die Umstände gefällt. Etwa die, dass ich einen fast neuen Audi TT Roadster gegen einen VW Bus eintauschte. Das war kurz nachdem ich erfahren hatte, dass wir Zwillinge bekommen würden...

Kart-Rennen reizen mich immer wieder, denn ich fahre für mein Leben gern Kart. Es passiert mir immer wieder, dass ich bei Prominentenrennen zu Beginn vorsichtig bin, um nur ja nichts zu riskieren und nach einer „Einfahrzeit" immer ehrgeiziger und schneller werde und zum Schluss fahre, was nur geht. Irgendwann, das ist mein Traum, werde ich mir ein eigenes Kart zulegen und am großen Parkplatz am Hochkar meine Runden ziehen.

Seite an Seite

HEIDI SYKORA ÜBER THOMAS SYKORA

Gewidmet meiner Mutter, die versteht, was man nicht verstehen kann.

Aller guten Dinge sind drei und genauso viele Anläufe brauchte ich, um diese Zeilen zu schreiben. Es funktionierte erst dann, als es unmöglich schien und ich überhaupt keine Zeit mehr hatte.

Als ich Thomas kennen lernte, sprang ich mit ihm auf eine Hochschaubahn, die uns seither rasant aufwärts und abwärts befördert. Immer, wenn ich mich an einem ruhigen Punkt glaube, lauert schon die nächste Katastrophe oder Überraschung. So kam mir das, was ich geschrieben hatte, immer überholt oder unvollständig vor. Ich hatte nur eine Chance: meine Eindrücke in einem Zug durchzuschreiben. In wenigen Tagen – das heißt in wenigen Nächten, denn nur dann, wenn die Babys schlafen, ist Ruhe im Haus.

Auf einer Hochschaubahn gibt es wenige gerade Strecken, deshalb sollten wir einen Gang zurückschalten, denn mit geringerem Tempo lässt sich jedes Gefälle leichter bewältigen.

Ich bin keine Autorin, sondern nur jemand, der für sein Leben gerne erzählt. Deshalb ist diese Geschichte unserer Beziehung zu emotionell für eine Biographie und zu realistisch für einen Roman. Die Wahrheit liegt irgendwo in der Mitte. Ich rechne nicht mit der Vergangenheit ab oder glorifiziere unnötig. Manches mag übertrieben erscheinen, aber ich bin nun einmal mit meinem ganzen Herzen dabei und berichte aus nächster Nähe.

Diese Zeilen sind meine Art, Thomas zu zeigen, dass ich an ihn glaube und ihn respektiere, egal was er auch tun wird. Und sie mögen Licht in einen öffentlich oft negativ dargestellten Lebensabschnitt des Thomas Sykora bringen. Unser erstes gemeinsames Jahr war wunderschön, auch wenn wir so manche Schwierigkeit meistern mussten. Ich achte meinen Mann und danke ihm dafür, dass er durchgehalten hat und immer noch lachen kann, denn dieses Lachen erfüllt auch mein Leben und das unserer Familie.

Ich habe mitgelitten, mitentschieden, mitgekämpft und mich mitgefreut. Drei Jahre lebe ich nun an der Seite jenes Mannes, den ich lange Zeit nur aus dem Fernsehen kannte. So wie die meisten Österreicher habe ich den Stern des Thomas Sykora via TV aufgehen sehen, seine vielen Siege mitverfolgt, sein Verschwinden von der Bildfläche jedoch kaum bemerkt.

Im März 1999, ich arbeite seit kurzem als Therapeutin im IMSB, erfahre ich von seiner schweren Verletzung, da er sich von unserem Team behandeln lassen will.

Die erste Begegnung findet im Stiegenhaus statt, wo wir im wahrsten Sinne des

Wortes aufeinanderprallen. Ich reiße die Tür auf und ramme dabei einen hellblonden jungen Mann mit Bart, der nur mit Mühe einen Sturz die Treppe hinunter verhindern kann. Kurz darauf warte ich mit einer Kollegin vor dem Konferenzraum auf das Erscheinen von Thomas Sykora, denn hier soll unser weiteres therapeutisches Vorgehen besprochen werden.

„Gehen wir rein, er ist schon da", meint Gabi und schaut durchs Fenster in den Raum.

„Wieso, ich sehe ihn nicht."

„Na, der dort!" Sie deutet mit dem Finger auf jenen jungen Mann, den ich kurz zuvor beinahe die Stiegen hinunterbefördert hätte.

„Das gibt es nicht, der schaut ja ganz anders aus."

Es stimmt wirklich. Thomas hat sich stark verändert: Die Zähne sind reguliert, strahlend weiß und gerade. Wasserstoffblondes Haar hätte ich auch nicht erwartet. Außerdem ist er unglaublich groß.

Eine Stunde lang wird vor versammelter Kollegenschaft der Fall Sykora diskutiert. Thomas übernimmt das Wort und fasst seine lange Leidensgeschichte in wenigen Sätzen zusammen. Sporthilfe-Zehnkampf, Stechen in der Patellasehne, Operation, Riss. Zahlreiche Ungereimtheiten in der medizinischen Versorgung. Aufmerksame Zuhörer sind unter anderem der Chef des Instituts, Hans Holdhaus, Roman, unser Physiotherapeut, Biochemiker Olaf, Vater Ernst Sykora und auch Gunnar Prokop, Sykoras Onkel.

„Wie sieht es denn momentan aus?", fragt „Physio" Roman.

„In den nächsten Wochen sollte sich der Defekt geschlossen haben", ergreift erstmals Vater Sykora das Wort.

„Dann kann man langsam mit der Belastung beginnen. Wir haben bis September Zeit, dann sollte Thomas reif fürs Schitraining sein."

Alle rechnen...

„Sechs Monate." Der Chef ist am schnellsten.

„Wie ist denn die muskuläre Situation?", möchte Olaf wissen.

„Net so g'schamig, Bua, oba mit da Hos'n", schreitet Gunnar Prokop in bekannt rigoroser Art ein und kurz darauf steht der Doppelweltcupsieger im Slalom in Unterhosen vor mir. Hätte ich mir heute morgen auch noch nicht gedacht...

Der Oberschenkel und das Knie sind – gelinde gesagt – gezeichnet. Die Muskulatur ist weg, eine lange Narbe zieht sich über das Bein. Aber die Schwellung ist gering.

„Na ja, da müssen wir einiges unternehmen", wendet sich der Chef an uns. „Eure Vorschläge?"

„Ich würde mit Friktionen und isometrischen Übungen anfangen", meint der Physio. „Gleichgewichtsschulung am Kreisel ist sicher auch nicht schlecht, genauso wie Unterwassertherapie. Da können wir gleichzeitig auch mit dem Rehab-Training beginnen. Mir fallen da einige Sachen ein."

„Von biochemischer Seite her könnte man mit Eiweißpräparaten unterstützend eingreifen. Ich meine jetzt nicht Doping, keine Angst“, schmunzelt Olaf, „außerdem würde Lasertherapie sicher auch helfen.“

Ich höre meinen Kollegen zu, die alles Mögliche aus ihrem Repertoire aufzählen. Ich halte mich bewusst zurück, bin ja schließlich neu hier. Es ist meine erste Fixanstellung. Ich habe meine eigene Art zu arbeiten, eine innere Antriebskraft, doch ich bin zu kurz da, um zu wissen, was man jetzt von mir erwartet. Einen therapeutischen Ratschlag, eine trainingswissenschaftliche Betrachtung, oder soll ich einfach nur abwarten, wozu man mich einteilt?

Nein, das ist nicht meine Art. Dieser Mensch hier braucht Hilfe und ich kann sie ihm geben. Mehr als jeder andere an diesem Tisch, denn ich habe das ganze Elend und die Abhängigkeit von verschiedensten Therapieformen selbst erlebt. Deshalb melde ich mich erstmals zu Wort:

„Ich weiß nicht, was du von chinesischen Bewegungstechniken hältst und ob dir Qi Gong etwas sagt. Ich habe es in China gelernt und könnte mir vorstellen, dass es dir in Bezug auf Gleichgewicht und Heilung hilft.“

Ich merke, wie mich einige verwunderte Blicke treffen und ich in vielen Köpfen schon als alternative Tussi abgestempelt werde.

Thomas meint: „Wir haben einmal Ähnliches mit dem Team gemacht. Das war sehr interessant, ich bin neugierig, ob es mir gut tut.“

Na also, ich bekomme meine Chance.

Es gibt noch einige Vorschläge, dann wird nur mehr Organisatorisches geklärt. Thomas wird bei seiner Cousine Karin, der Tochter von Gunnar und Liese Prokop, in der Südstadt wohnen, solange die Therapie dauert. Rehabilitation wird also seine „Hauptbeschäftigung“ sein.

Mir wird augenblicklich klar, welche Verantwortung jetzt auf unseren Schultern lastet. Ich kenne unseren Betrieb noch nicht so genau, aber mit einem gewissen Beamtentum bin ich täglich konfrontiert. Hier gibt es einige, die nur dann arbeiten, wenn sie müssen, und viele, die ihr eigenes Süppchen kochen. Das Projekt Sykora kann aber nur dann erfolgreich sein, wenn alle gut zusammenarbeiten.

Die Gedanken dieses Arbeitstages nehme ich mit nach Hause, denn ich frage mich, wie ich meine Kollegen mitreißen kann, ohne sie zu bevormunden. Wie kann ich alle im Dienst dieser Sache vereinen? Ich tue das nicht, weil ich mir persönlich etwas erwarte, weil ich ein Karrieresprungbrett brauche oder gar einen Mann, sondern weil ich die Chance sehe, einen Menschen, der es sich verdient hätte, wieder dorthin zu bringen, wo er einmal war.

Am Montag Morgen habe ich ein Gespräch mit Martin, Thomas' bisherigem Physiotherapeuten. Eigentlich hätte das Roman übernehmen sollen, aber der liegt krank zu

Hause. Ich fühle mich nicht so richtig wohl in meiner Haut, denn Martin ist extra angereist, um den bisherigen Therapieverlauf zu erläutern.

Als Sportwissenschafterin bin ich nicht in der Lage, alle Techniken der Physios zu kennen, geschweige denn diese zu beurteilen. Mein Fachgebiet sind die Massage und ein wiederherstellendes Training. Aber da außer mir niemand hier ist, versuche ich, zu erfragen, was mir für den weiteren Therapieverlauf wesentlich erscheint. Das meiste ist ohnehin von der Eingangsbesprechung bekannt, Martin legt mir das Video der letzten Operation auf den Tisch, ich weiß jetzt schon, dass ich es mir auf keinen Fall ansehen kann, ohne umzufallen. Dabei ahne ich nicht, dass ich etwa ein halbes Jahr später in der Lage sein werde, eine Operation zu filmen. Es ist alles nur eine Frage der Dringlichkeit der Situation.

Während des Gesprächs vermeide ich es, Thomas anzureden. Ich möchte nicht, dass er mein Engagement falsch versteht. Genauso wenig will ich ihn überrollen beziehungsweise Fragen stellen, die er täglich sicher hundertmal beantwortet. So erfahre ich, dass Martin bislang sozusagen Hauptverantwortlicher für das Sykora-Knie gewesen ist. Es wurde viel mit Kreiseln gearbeitet und in der Einzeltherapie hat man ähnliche Techniken angewendet wie bei uns.

Ein dichtgedrängter Therapieplan für Thomas wird bei uns schwierig sein, denn die Sache beginnt sich genauso zu entwickeln, wie ich es befürchtet habe. Ein Haufen guter Ideen, viele Versprechungen und keiner ist greifbar. Der eine kränkelt daheim, der andere kommt erst später – nur ich bin hier. Es ist ja nichts Konkretes ausgemacht worden. Thomas erwartet seinen ersten Therapieplan, für den sich letztlich aber keiner verantwortlich fühlt. Also setze ich mich nach dem Gespräch an den Computer und verplane die ganze Woche. Wer nicht da ist, kann nicht widersprechen und wird kurzerhand eingeteilt. Aber ein Tag ist lang und weil ich nicht weiß, was die anderen so vorhaben, teile ich mich eben öfter ein. Böse Zungen behaupten nachträglich, das sei pure Absicht gewesen.

Berechnung? Sicher nicht. Es dauert seine Zeit, bis sich Gefühle zwischen Menschen entwickeln, aber ein gewisses Interesse für eine Person muss von Anfang an bestehen, und das will ich nicht bestreiten. Der Fall Sykora hat mich in meinem Innersten berührt und den Menschen habe ich vom ersten Moment an gemocht.

Ich beginne den Therapietag mit einer Lymphdrainage. Martin bleibt heute noch dabei. Er setzt sich auf einen Hocker in der Ecke, Thomas legt sich auf die Liege. Bei dieser Behandlungsart wird aufgestaute Flüssigkeit in einem Körperareal mittels einer speziellen Massagetechnik zu den Gefäßen im Halsbereich geleitet, wo sie mit dem Blut abtransportiert werden kann. Um den Fluss nicht zu blockieren, ist es ratsam, möglichst wenig Bekleidung am Körper zu haben.

„Alles ausziehen bis auf die Unterhose, wir machen eine Lymphdrainage."

„Was? Ach so, das kenne ich schon."

Thomas schlüpft aus den Kleidern. Während ich mit dem Öffnen der Lymphgefäße im Halsbereich beginne, wandert mein Blick über den Körper. Mehrere Dinge fallen mir auf: ein Lederhalsband mit Haifischzahn, breite, muskulöse Schultern und eine leichte Neigung zum Hüftspeck. Ich muss unwillkürlich grinsen. Das hätte ich mir nicht erwartet, aber es gefällt mir. Perfekte, makellose Spitzensportlerkörper sind mir immer etwas merkwürdig vorgekommen. Ich frage mich oft, wo die Zeiten geblieben sind, als Talent, Begeisterung und ein bisschen Disziplin noch ausreichten. Die Leichtathletik hat sich schon längst abgehoben, auch in allen anderen Sportarten ist derjenige am erfolgreichsten, der sein ganzes Leben und Denken auf die Leistung abstimmt. Trotzdem vermute ich im Schisport noch immer eine kleine Insel der Seligen. Einen Bereich, wo man mit Training weit kommen kann, wo aber auch noch das Talent einen großen Teil ausmacht.

Thomas muss die Blicke auf seinen Bauch gespürt haben, denn fast entschuldigend meint er: „Ich kann mich ja schon länger nicht bewegen, und in der Cafeteria wurden extra wegen mir Krapfen bestellt, die musste ich essen."

Er bricht in sein typisches Gelächter aus, das man sicher noch drei Zimmer weiter hört.

Die Situation wird entspannter und es fällt mir allmählich leichter, ihn zu berühren, denn natürlich habe auch ich Hemmungen, einen so bekannten Sportler zu behandeln, Angst davor, mit anderen Therapeuten verglichen zu werden oder dass meine Arbeit beurteilt wird, bevor sie in irgendeiner Weise Früchte tragen kann. So wie es aussieht, werden wir in nächster Zeit intensiv zusammenarbeiten und deshalb finde ich, dass es am besten wäre, die Karten auf den Tisch zu legen, so dass er mich nicht missversteht oder sich bedrängt fühlt.

Ich erzähle ihm von meinem Kletterabsturz vor drei Jahren. Ich hätte die 25 Meter im freien Fall beinahe nicht überlebt. Vieles ist mir während dieses Sturzes Richtung Boden durch den Kopf geschossen und nur einigen dichten Sträuchern, die aus der Wand gewachsen sind, verdanke ich es, dass ich diesen Tag, meinen 22. Geburtstag, überlegt habe.

Ich erlitt schwere Verletzungen im Bereich der Wirbelsäule und des Sprunggelenks, die mich für fast sechs Wochen an das Krankenhausbett und für weitere zwei Monate an den Rollstuhl fesselten. In den ersten Tagen verlor ich nicht nur beinahe zehn Kilo Körpergewicht, sondern auch all meine Lebensfreude und Zuversicht. Kein Mensch konnte mir sagen, ob ich jemals wieder ohne Stock würde gehen können oder in der Lage wäre, Kinder zu bekommen. Ohne den Beistand meiner Familie hätte ich diese Zeit wohl nicht überstanden.

Irgendwann während meines Aufenthaltes im Rehabilitationszentrum aber kehrte mein Kampfgeist wieder zurück. Ich wollte leben wie früher, wieder selbständig und frei sein!

Im Gegensatz zu den meisten anderen Patienten fühlte ich mich in meiner Therapie stets unterfordert. Ich wollte nicht malen oder musizieren, sondern nur an meinem Körper arbeiten. Leider war das unter diesen Bedingungen nur beschränkt möglich. Auf Grund meines fast abgeschlossenen Studiums der Sportwissenschaften und der Prävention-Rekreation hatte ich einiges an therapeutischem Wissen. Also drängte ich auf meine Entlassung und arbeitete fortan alleine weiter. Ich schrieb mir Stundenpläne, stieg stundenlang die Stiegen im Haus auf und ab, machte Unterwassertherapie in der Badewanne und das große Wohnzimmerfenster war mein Spiegel für die Ganganalyse. Monatelang erholte ich mich im Schoß meiner Familie – und irgendwann hatte ich es geschafft.

Ich konnte wieder wandern, biken, schwimmen. Einzig aus dem Laufen ist nichts mehr geworden. Durch den offenen Bruch im Bereich des linken Sprunggelenks ist zu viel Schmutz in die Wunde gekommen, der den Knorpel über die Monate hin langsam vernichtet hat. Ich habe gelernt, mit einem gewissen Maß an körperlichen Schmerzen zu leben, aber niemand wird mir jemals die Lebensfreude und die Energie nehmen können, die mir dieser zweite „Geburtstag" gegeben hat.

Ich wollte meine Erfahrungen in mein Berufsleben einbringen. Wollte die Hilfe anbieten, die ich selbst so vermisst hatte. Hundertprozentige, individuelle Betreuung und volles Engagement.

Ich hielt mich einige Zeit in China auf, bevor ich hier zu Lande auf Jobsuche ging. Hans Holdhaus und Willi Dungl reagierten auf meine Bewerbung. Ich entschied mich für Holdhaus' Institut IMSB, weil mich die Arbeit mit Spitzensportlern sehr interessierte und ich in meiner Heimat wohnen bleiben konnte.

Mein Betätigungsfeld in diesem Institut ist sehr vielseitig, erstreckt sich von Körpervermessungen und Höhenprädiktionen über Leistungsdiagnostik bis hin zur Therapie. Eben dort kann ich sowohl meine eigenen Erfahrungen als auch Qi Gong oder spielerische Behandlungsformen – wie etwa Jonglieren – einsetzen.

Lediglich meine Bewegungseinschränkung durch den linken Fuß verrät etwas von meinem Schicksal und hindert mich oft an beschwerdefreier Tätigkeit.

Thomas meint, dass ihm mein Hinken noch gar nicht aufgefallen sei und dass ihm seine Geschichte jetzt beinahe lächerlich erscheine.

Ich stelle klar, ihm das alles nicht erzählt zu haben, um sein Mitleid zu erregen, sondern weil ich möchte, dass er nicht darüber nachdenkt, warum ich mich so für ihn einsetze. Alles, was er bisher erlebt hat und über sich ergehen lassen musste, ob aus Unwissenheit oder Ehrgeiz anderer Personen, ist mir Anlass, ihm genau jene Hilfe zu geben, die ich damals so vermisst habe. Ich möchte nicht, dass er für mich Olympiasieger wird, aber ich wünsche mir, dass er es für sich selber schafft.

Danach kommt mir die Stimmung zwischen uns vertrauter und gelöster vor. Wir sprechen nicht mehr und ich arbeite ruhig weiter, weil ich mich so besser konzentrieren kann. Irgendwann einmal holen mich seltsame Geräusche aus meinen Gedanken: ein Schnarchen. Er ist eingeschlafen. Hier mache ich zum ersten Mal Bekanntschaft mit Thomas' Gabe, überall sofort entschlummern zu können. Martin lächelt stumm in der Ecke, es scheint ihm nichts Neues zu sein…

Ich streiche mit der Hand über Thomas' Knie. Eine lange Narbe zieht sich über die Patella bis hinunter zum Schienbeinkopf. Eine leichte Schwellung ist vorhanden und die Haut hitzt etwas. Aber ich habe schon Schlimmeres gesehen, die Operation ist schließlich noch nicht so lange her.

Im Muskelaufbaubereich kommt viel Arbeit auf uns zu, denn mit einem Schifahrer-Oberschenkel hat das dünne Bein hier nichts mehr zu tun. Ein paar Monate nur, das könnte knapp werden!

Ich versuche, mit pumpenden Bewegungen die Flüssigkeit zu den Lymphknoten im Leistenbereich zu schieben und von dort dann weiter zu den Gefäßen beim Schlüsselbein. Noch einmal sehe ich mir den Körper genauer an, wie immer, wenn ich einen neuen Patienten behandle, denn so erfährt man mehr, als der Mensch sagen kann. Beruf, Hobbys, Ernährungsweise, Gefühlszustand, das alles lässt sich mitunter vom Körper ablesen und macht meinen Job so interessant. Oft liegt die Ursache einer Krankheit nämlich ganz woanders als vorerst angenommen und der Körper verrät es!

Thomas' Füße sind eher klein für einen Mann von 1,90 Meter. Größe 43, wie ich später erfahre. Die Zehen sind erwartungsgemäß Schischuh-malträtiert. Auffällig die schmalen Fußgelenke. Ich beginne mich zu fragen, wie man für diesen Menschen, der auch eine äußerst zart ausgeprägte Wadenmuskulatur hat, einen Schischuh konstruieren konnte. Der Oberkörper lässt, bis auf den erwähnten Bauchansatz, auf einen wirklich sportlichen Menschen schließen. Die breiten Schultern und starken Oberarme machen deutlich, dass Schifahren nicht nur mit den Beinen passiert. Auch das Gesicht sehe ich mir genauer an. 31 – man würde es kaum glauben. Keine Falten außer Lachfalten um die leicht schräg gestellten Augen … aber halt! Da sind einige graue Haare an den Schläfen!

Auf ein leichtes Rütteln reagiert Thomas mit einem explosionsartigen Zucken. Er reißt die Augen auf und starrt mich erschrocken an. Nach einer kurzen Aufwachphase fängt er sich wieder und wackelt, gefolgt von Martin, aus dem Zimmer. Ich schicke die beiden zum Mittagessen und bestelle sie um 14 Uhr wieder.

Was ich nicht hören kann, ist ein Gespräch unter Männern, von dem mir Thomas erst sehr viel später erzählt.

„Puh! Die redet viel, das wird anstrengend", sagt Thomas zu Martin.

„Na, aber wenigstens schaut s' guat aus." Die beiden lachen und Thomas meint noch: „Du, i glaub, die steht auf di. Bei der Besprechung hat s' mi kein einziges Mal ang'schaut..."

Ich treffe inzwischen in der Institutsküche auf meinen Kollegen Olaf und teile ihn für eine Lasertherapie ein. Olaf behauptet, der Laser sei eine „Wunderwaffe". Der gebündelte Strahl wird mit einem Stab punktuell übertragen und soll stoffwechselfördernd und entzündungshemmend wirken. In weiterer Folge erwarten wir uns davon eine Beschleunigung des Heilungsvorganges.

Thomas, Martin und Olaf verschwinden wenig später mit blauen Schutzbrillen im Therapiezimmer, denn man darf nicht mit bloßem Auge in den Laserstrahl schauen. Nach zwanzig Minuten ist die Behandlung vorüber und Thomas dürfte diesmal nicht eingeschlafen sein.

Auf dem Programm steht die erste Qi-Gong-Einheit. In China habe ich 18 Grundübungen erlernt, die dort sowohl in der Stadt als auch auf dem Land von vielen Menschen durchgeführt werden. Vorzugsweise sehr früh am Morgen und am Beginn des Abends. Die Chinesen haben diese über Jahrhunderte entwickelten Übungen in ihr Leben aufgenommen, so wie unsereins am Morgen joggt, Joghurt isst, an Homöopathie glaubt oder Vitaminkapseln schluckt. Sie sehen darin eine positive Wirkung auf Geist und Körper.

In jeder Form besteht ein enger Zusammenhang zwischen Atmung und Bewegung. Vieles geschieht nur gedanklich, die Übungsvielfalt lässt sich durch zwei Richtungen, ein Steigen und Sinken des Körpers, grob beschreiben. Ich bin ein ungeduldiger Mensch, der das Greifbare, das Nachweisbare in der Medizin schätzt und trotzdem habe ich eine Reise nach China gemacht, wo die Medizin ganz andere Wege geht, wo nichts greifbar und nachweisbar ist, wo man bei Z beginnt, um nach A zu kommen.

In diesem Sinne fand ich dort nicht, wonach ich ursprünglich suchte, sondern etwas ganz anderes. Ich habe keine Heilung an meinem Fuß erfahren, aber eine Bewegungstechnik gelernt, die meiner Arbeit Sinn gibt, mit der ich Menschen, die sich darauf einlassen, wirklich helfen kann. Ich habe in der Bewegung die Ruhe gefunden. Eine Art, mich unangreifbar und ganz zu sehen.

Qi Gong kann man nicht erklären, man muss es ausprobieren. Entweder vergisst man es wieder oder man beginnt mit den Bewegungen zu spielen, zu variieren, sie zu verändern.

Als Unterrichtende halte ich mich an die grundlegenden Richtungen einer Bewegung, aber ich adaptiere das Umfeld für den Menschen, mit dem ich arbeite. Ich rede auch nicht viel, sondern gebe meinem Gegenüber die Chance, sich gedanklich zu entfernen.

In Thomas' Fall habe ich eine dicke Schaumstoffmatte auf den Boden gelegt und lasse ihn darauf mit geschlossenen Augen Übungen durchführen, die relativ statisch sind. Im Hintergrund rauscht aus dem CD-Player der Wind und das Wasser plätschert. Alles Dinge, die einen Qi-Gong-Meister nicht erfreut hätten, da das Wesentliche der Übung verloren gehen könnte, nämlich die Konfrontation mit sich selbst. Aber ich finde das für den Anfang meist zu viel verlangt, zumal wir andere Wahrnehmungsweisen gewohnt sind und den Weg zu uns selbst nicht so rasch finden können.

Ich bitte Thomas, sich den Namen der Übungen bildhaft vorzustellen, um ihm das gedankliche Entfernen von diesem Ort leichter zu machen. Ich kann ja nicht ahnen, was ich jetzt erleben darf:

Er „fliegt" nicht nur „wie eine Wildgans", er „teilt" nicht nur „das Wasser", sondern arbeitet dabei auch äußerst intensiv mit den Füßen, um nicht das Gleichgewicht zu verlieren. In seinem Gesicht spiegeln sich die Anstrengung und seine Gedanken wider. Noch heute bewundere ich ihn für die Gabe, sich so schnell und vorbehaltlos auf eine neue Sache einlassen zu können, egal welche Figur er dabei macht.

Nach zwei Stunden, die wie im Flug vergehen, brauchen wir nicht mehr viel zu reden. Thomas ist am ganzen Körper verschwitzt, er wirkt befreit und optimistisch. Ein Muskelkater ist kein Indiz für ein gutes Training, aber wir sind auf dem richtigen Weg.

Dass auch Martin in Gedanken versunken den Raum verlässt, genügt mir als Antwort. Ich möchte nichts zerreden, die Stimmung nicht stören, deshalb verabschiede ich mich nur.

Am nächsten Tag komme ich erst um 13 Uhr zur Arbeit. Ziemlich unausgeschlafen, ich war die ganze Nacht unterwegs. Es war gar nicht lustig, aber immer noch besser als daheim.

„Gehst du mit heute Abend?", empfängt mich mein Kollege Roman in der Aula.

„Wohin?"

„Wir wollen mit Thomas ins Kino gehen. Ich habe das gerade bei meiner Therapie mit ihm besprochen."

„Was für ein Film?"

„*Asterix*. Mit Gérard Depardieu."

„Warum nicht? Ich komme mit."

„Fein, du kannst gleich nach deiner letzten Therapie um 19 Uhr losfahren. Thomas wartet schon im Übungsraum auf dich."

Ich gehe nach hinten.

„Guten Morgen. Was hältst du davon, wenn ich dir heute zeige, wie man jongliert? Auch auf einer weichen Unterlage, so wie beim Qi Gong gestern. Du musst dann wieder aus den Beinen heraus stabilisieren."

Qi Gong in der wunderbaren Natur am Hochkar.
Menschen können fliegen...

Er nimmt drei Bälle in die Hand, stellt sich auf die Matte und lässt sie tanzen wie ein Zirkuskünstler.

„Ungefähr so?"

„Angeber!"

„Meine Freundin, die Claudia Riegler, kann das noch viel besser. Die macht alle möglichen Tricks."

„Versuch einmal, auf einem Fuß zu stehen."

Das fällt ihm schon nicht mehr so leicht und er bezeichnet mich verärgert als Maximalforderer. Wir üben noch die verschiedensten Varianten, aber am schwierigsten ist es, jonglierenderweise die Bälle hin und her zu passen. Vielleicht auch deshalb, weil Thomas nicht von der Matte steigen darf. Hin und wieder werfe ich einen Blick hinunter und sehe seine Zehen intensiv arbeiten. Der ganze Fuß zuckt in alle Richtungen, um den Körper aufrecht zu halten.

Als Abschluss dieser Einheit gehen wir drei Qi-Gong-Bewegungen durch. Thomas wird ruhig, nachdenklich und müde. Ich glaube, er ist froh, sich bei der anschließenden Lymphdrainage etwas ausruhen zu können. Natürlich schläft er wieder ein. Sein

Schnarchen ist ansteckend, nach einiger Zeit kann ich selber nur noch mit Mühe die Augen offen halten.

Für den Rest des Nachmittags habe ich Körperfettmessungen eingetragen und verbringe viel Zeit am Schreibtisch.

Am Abend fahre ich ins Kinozentrum, das nur fünf Minuten entfernt liegt, doch von Roman weit und breit keine Spur. Dafür aber lehnt Thomas unerkannt an einer Schaufensterscheibe und winkt mir zu. Wir beschließen, eine kleine Runde zu gehen, vorbei an den vielen Schaufenstern und Lokalen.

Ein Blick in die Scheiben zeigt ein skurriles Bild: Zwei hinkende Personen, beide links, geben ein holpriges Pärchen ab. Thomas lacht, denn wir fallen wirklich auf. Ich spüre alle Blicke auf uns ruhen, merke, wie sich die Leute umdrehen und unüberhörbar flüstern: „Schau, der Thomas Sykora. Der hatscht ja wirklich, ob das noch mal was wird?“ Entweder hört er es nicht oder er nimmt es leicht, jedenfalls tut Thomas so, als sei da gar niemand.

Am anderen Ende des Gebäudes treffen wir auf Roman, der mit seiner Ehefrau und einem befreundeten Paar auf uns wartet. Wir haben nur noch wenig Zeit, die Karten zu kaufen, fünf Minuten später geht der Film los. Zehn Minuten später bin ich eingeschlafen. Neben Thomas Sykora, einem Mann, den ich alles andere als ermüdend finde. Bei der Schlussmelodie erschrecke ich so, dass ich fast vom Sessel falle, und ich würde am liebsten darunter verschwinden. Die Situation ist mir sehr unangenehm.

Heute weiß ich, dass Thomas in diesem Moment dachte, mein privates Interesse an ihm liege praktisch bei Null.

Die Therapieeinteilung funktioniert und rund um das Sykora-Knie hat sich ein richtiges Team gebildet. Einzeltherapie, Rehab-Training, Lymphdrainage und Lasertherapie stehen jeden Tag auf dem Programm.

Nach drei Wochen wäre es eigentlich an der Zeit, die Belastung zu steigern, aber vorher muss eine Kontrolluntersuchung gemacht werden. Roman und ich begleiten Thomas ins Spital, wo er von Primar Hans-Paul Kutschera, der unser Institut medizinisch mitbetreut, genauer unter die Lupe genommen wird. Eine Magnetresonanz soll Klarheit bringen.

Im Besprechungszimmer des Arztes warten wir auf das Ergebnis. Es ist niederschmetternd. Der Befund nimmt uns in seiner negativen Nüchternheit allen Elan. In der Übersetzung aus dem Medizinerjargon: Das Loch in der Sehne hat sich nicht geschlossen und auch ein Großteil des restlichen Gewebes ist weder zugfest noch belastbar. Es ist zu vernarbt, zu „matschig“.

Uns wird immer klarer, dass die letzte Operation ein Fehler war. Ein Periostlappen kann niemals eine tragende Sehne verstärken, niemals einen Defekt schließen. Dr.

Kutschera gibt einer selbstständigen Heilung wenig Chance und schlägt eine nochmalige Operation vor.

Alle schweigen, auf der Heimfahrt herrscht Stille. Roman bleibt in Wien, weil er zum Mannschaftstraining der Volleyballer von Donaukraft Wien muss. Thomas und ich fahren alleine weiter. Erstmals haben wir uns nichts zu sagen, die Enttäuschung ist zu groß. Nicht nur bei ihm. Sein Schicksal ist mir längst wichtig geworden, denn bei jeder Therapie spüre ich, dass er unbedingt wieder dorthin zurück will, wo er einmal war.

Mir fällt beim besten Willen nicht ein, was ich sagen könnte. Glücklicherweise schaltet er das Radio ein. Die Spannung in der Luft entlädt sich dann plötzlich in einem heftigen Gewitter über den Dächern Wiens. Wir starren beide auf die Regentropfen, die an die Windschutzscheibe klatschen.

„Das war es dann wohl, das wird nix mehr", presst er hervor.

„Nicht aufgeben. Jetzt musst du kämpfen, das ist erst der Anfang. Es gibt einen Weg, du wirst sehen."

Ein Blick auf die Seite hält mich davon ab, weiterzureden. Jedes weitere Wort von mir könnte eine Explosion zur Folge haben.

Als ich beim Institut aussteige, ist klar, dass die Nachmittagstherapie von Thomas nicht stattfinden wird. Ich verabschiede mich auf unbestimmte Zeit.

Da ich heute Spätdienst habe und Thomas ausfällt, bleibt mir jede Menge Zeit. Zu viel Zeit, denn es ist kein schöner Tag. Eine Niederlage, auch für mich. Ein Argument gegen Laser, Qi Gong und das Vertrauen, das man in einen Arzt setzt. Ich beginne, an allem zu zweifeln, auch an der Sinnhaftigkeit meines Berufs. Weil ich spüre, dass ich mich irgendwie ablenken muss, hole ich Besen und Eimer aus der Putzkammer. Wir haben noch keine Putzfrau und das Haus hat eine Säuberung nötig. Außerdem ist kein Mensch mehr hier. Ich drehe die Stereoanlage laut auf, mache mich an die Arbeit und bin gerade dabei, mit einem Tuch über die Klobrille zu wischen, als jemand hinter mich tritt:

„Ich mache weiter, jetzt erst recht."

„Gott sei Dank, dann brauche ich doch nicht Klo putzen gehen."

Wir lachen beide, ich lasse die Putzutensilien verschwinden und die Nachmittagstherapie findet doch noch statt. Beim Qi Gong schaue ich Thomas ins Gesicht und erstmals hat er diese Entschlossenheit, die mir später noch oft auffällt. Doch nach einer Niederlage braucht es erst ein wenig Zeit, ehe er sie wiederfindet.

Auf meine Frage, wie es jetzt weitergehen soll, antwortet er, dass die Operation in zwei Wochen stattfinden wird. Dabei soll aus dem rechten Knie ein Stück gesunde Sehne entnommen werden, mit der das Loch links verschlossen wird. Ähnlich wie bei einer Kreuzbandplastik. Leider gibt es keine Erfahrungswerte, und so gestaltet sich der Zeitplan für die Rehabilitation auch etwas vage. Wir rechnen damit, dass wir nach zwei

Wochen Therapie bereits mit dem Rehab-Training beginnen werden, über das wir dann langsam in die Aufbauarbeit einsteigen können. Ich bin nicht sehr optimistisch, was die Einhaltung des ursprünglichen Zeitplans angeht, Thomas aber schon. Er meint, ein gewisses Kraftdefizit auf dem Schi ausgleichen zu können.

Auf meine Feststellung, dass nun aber nichts mehr schief gehen dürfe, meint er, seine Pechsträhne für die nächste Zeit wohl schon ausgereizt zu haben. Aber es sollte nicht das Jahr der Stiere werden…

Thomas hat beschlossen, sich weiter von Hans-Paul Kutschera behandeln zu lassen. Er hat ihm deutlich gesagt, dass es ihm wichtiger ist, als gesunder Mensch aus der Sache rauszukommen, statt als Olympiasieger.

„Es ist fast pervers", meine ich, „mich will keiner operieren, und über dich fallen sie alle her. Ich weiß nicht, was besser ist."

„Warum will dich keiner operieren?"

„Der Arzt, der mir damals nach meinem Unfall durch seine sorgfältige Arbeit das Leben gerettet hat, behandelt mich auch jetzt noch. Ich mache gerade eine Spritzenkur, die die Abnützungsschmerzen lindern soll. Er sagt, dass ich mir mein Sprunggelenk früher oder später versteifen lassen muss, weil man daran nichts mehr tun kann. Ich habe schon so viel aus dem Internet herausgesucht. Knorpelmosaike, die man einsetzen kann, oder künstliche Sprunggelenke. Aber alles, was ich höre, ist, dass das in meinem Fall nicht in Frage kommt. Morgen muss ich wieder hin. Ein Besuch kostet mich 1000 Schilling und dauert zehn Minuten. Ich bekomme die Spritze ins Gelenk und darf wieder heimfahren. Leider kann ich dann kaum gehen, denn die Flüssigkeit füllt den Gelenksspalt ziemlich aus, was sehr weh tut."

„Hilft die Spritze?"

„Leider nein. Früher hat die Kur geholfen, aber jetzt merke ich keinen Unterschied mehr."

„Macht das deine Arbeit nicht noch schlimmer?"

„Schon, aber ich habe nun einmal Sport studiert. Ich kann es mir hier selber einteilen, aber am Ende des Tages tut mir dann so ziemlich alles weh."

„Kannst du die Übungen nicht einfach nur ansagen?"

„Das ist nicht dasselbe. Wenn wir schon darüber reden: Was machen wir jetzt mit dir bis zur Operation?"

„Genau dasselbe wie bisher, denn je höher mein Ausgangsniveau ist, desto weniger weit kann ich zurückfallen."

„In Ordnung. Dann nehmen wir ab morgen Balancieren dazu, das ist gut fürs Gleichgewicht und da fehlt dir noch einiges."

Am nächsten Morgen balancieren wir um die Wette, jeder in seinem eigenen Parcours, den ich zuvor im Institutsgarten aufgebaut habe. Ehrgeizig sind wir beide, denn keiner will verlieren. Thomas gewinnt achtmal, ich zweimal, aber auch dann nur, weil ich schummle.

Wir tasten uns vorsichtig über Schnüre, Halbkugeln und Stangen. Wer abrutscht, muss neu beginnen. Es ist eine seltsame Angelegenheit, überlege ich. Ich bin behandlungsbedürftiger als mein Patient.

Nach Dienstende setze ich mich ins Auto und fahre nach Wien, um mir die nächste Spritze zu holen. Diesmal ist es schlimmer denn je. Den Weg zurück ins Auto schaffe ich nur mit einigen Unterbrechungen, während denen ich mich auf die Gehsteigkante setze. Mehrere Personen bieten mir ihre Hilfe an.

Nach einer quälend langen Autofahrt bin ich dann endlich daheim. Alleine. So ungewohnt allein, dass es weh tut. Ich liege auf meinem Bett und weine vor mich hin. Es ist das erste Mal in einem ungeheuer schweren halben Jahr, dass ich sämtlichen seelischen und körperlichen Unmut hochkommen lasse. Plötzlich läutet das Telefon. Wieder eine Chance für einen Rückfall, denke ich und hebe trotzdem ab.

„Wie geht es deinem Fuß?". Es ist nicht „er", sondern mein Patient.

„Du hast es nicht vergessen!"

„Du vergisst mich doch auch nicht. Also, was ist los?"

„Reden wir nicht darüber. Ich bin froh, dass ich mich nicht mehr bewegen muss."

„Weinst du?"

„Ja, ein bisschen Schmerz, ein bisschen Sentimentalität."

„O je, wie oft musst du dort noch hin?"

„Nur mehr nächste Woche."

„Weißt du was, ich begleite dich nächstes Mal und dann lässt du dich auch vom Hans-Paul untersuchen."

„Du fährst wirklich mit?"

„Natürlich, schließlich darfst du mir jetzt nicht ausfallen."

Wir lachen beide und verabschieden uns, nachdem wir noch über ein paar belanglose Dinge geredet haben. Danach drehe ich mich zur Seite und schlafe erleichtert ein. Ich fühle mich geborgen in einer Freundschaft, die langsam entsteht. In einer Beziehung, in der ich genauso viel bekomme, wie ich gebe.

Am nächsten Morgen habe ich etwas Besonderes mit Thomas vor, fange ihn bereits um acht Uhr am Parkplatz ab und lotse ihn hinauf zu einer Wiese, von der aus man über ganz Mödling sieht. Es ist wunderbar warm, ein schöner Frühlingstag. Ich bitte Thomas, sich mit dem Gesicht der Sonne zuzuwenden und stelle mich genau ihm gegenüber. Dann beginnen wir unsere Qi-Gong-Übungen zu machen. Wir lassen die Arme, unseren ganzen Körper, steigen und sinken, wir wachsen hinauf in den blauen Himmel und verwurzeln schwer mit dem weichen Boden. Um uns herum zwitschern die Vögel, rauscht der Wind in den Ästen und summen die Bienen. Wir machen dieselben Übungen zur selben Zeit, genau vis-à-vis. Zwischen unseren Fingern entsteht eine eigenartige Spannung, mit der wir spielen. Ich glaube, dass man in Momenten wie diesen eine andere Dimension spürt. Eine Kraft, die man für sich verwenden kann, wenn man daran glaubt.

Doch darüber brauche ich mit Thomas nicht zu sprechen, denn als wir uns auf den Heimweg machen, haben wir beide keine Schmerzen, so erfüllt ist unser Körper, unser Herz von all der Kraft, die wir jetzt aus der Natur getankt haben.

Für mich ist Thomas ein Freund geworden. Jemand, den ich gerne um mich habe, mit dem ich immer reden kann, ohne nachzudenken, worüber, und jemand, der mich immer zum Lachen bringt. Das ist bis heute so geblieben.

Am Abend gehen wir noch etwas trinken. Dabei kommt das Gespräch auf Musik und Thomas meint, dass er nur im Auto CDs hören kann, weil er in der Südstadt keinen Player hat. Ich biete ihm meinen alten an. Als wir bereits eine halbe Stunde auf dem Parkplatz an unseren Autos lehnen und uns nicht trennen können, fordere ich ihn auf, auf dem Heimweg noch zu mir zu kommen und das Gerät gleich mitzunehmen.

„Super, dann kann ich mir dein geliebtes Berndorf ja gleich aus der Nähe anschauen."

Ich schwärme oft von meiner Heimatstadt, in der ich aufgewachsen bin und in der ich mich auch heute noch wohl fühle. Deshalb wähle ich auch nicht den direkten Weg, sondern lenke ihn über die Hügel mit der schönsten Aussicht auf das nett beleuchtete Städtchen. Thomas aber hat Benzinnotstand und vergießt einige Schweißtropfen hinter dem Lenkrad. Ich kann das nicht wissen und genieße die Nacht.

Als ich ihn durch den wild verwachsenen Innenhof zu meiner Wohnung geleite, kommt mir mein Haus wieder wunderschön und sehr romantisch vor. Die hohen Bäume und dichten Hecken werfen lange Schatten und teilen das Licht der kleinen Laterne, die die Steinstufen beleuchtet. Die Wohnung ist über Jahre entstanden und längst renovierungsbedürftig. Meine Mutter ist hier aufgewachsen und seither wurde nichts mehr saniert. Der nüchterne Betrachter würde den zerrissenen Linoleumboden sehen, eine uralte Einbauküche, in der außer einer Herdplatte nichts mehr funktioniert, und Wände, denen man deutlich ansieht, dass ich sie selbst gestrichen habe.

Freunde aber sehen viele Bilder von vielen Reisen. Sonnenuntergänge in Kletterwänden, ein einsames Boot auf ruhigem Meer, ein Blick über die Berge, im Vordergrund mein Mountainbike. Eine Startnummer, viele Postkarten von überall her und ein wunderschönes Obergeschoß mit einem offenen Torbogen ins Schlafzimmer. Auch hier oben verschwinden die Möbel zwischen den Grünpflanzen, und durch ein großes Fenster kann man hinaus aufs Schotterdach klettern, von wo aus sich ein wunderschöner Rundblick über die Dächer der Stadt darbietet.

Thomas staunt und ich merke, dass er mich am liebsten nach jeder Geschichte fragen würde, die sich hinter den vielen Gegenständen verbirgt. Jetzt weiß ich, dass er zu meinen Freunden gehört und immer gehören wird, denn er sieht diese Wohnung nicht nach ihrem wirtschaftlichen, sondern nach ihrem persönlichen Wert, und das heißt, dass er mich auch als Mensch versteht.

„Ist Therapeutin dein Traumberuf?"

„Für den Moment, ja. Aber mein Lebenstraum ist ein anderer. Ich habe immer schon eine genaue Vorstellung gehabt, ein Bild davon, wie ich einmal leben möchte. Ich wünsche mir eine Hütte am Berg. Ich kann sie dir beschreiben. Sie liegt auf einer Alm und im Sommer werden die vorbeigehenden Wanderer bewirtet."

„Ich habe für meine beiden Weltcupsiege einen Baugrund am Hochkar geschenkt bekommen und werde dort eine Hütte bauen."

„Na, dann kannst du mich ja einstellen."

Wir reden ununterbrochen, es fällt uns immer wieder etwas Neues ein. Schließlich erzähle ich ihm auch noch von meiner noch immer nicht ganz verdauten Beziehung, und er wiederum meint, jetzt in erster Linie an sich selber denken und sich aus Sorge um seine Beziehung mit Claudia nicht verrückt machen lassen zu wollen.

Nach Stunden sehe ich aus dem Fenster. Hinter den Häusern dämmert der Morgen herauf. Es ist kurz vor sechs Uhr. Wir haben die ganze Nacht durch geredet und dennoch widerstrebt es mir, diese Unterhaltung jetzt so plötzlich zu beenden. Aber ich komme sonst zu spät zur Arbeit.

Wir steigen die Treppen hinunter, und Thomas schlüpft in seine Jacke. Als er sich auf eine Stufe setzt, um sich die Schuhe zuzubinden, lasse ich mich neben ihn fallen. Draußen zwitschern bereits die Vögel und das Morgenlicht fällt zart in den Raum. Eine Zeitlang reden wir kein Wort und sehen uns nur an. Ich frage mich, was jetzt geschehen wird. Eine Umarmung? Ein Kuss? Keine Ahnung, aber dieser Augenblick ist etwas sehr Intimes, etwas völlig Unerwartetes.

Plötzlich öffnet Thomas seine Brieftasche und zeigt mir ein Foto von seiner Freundin Claudia, weil ich im Gespräch behauptet habe, nicht zu wissen, wie sie aussieht. Dann entschwindet er mit einem kurzen Winken durch die Tür.

Keine Umarmung, keine Berührung, gar nichts.

Heute weiß ich, dass für einen Menschen, der einen Großteil seines Lebens in den Bergen verbracht hat, eine Umarmung etwas sehr Intimes ist. Genauso ein Kuss auf die Wange. Thomas tut sich noch immer schwer mit diesen Dingen, die in der Stadt zum guten Ton gehören. Und ich bin nun sehr froh darüber, denn ich bin mir sicher, dass er weiß, wo er hingehört.

Als er geht, bin ich nicht enttäuscht, denn ich spüre, dass uns etwas verbindet, das nie vergehen wird, egal ob in einer Freundschaft oder in einer Partnerschaft. Ich habe das

Gefühl, genauso viel zurückzubekommen, wie ich gebe, und keine Scheu mehr, ihm alles zu jeder Zeit erzählen zu können. Mehr Nähe wäre im Moment gefährlich und würde vielleicht alles zerstören.

Mir ist bewusst, dass ich ein Vertrauensmensch für Thomas bin, der seine Freundin liebt. Zwischen uns beiden gibt es eine deutliche Grenze, über die hinaus ich zu dieser Zeit und nach dieser Verabschiedung niemals denke. Denn diese Nähe, die keine Verantwortung in sich birgt, ist mir viel lieber als alles andere.

Als ich einige Stunden später ins Institut komme, erzählt mir Thomas, dass er auf dem Heimweg im Morgenstau gesteckt ist. Den CD-Player hat er übrigens mitzunehmen vergessen.

Der Operationstermin rückt immer näher, und manchmal glaube ich, dass sich Thomas fast darauf freut. Die Öffentlichkeit weiß noch nichts davon. Zu kompliziert und belastend wäre es im Moment, die Operation zu erwähnen. Zu viel ist in den letzten Monaten über Verletzungen berichtet worden, und ein neuerlicher Eingriff würde von den Leuten womöglich mit dem Ende seiner Karriere gleichgesetzt werden. Niemand würde Thomas den Optimismus abnehmen, der ihn durch diese Tage leitet.

Mit ihm lerne ich erstmals die Härte der Pressearbeit kennen, und nun weiß ich, dass dies in einem erfolgreichen Sportlerleben wohl eine der heikelsten Angelegenheiten ist.

Eines Tages, es ist der erste wirklich warme Frühlingstag, informiert mich mein Kollege Roman, dass heute die *Kronen Zeitung* für ein Fotoshooting vorbeikommt. Sie wollen eine Geschichte über Thomas' Rehabilitation machen. Ich denke nicht weiter darüber nach, denn ich habe sehr viel zu tun. Aber als ich Thomas später bei der Rezeption treffe, wird mir bewusst, wie schwierig dieser Tag wird. Ich kann nicht beschreiben, wie schlecht er aussieht. Seine Augen sind rotgeweint, er hat sich weder frisiert noch rasiert, und was mich am allerhärtesten trifft: Ich sehe ihn zum ersten Mal nicht lachen.

„Was ist mit dir passiert?"

„Gar nichts, ich habe nur schlecht geschlafen."

Ach Thomas, lügen kannst du bis heute nicht, Gott sei Dank...

„Dann ist es wohl am besten, wir beginnen mit Qi Gong." Aus Taktgefühl bohre ich nicht weiter, denn hier haben wir einige Zuhörer.

Wir gehen hinaus zum Teich hinter dem Institutsgarten. Es ist wunderschön. Eine kleine Oase inmitten eines Industrie- und Einkaufgebietes. Man hört nur schwach den Straßenlärm, dafür aber haben wir beide hier schon oft unsere Ruhe gefunden, neben dem Schilf, auf einem schmalen Steg, der mitten auf den Teich führt. Der ideale Ort für Qi Gong.

Doch heute denken wir nicht ans Üben und Thomas wundert sich nicht, als ich mich mit ihm auf die Holzbretter setze und keine Anstalten mache, zu beginnen.

„Claudia, oder?"

Er nickt nur und schon beginnen die Tränen zu fließen. Ihn weinen zu sehen macht mich hilflos. Ich möchte ihn umarmen und trösten, aber so nahe stehen wir uns nicht. Worte sind sinnlos, machtlos.

Er erzählt mir von einem Streit in der vorigen Nacht. Von einem Treffen mit ihr, das in einer Katastrophe geendet hat. Es gab einen Anlass dafür, irgendein Trainer, der heftig gegen Thomas intrigiert hat, aber letztendlich war es wieder dasselbe Problem. Claudia hat nicht den Mut gefunden, zu ihm zu stehen, oder vielleicht auch nicht den Willen, weil sie sich nicht sicher ist. Thomas ist hin und her gerissen zwischen Verzweiflung und Hoffnung, denn die Trennung ist noch nicht endgültig. Soll ich ihm sagen, dass es aus ist? Soll ich ihn warnen, es anders zu machen als ich? Einen klaren Schlussstrich sollte er ziehen, und nicht ein erloschenes Feuer wieder aufflackern lassen.

Ich muss den Kopf zur Seite drehen, weil ich feuchte Augen bekomme. Vielleicht nicht nur aus Anteilnahme, auch aus Selbstmitleid. Ich hoffe, er macht es besser. Aber ich kann nicht urteilen über eine Beziehung, die mich nichts angeht, und über eine Frau, die ich nicht kenne. Deshalb lasse ich einige Minuten vergehen und denke nach, bevor ich rede:

„Du hast einen großen Vorteil. Du bist jetzt weit weg von ihr und du hast eine Aufgabe. Konzentriere dich auf dein Leben, dein Comeback, und bleibe der Mensch für sie, der du immer warst. Du kannst dich nicht ändern und sie sich auch nicht. Aber du kannst für sie da sein. Denn wenn sie sich für dich entscheidet, wird sie dich brauchen, weil sie dann alleine ist."

Ich möchte mir gar nicht vorstellen, was es bedeutet, zwischen Eltern und Freund wählen zu müssen. Thomas meint, er würde abwarten, glaube aber nicht, bald wieder etwas von ihr zu hören.

Irgendwann beginnt er plötzlich von der Zukunft zu sprechen, von seinem Traum, wieder Schi zu fahren, und ich bemerke, dass es eine Wendung in unserer Unterhaltung gibt. Er meint, es sei noch ein weiter Weg und man dürfe keine Zeit verlieren. Mit der nächsten Operation habe er eine neue Chance, vielleicht sollte er das auch in seinem Privatleben so sehen.

„Weißt du, es klingt komisch, nach allem, was ich in den letzten Stunden durchgemacht habe, bin ich fast erleichtert. Endlich ist ausgesprochen, was schon seit Monaten in der Luft hängt. Ich habe nicht mehr die Kraft, unsere Beziehung alleine aufrecht zu halten. Wenn sie mich will, dann werde ich da sein, aber ich werde ihr nicht mehr nachlaufen."

So wie er es sagt, glaube ich ihm, und er sieht allmählich wieder besser aus. Als wir aufstehen, um zurückzugehen, möchte ich ihn umarmen, ich kann nicht sagen warum. Doch als ich ihn berühre, zucke ich zurück. Es wäre unpassend und er könnte mich falsch verstehen.

Nur eine Stunde später treffe ich Thomas am Gang und traue meinen Augen nicht, denn er hat sich gefangen. Er ist frisch gewaschen und rasiert. Aber irgendwie sieht er aus wie eine Litfasssäule: Kopfsponsor am Stirnband, Werbeaufkleber auf der Brust und an den Ärmeln; man findet kaum noch ein freies Stückchen Stoff. Als dann die ersten Blitzlichter aufflammen, merkt keiner mehr etwas von dem Kummer, der eben noch in seinem Gesicht zu lesen war. Er lacht, plaudert und führt vor, was er bei uns hier so macht. Entweder ist es eine Gabe, sich in wichtigen Momenten zusammenzureißen, oder eine gewisse Erleichterung, endlich jene Klarheit zu haben, die das hier möglich macht.

Ich verlasse nachdenklich den Raum. Was ist er für ein Mensch, ist er so hart? Denn oberflächlich ist er nicht, so viel weiß ich inzwischen.

Zwei Stunden später klopft es an der Tür und Thomas zeigt mir ein SMS von Claudia.

„Ich glaube, es ist noch nicht vorbei mit uns." Er lächelt glücklich, und obwohl mir das heute sicher keiner glaubt: Ich habe mich für ihn gefreut!

Am nächsten Tag schlage ich die Zeitung auf, und sehe Thomas Sykora auf der Therapieliege, am Ergometer und im Schwimmbad. Einen Sportler, der mir völlig fremd erscheint. Bis heute ist es so geblieben. Der Mann, der im Fernsehen spricht oder dessen Bild ich in den Zeitungen sehe, ist nicht derselbe, der mit mir lebt, mit mir am Mittagstisch sitzt, mich um Rat fragt oder mit mir diskutiert wie jeder andere Ehemann auch. Dieser Mann ist weit fort, auf einem anderen Stern, in einer anderen Welt, in der man sehr vorsichtig sein muss.

Der Operationstermin rückt immer näher, aber es bleibt kaum Zeit, darüber nachzudenken. Die Tage sind ausgefüllt mit Therapieeinheiten, und am Abend gehen wir oft alle zusammen aus. Thomas hat auch unserem Team gut getan, denn wir sehen uns so auch außerhalb der Dienstzeit und finden langsam jenen freundschaftlichen Kontakt zueinander, der bisher fehlte.

Es kommt jetzt öfter vor, dass ich anderen Therapieeinheiten beiwohne, einerseits, um dazuzulernen, andererseits, um das Gesamtbild der Therapie besser überblicken zu können.

So sitze ich manchmal bei der Einzeltherapie und beobachte Romans Arbeit. Er versucht, mit den Fingern oder einem Stäbchen das Gewebe am Knie zu lockern. Die Narbe hängt noch an einigen Stellen und im Sinne einer vollkommenen Wiederherstellung ist es wichtig, ein Anwachsen zu verhindern. Im Anschluss daran werden einige Mobilisationsübungen durchgeführt, bei denen Thomas, ähnlich wie bei der Unterwassertherapie, gegen Widerstand arbeiten muss. Manchmal folgen noch Gleichgewichtsübungen am Kreisel. Die Einheit vergeht rasch, danach steht meist eine Massage auf dem Programm. Hier ist die Regeneration der Mittelpunkt und sie betrifft nicht nur das Knie. Unser Masseur Dieter bearbeitet mal den Rücken, mal die Beine, mal den Nacken. Thomas arbeitet den ganzen Tag über ziemlich intensiv. Natürlich versucht er, den Fuß noch zu entlasten oder er hat automatisierte Ausweichbewegungen eingebaut, die er so schnell nicht mehr losbekommen wird. Deshalb klagt er oft über Nacken- oder Rückenschmerzen, das rechte Bein wird vermehrt beansprucht.

Mit regenerativen Techniken wie Massage oder Unterwassertherapie wollen wir möglichen Folgeschäden entgegenwirken.

Im Wasser haben wir nun schon mit dem Konditionstraining begonnen. Thomas trägt eine Wetwest, eine Art Bleigürtel, der den Auftrieb des Wassers ausgleicht und der es ihm ermöglicht, unter Wasser zu „laufen". Vom Beckenrand aus betrachtet, sieht das recht lustig aus, denn außer dem Kopf schaut nicht viel aus dem Wasser. Die Arme bleiben relativ ruhig, die Fortbewegung erfolgt nur über die Beine und das geht ziemlich langsam.

Am Ende eines Therapietages ist Thomas immer recht müde, aber das ist wahrscheinlich auch ganz gut so. Die Sache mit Claudia hat sich letztendlich doch im Sand verlaufen, wie er mir irgendwann einmal ganz beiläufig erzählt. Die Medien wissen noch nichts davon und er möchte es auch nicht an die große Glocke hängen. Ich habe das Gefühl, dass er nicht weiter darüber reden will, aber auch nicht mehr sonderlich leidet, deshalb frage ich nicht nach.

Eines Tages fahren wir gemeinsam ins Budo-Center, um uns ein Volleyballmatch der Salzburger gegen Donaukraft anzusehen. Thomas hat bei den Salzburgern viele Freunde, weil er bis vor kurzem in Rif gewohnt hat, ich wiederum halte zu Donaukraft, denn ein ehemaliger Patient von mir steht dort am Mittelblock. Es entflammt also beste Kampfstimmung, auch zwischen uns beiden. Einmal gelingt es mir sogar, Thomas mit seinen Schnürriemen am Sessel festzubinden, aber dann bekomme ich es doch mit der Angst zu tun. Es wäre unverzeihlich, sollte er sich bei einem dummen Scherz verletzen und ich wäre daran schuld. In der Pause wird Thomas zum Interview aufs Spielfeld gebeten. Ich bekomme nichts davon mit, denn ich habe einen Kollegen im Publikum getroffen, mit dem ich mich unterhalte.

Nach der Pause frage ich Thomas, was er denn erzählt habe.

„Der hat mich gefragt, ob du meine neue Freundin bist." Ich werde blass. „Ich habe ja gesagt."

„Bist du verrückt? Das wird im Fernsehen übertragen. Wenn es die Claudia sieht, wird sie sich schön bedanken."

„Wieso, ist ja sowieso schon aus."

„Ja schon, aber sie wird glauben, du hast sie die ganze Zeit über angelogen!" Mir ist das gar nicht recht, und mit einem Schlag ist es überhaupt nicht mehr lustig. Thomas lässt einige Minuten vergehen und beobachtet mich von der Seite.

„Stimmt ja eh nicht."

„Trottel!" Das ist mein einziger Kommentar. Viel später gesteht er mir, dass er nur neugierig gewesen sei, wie ich auf diese Möglichkeit reagieren würde. Aber meine Reaktion habe ihn nicht unbedingt zu weiteren Aktionen in diese Richtung ermutigt.

Ich fange mich langsam wieder, und noch besser geht es mir, als meine Mannschaft das Spiel für sich entscheidet. Eigentlich sollten wir mit ihnen zur Siegesfeier kommen, aber Thomas zuliebe schauen wir bei den Salzburgern vorbei, bei denen die Stimmung wesentlich gedrückter ist. Die Burschen sind nett und sie müssen Thomas wirklich gut kennen, denn es wird letztendlich doch noch ganz lustig. Die Volleyballer fahren bald zum Bahnhof und wir beide bleiben alleine zurück, ziemlich aufgekratzt und überhaupt nicht müde.

„Weißt du was? Ich weiß, was wir jetzt tun. Wir schauen auf die Veigl-Hütte." Dort, mitten in den Gumpoldskirchner Weinbergen, habe ich während meiner Studienzeit gekellnert und die ausgelassensten Abende erlebt. Es gibt da kein elektrisches Licht, dafür aber einen Holzofen, zwei Klaviere und einen ziemlich gefährlichen Schnaps. Das alles auf engstem Raum: Nur vier Tische stehen in der Hütte und um diese Zeit ist meist schon viel los. Irgend jemand musiziert immer und der Einzelne fällt hier nicht auf. Manchmal sind bekannte Musiker, Schauspieler oder Moderatoren darunter, doch sie werden nicht weiter beachtet, denn im allgemeinen Tumult sind andere Dinge wichtiger.

Wir fahren mit dem Taxi bis Gumpoldskirchen, zur Hütte hinauf müssen wir gehen. Wir stolpern durch die finsteren Weinberge. Gut, dass ich dank meiner Erfahrung den Weg auch im Schlaf finden könnte. Als sich die Türe öffnet, schlägt mir schon die dampfige Luft entgegen. Aber erstaunlicherweise ist es heute recht angenehm hier. Die Tische sind alle besetzt, jemand spielt Klavier, aber man kann sich noch gut unterhalten.

Es dauert einige Zeit, bis sich meine Augen an das schummrige Licht gewöhnt haben, deshalb kann ich auch erst jetzt meine Freundin Lilly ausnehmen, die mir aus der hintersten Ecke entgegenwinkt.

„Ich habe gerade an dich gedacht. Irgendwie habe ich mir fast gewünscht, dass du kommst." Sie lehnt sich auf ihre Gitarre und lacht mich an.

„Ich bin heute mit meinen Pfadis da." Rund um sie sitzen halbwüchsige Burschen und Mädchen, die uns aber kaum zu bemerken scheinen. Sie rücken ein Stück zusammen und wir quetschen uns dazwischen.

Gleich wird weiter gesungen, eine Runde Krawötzler (Hüttenschnaps) jagt die nächste. Der Schmäh rennt, wir haben einander ganz schön auf der Schaufel. Peter, einer der Burschen, den ich schon länger kenne, beobachtet mich die ganze Zeit. Ich frage mich, was das soll.

Lilly läuft zur Hochform auf. Über „Hey Jude“ springen wir zu „Schifoan“, und man merkt Thomas an, dass er am liebsten unter den Tisch kriechen würde. Mittlerweile ist es auch kein Singen mehr, sondern eher ein Grölen.

Peter stellt die alles entscheidende Frage: „Seid's ihr jetzt eigentlich z'samm oder net?“ Wir vermeiden es, uns anzusehen, aber mir fällt die rettende Antwort ein.

„Ja, täglich in der Therapie.“ Er schüttelt den Kopf und bohrt nicht mehr weiter.

Und plötzlich steht diese Frage zwischen uns beiden. Sie ist nicht mehr wegzudenken, aber zu gefährlich, um ausgesprochen zu werden. Spannung liegt in der Luft. Ich bin auf einmal wieder nüchtern und spüre jeden Berührungspunkt zwischen uns beiden, jede seiner Bewegungen. Fast ist es mir, als könnte ich seine Gedanken wahrnehmen.

Langsam kippt die Stimmung ins Unkontrollierbare und die Gesellschaft löst sich auf. Wir gehen vor die Tür, von wo aus man einen herrlichen Ausblick auf das gesamte Wiener Becken hat und plötzlich geht alles wie von selbst. Ich trete vor Thomas und er legt seine Arme um mich. Es gibt keine Fragen mehr. Hätte ich nachgedacht, dann hätte mich das Risiko, das ich eingehe, verrückt gemacht. Aber ich habe nicht nachgedacht, ich habe einfach nur vertraut. Bis heute.

Was unsere Gefühle füreinander angeht, hat es niemals Zweifel gegeben, denn wir haben beide gespürt, dass dies nichts Oberflächliches wird. Wir haben uns in einer für uns beide sehr schlimmen Zeit kennen gelernt und uns gemeinsam wieder gefangen.

Der Morgen dämmert bereits herauf, wir sitzen bei Lilly im Wohnzimmer und reden. Wieder einmal über unsere Beziehungen. Nichts, außer dass wir uns an den Händen halten, erinnert an den intimen Moment von vorhin. Fast scheint es mir, als würden wir die nächste Hürde nicht schaffen. Herrgott im Himmel, denke ich mir, wann küsst er mich endlich?

Noch heute sind wir uns nicht einig, wer den Anfang gemacht hat, aber irgendwann, mitten im Gespräch, verstummen wir plötzlich. Unsere Gesichter kommen einander näher und dann finden sich unsere Lippen. Vorsichtig, fragend, sehr zärtlich. Bedacht darauf, den anderen nicht zu überfordern. Immer wieder sehen wir uns an, berühren und spüren uns, als würden wir das Gesicht des anderen zum ersten Mal sehen. Dann lege ich meinen Kopf auf seine Brust und schlafe ein, tief und fest. Was nicht gerade wie der Beweis glühender Liebe aussieht, ist ein Zeichen des absoluten Vertrauens und vollständiger Geborgenheit. Als ich munter werde, schaue ich direkt in seine Augen und weiß, dass es mich die ganze Zeit über beobachtet hat.

Am Vormittag müssen wir uns trennen, denn Thomas fliegt für ORF-Dreharbeiten nach Monte Carlo. Irgendeine Geschichte mit Thomas Muster.

Im Laufe dieses Tages wird mir bewusst, was passiert ist, und ich beginne, die Tragweite dieser neuen Wendung in meinem Leben zu erahnen.

Wie oft werde ich mich Bekannten gegenüber rechtfertigen müssen? Erklären, dass ich geliebt und nicht ausgenützt werde? Oder dass ich Thomas liebe, egal, ob er berühmt ist oder nicht? Egal ob er Schi fährt oder nicht?

Wie wird der Chef mein bisheriges Engagement deuten? Wie werden die Kollegen reagieren oder meine Patienten? Ich habe keine Lust auf die immer gleiche Geschichte, in der ich wunderbar reine Gefühle mit allmählich abgenutzten, immer wiederholten Floskeln beschreiben muss.

Die größte Angst aber habe ich vor der Öffentlichkeit. Gestern erst gab es einen Artikel über die Trennung des Thomas Sykora. Ich möchte nicht Inhalt des nächsten Artikels sein. Hineingepresst in das Klischee Patienten-Therapeutenliebe. Es stimmt, wir haben dieses Klischee erfüllt, aber Klischees müssen nicht unbedingt negativ sein.

Unter all diesen Gedanken fasse ich die einzige Entscheidung, die für mich wichtig ist. Ich setze mich mit meinen Eltern an einen Tisch und erzähle unsere Geschichte. Von Anfang an, detailreich und immer bemüht, den Menschen Thomas Sykora so zu beschreiben, wie ich ihn sehe. Doch das ist schwierig. Obwohl sich Mutter und Vater sehr bemühen, mir ihre Freude zu zeigen, merke ich doch die Sorge in ihren Augen. Die Angst, dass ihre Tochter verletzt und öffentlich in ihren Wunden gebohrt wird.

Habe ich auch Angst gehabt? Nur wenige Stunden. Am ersten Tag danach, als ich langsam aus dem Taumel der vergangenen Nacht erwache. Thomas ist fort, und niemand außer mir weiß, was geschehen ist. Kann es sein, dass alles wie eine Seifenblase zerplatzt, dass es gar nicht wahr ist?

Ich mache das, was ich immer tue, wenn ich nicht mehr weiter weiß: Ich setze mich aufs Fahrrad und radle diesen Gedanken davon. Als ich wieder heimkomme, blinkt der Anrufbeantworter: „Hallo Heidi, ich bin so glücklich. Hier ist es wunderschön, alles blüht, aber bei jeder Blume, jedem Baum oder jedem Strauch, den ich sehe, denke ich an dich. Du fehlst mir so!" Jetzt bin ich mir wieder sicher, das alles nicht nur geträumt zu haben.

Es dauert vier lange Tage, ehe Thomas wieder nach Hause kommt, und während dieser Zeit behalte ich unser Geheimnis für mich. Als wir dann im Institut gemeinsam, Hand in Hand, erscheinen, haben es natürlich alle schon längst gewusst. Es sei ja offensichtlich gewesen, und außer uns beiden haben schließlich alle geahnt, dass wir uns finden würden…

Der schlimmste Weg ist der Gang zum Chef. Wir wollen nicht, dass er es aus den Medien erfährt. Doch auch er scheint sich zu freuen und nimmt die Sache wissend lächelnd zur Kenntnis.

Wir sind gerade einmal eine Woche zusammen, als Thomas operiert wird. Es ist Mitte Mai, die Luft ist wärmer geworden und in der Stadt sind sogar schon die Abende ziemlich lau.

Er wird in Wien, im Krankenhaus der Barmherzigen Schwestern, bei Primar Hans-Paul Kutschera liegen, der inzwischen ein guter Freund geworden ist. Thomas bekommt ein schönes Zimmer. Das zweite Bett steht leer, weil zu erwarten ist, dass Journalisten oder Besucher vorbeikommen, die einen anderen Patienten stören könnten.

Im Morgengrauen fahren wir gemeinsam ins Spital. Ich darf Thomas bis zum OP-Bereich begleiten. Wir umarmen einander kurz und wortlos, weil er ohnehin weiß, dass ich ihm nur das Beste wünsche. Dann beginnt das lange Warten. Ich verbringe meine Zeit mit sinnlosen Dingen. Trinke fünf Tassen Kaffee, blättere mit leerem Blick die Tageszeitung durch oder starre einfach in die Luft. Ich werde immer nervöser. Wie ein werdender Vater, denke ich, als ich zum zehnten Mal im Zimmer auf und ab gehe.

Aber dann, nach bangen drei Stunden, ist es plötzlich soweit. Die Schwestern schieben Thomas zur Tür herein. Er schläft noch. Hans-Paul folgt dem Bett und als er mich sieht, setzt er sich zu mir.

„Es ist alles gut gegangen. Er war sogar schon einmal kurz munter. Wir geben ihm gerade etwas gegen die Schmerzen." Ich bemerke eine große Flasche mit durchsichtiger Flüssigkeit, die an seinem Bett hängt.

„Wenn es zu arg weh tut, kann er jederzeit etwas bekommen."

Ich sehe zwei dick verbundene Beine. Steif und unbeweglich liegt er da. Wenn ich mir vorstelle, dass diese Beine in vier bis fünf Monaten sportliche Höchstleistungen vollbringen sollen, dann verliere ich kurzzeitig meinen Optimismus. Plötzlich bemerke ich, wie unwichtig mir die Sache mit dem Schifahren ist, wenn es um die Gesundheit des Menschen geht, den ich liebe.

Allmählich leert sich das Zimmer. Die Schwestern schieben Thomas' Bett an seinen Platz am Fenster und auch Hans-Paul verabschiedet sich. Als der Letzte die Tür hinter sich zugemacht hat, setzte ich mich neben Thomas. Abendsonnenstrahlen fallen durchs Fenster, direkt in sein Gesicht. Er liegt ganz friedlich da. Erst jetzt bemerke ich, wie schräg seine Augen stehen. Manchmal zucken die Lider im Schlaf. Ich nehme seine Hand in meine, bleibe ruhig sitzen und schaue zum Fenster hinaus. Mein Blick schweift über die Dachterrasse des Nachbartraktes, wo eine fleißige Schwester unzählige Blumentröge und Topfpflanzen aufgestellt hat. Ich öffne das Fenster einen Spalt, um die warme Frühlingsluft hereinzulassen. Der Wind trägt auch die Gesänge der Maiandacht aus der Kapelle hierher. Es ist richtig ruhig hier. Nach einer Weile blinzelt Thomas, macht die Augen einen Spalt auf, schließt sie wieder, runzelt die Stirn und murmelt: „Bin ich schon im Himmel?"

„Nein, wie kommst du denn darauf? Es ist alles gut gegangen."

„Ich höre die Engel singen." Wir lachen beide.

Gleich darauf schläft er wieder ein. Die nächsten Stunden sind ein Wechsel zwischen Wachen und Schlaf. Aber er lächelt immer wieder.

„Ich bin so froh, dass du da bist." Ich bin es auch, denn daheim wäre ich niemals so ruhig gewesen.

Plötzlich geht die Tür auf und die Schwester hält mir ein Handy entgegen.

„Irgendein Generaldirektor. Er sagt es sei dringend." Ich nehme das Gespräch entgegen.

„Hallo Schwester, seien Sie so lieb und geben Sie mir den Herrn Sykora."

„Tut mir Leid, ich bin nicht die Schwester, ich bin seine Freundin. Aber ich kann Ihnen im Moment nicht helfen, er schläft noch."

„Ich wollte nur wissen wie es ihm geht."

„Alles in Ordnung, die Schmerzen halten sich in Grenzen. Er war nur kurz munter."

„Dann lassen Sie ihn bitte vom Hannes grüßen."

„Ich werde es ausrichten. Auf Wiederhören."

Gegen zehn Uhr wird Thomas dann wirklich munter und klagt erstmals auch über Schmerzen. Ich hole die Schwester, und eine neue Flasche wird angehängt. Als die Augenlider schwerer werden, bittet er mich, meinen Kopf auf seine Schulter zu betten und zu bleiben, bis er eingeschlafen ist.

„Ein gewisser Hannes lässt dich grüßen. Generaldirektor, glaube ich…"

„Danke. Es geht sicher um den Termin, den ich übermorgen in der Disco habe."

„Aha", denke ich, „die Narkose, er verwechselt da bestimmt etwas." Aber wie ich später herausfinde, bin ich im Irrtum.

Es ist sehr spät, als ich mich erleichtert auf den Heimweg mache. Vorerst einmal scheint alles gut gegangen zu sein.

Nach einer kurzen Nacht und einem leichten Arbeitstag nehme ich ein paar Stunden Zeitausgleich und fahre wieder ins Spital. Als ich die Zimmertüre öffne, staune ich nicht schlecht. Ein Roboter kommt mir entgegen. Steifbeinig, mehr auf den Krücken als auf den Beinen, wackelt Thomas auf mich zu. Aber er strahlt übers ganze Gesicht. Im Zimmer steht ein Rollstuhl, denn weiter als bis ins Bad darf er natürlich noch nicht gehen. Angeblich sind die Schmerzen nicht so schlimm und Thomas ist sehr optimistisch.

„Fährst du morgen Abend mit? Ich habe einen Termin in irgendeiner Disco im Waldviertel."

„Wir haben nicht mehr den 1. April!"

„Nein, das ist mein Ernst. Es ist eine Veranstaltung von meinem Sponsor. Eine lang zuvor geplante Tour durch sämtliche Diskotheken Niederösterreichs. Drei haben wir schon, den heutigen Termin hat man nicht mehr absagen können. Mit dem Rollstuhl geht das schon. Wir werden abgeholt und wieder hierher gebracht."

Ich habe kein gutes Gefühl, aber schon aus Sorge sage ich zu.

Als ich am nächsten Tag mit Alexandra, einer Mitarbeiterin der Versicherung, den Rollstuhl in den Kofferraum packe, stehen wir bereits vor dem ersten Problem. Das sperrige Ding passt natürlich nicht hinein. Thomas kann nicht umhin, von der Rückbank aus gute Tipps zu geben, worauf ich kurzzeitig die Nerven verliere und die Autotüre zuknalle, sodass er nichts mehr hören kann.

Nach einer zweistündigen Fahrt sind wir endlich da. Es ist der erste Auftritt in der Öffentlichkeit, bei dem ich Thomas begleite. Ein eigenartiges Schauspiel. Wie aus dem Nichts tauchen in einer völlig verschlafenen Gegend plötzlich Hunderte Autos auf. Wir halten vor dem Gasthof, in dem sich das Tanzlokal befindet. Ich gehe mit Alexandra vor, Thomas bleibt inzwischen im Auto sitzen. Leider gibt es ein Problem. Der Zugang ins Haus ist nur über Stiegen möglich. Aber mit dem Rollstuhl?

So kommt es, dass Thomas samt Rollstuhl ins Lokal getragen wird. Dort wartet bereits Rainer Pariasek, der durch die Veranstaltung führen soll. Als wir uns durch die Menge kämpfen, komme ich mir zum ersten Mal vor wie ein Bodyguard. Meine Augen sind immer auf Thomas' Knie gerichtet und keine Regung in unserem Umfeld entgeht meinem gestrengen Blick. Das zeigen auch die Fotos dieses Abends. Wie ein Drachen stehe ich neben Thomas, er immer lachend, ich bereit, Feuer zu speien.

Als er auf die Bühne gebeten wird, erscheint das Intro auf einer Leinwand. Eine Art Zusammenfassung seiner Karriere. Kitzbühel-Sieg, Erfolg gegen Tomba, ein Thomas,

Vom Spital in die Disco: Ich beobachte das Geschehen rund um Thomas aus dem Hintergrund.

der jubelnd in die Knie sinkt. Man sieht ihn in Nahaufnahme mit den Toren kämpfen, das Gesicht gezeichnet von Anstrengung und Konzentration und schließlich die Erlösung im Ziel. Sein Jubel mischt sich mit dem Applaus im Saal. Mir läuft es kalt über den Rücken. Ich muss mich zusammennehmen, denn ich spüre die Tränen aufsteigen. Aus Rührung, aus Angst, aus Liebe...

Thomas lacht immer noch. Er hat gelernt zu lachen, wo auch immer und wann auch immer. Ich tue mir da viel schwerer.

Natürlich dreht sich das Interview hauptsächlich um seine momentane Situation, die vergangene Operation und die Zukunftspläne. Thomas gibt bereitwillig Auskunft, schreibt Autogramme und zieht bei der anschließenden Verlosung den Sieger eines Preisausschreibens. Ich stehe die ganze Zeit über hinten an der Wand und beobachte das Geschehen. Aber auch ich werde beobachtet. Wer ist sie? Die neue Freundin? Nein, der ist doch mit der Claudia Riegler zusammen. Man lässt mich nicht aus den Augen.

Als Thomas von der Bühne kommt, unterhält er sich noch mit den Veranstaltern und stellt mich Hannes Coreth vor, mit dem ich vor zwei Tagen telefoniert habe, dem stellvertretenden Generaldirektor der Niederösterreichischen Versicherung, bei der Thomas unter Vertrag steht. Während die Männer reden, höre ich nur stumm zu, was sonst gar nicht meine Art ist. Aber ich bin verunsichert. Zum ersten Mal in meinem Leben bewege ich mich in diesen Kreisen. Keiner hat hier mit mir gerechnet, ich fühle mich nicht richtig wohl. Es ist ein Liebesbeweis von Thomas, mich mitzunehmen. Zwar ist er ziemlich zurückhaltend, aber wann immer wir uns ansehen, lächelt er mir zu. Wir vermeiden es bis heute, in der Öffentlichkeit unsere Gefühle füreinander zur Schau zu stellen, denn das ist etwas, das wir uns für ruhige Momente aufbewahren. Am Anfang hat mich dieses Verhalten von Thomas gewundert, mittlerweile aber denke ich genau wie er.

Nach einer guten Stunde ist alles vorüber und wir sitzen im Auto auf dem Weg nach Wien ins Krankenhaus. Als wir dann mitten in der Nacht dort ankommen und Thomas sich vom Rollstuhl ins Bett hievt, ist es, als wäre nichts gewesen.

Mein Leben hat sich verändert. Es ist nicht so, dass ich jetzt nicht mehr dasselbe tun kann wie früher, bloß – ich kann es nicht mehr unbemerkt tun. Locker dahingesagte Worte können Konsequenzen haben und Schaden anrichten, wenn sie in die falschen Ohren kommen. Während wir mit dem Lift hinauf fahren, versuche ich mir vorzustellen, wie das Leben sein wird, sollte Thomas wieder erfolgreich sein.

Er hat jede Menge Besuch, und das hat auch sein Positives. So lerne ich seine engsten Freunde und Bekannten kennen, unter anderem auch seine Schwester Martina, die in Wien lebt. Sie studiert Gentechnik und hat zwei kleine Kinder, einen Buben und ein Mädchen. Eines Tages öffnet sich die Tür zum Krankenzimmer, ein kleines blondes Knödel stürmt herein und wirft sich auf Thomas, bevor er noch reagieren kann. „Onkiii!“ Auch das Mädchen setzt zum Sprung an. Wir versuchen, den Kindern zu erklären, dass das Bein vom Onkel noch weh tut und man sich nicht so einfach draufwerfen kann. In Windeseile ist das Krankenzimmer in ein Spielzimmer verwandelt und die Kinder klettern statt auf den Onkel auf mich. Aber sie fragen nicht einmal, wer ich bin.

„U-Bahn, U-Bahn!“, hängt der Kleine an meiner Hose.

„U-Bahn?“

„Nein, nein!“ Martina lacht. „Hoppern, sagt er.“

Zwischen Spielen, Singen und Kinderschaukeln finden die Geschwister auch noch einige Momente, in denen sie sich unterhalten können. Thomas erzählt seiner Schwester von der Operation und den Zukunftsplänen.

„Waren Mutti und Papa schon da?“

„Nein, ich habe ihnen gesagt, dass es nichts bringt, wenn sie kommen, weil sie ja sowieso nichts tun können.“

„Na, du bist ja nicht allein.“ Martina blinzelt mir zu und lacht.

Erst spät am Abend, als die Kinder müde werden und Martina nach Hause geht, beginne ich, vergessene Dinosaurier, Plastikkühe und Minipferde aus den Bettdecken, den Laden und den Schuhen hervorzuholen. Thomas ist zum Abschied noch richtig „nassgeküsst“ worden.

Die Tage im Krankenhaus vergehen wie im Flug, Thomas wird es nicht langweilig. Die Operation hat sich längst herumgesprochen und praktisch jeden Tag ist die Presse zu Gast. Thomas gibt kompetente medizinische Auskunft, ich staune darüber, wie gut er sich mittlerweile in seinem Knie auskennt. „Doktor Sykora“ nenne ich ihn manchmal.

Anfangs wundere ich mich, warum er immer wieder Interviews gibt. So kurz nach der Operation, oft stundenlang. Es strengt ihn sichtlich an. Heute weiß ich warum: Thomas mag Journalisten, hat Verständnis für diesen Beruf, in dem man nicht immer nur nach angenehmen Dingen fragen kann. Und die Journalisten mögen ihn. Seit wir uns kennen, ist kein bösartiger Artikel über Thomas erschienen und es ist ihm niemals das Wort im Mund umgedreht worden. Gerade in schweren Zeiten hilft das Medieninteresse enorm. Das Gefühl, nicht vergessen worden zu sein, hat Thomas in diesen Monaten sehr gut getan.

Auch Niederösterreichs Landeshauptmann Erwin Pröll, Onkel Gunnar Prokop und Thomas’ Freunde Hannes Trinkl und Michael Tritscher schauen vorbei. Für mich werden die Abende im Krankenhaus zu einem wahren Unterhaltungsprogramm nach Dienstschluss. Auf diese Weise bekommen auch die Medien mit, dass Thomas eine neue Freundin hat. Dass sie noch dazu seine Therapeutin ist, gibt Stoff für neue Geschichten.

Wäre alles normal gelaufen, hätte ich niemals so schnell Thomas’ engste Freunde kennengelernt. Sie alle erscheinen am Krankenbett. Auch meine Eltern gehören zu den Besuchern. Nichtsdestotrotz sind wir beide überglücklich, als er nach knapp zwei Wochen aus dem Krankenhaus entlassen wird. Sofort machen wir uns auf den Weg Richtung Hochkar; ich habe mir zwei Wochen Urlaub genommen. Die Fahrt erscheint mir endlos lange, ich bin unruhig, denn ich kenne seine Eltern noch nicht. Nun werden wir die nächsten zwei Wochen gemeinsam leben, denn Thomas' Zimmer sind in die elterliche Wohnung integriert.

Es ist fast dunkel, als wir das Ende der Mautstraße erreichen. Täusche ich mich oder liegt hier Schnee? Die Hänge sind allesamt noch weiß. Wir haben Mitte Mai!

Es dauert einige Minuten, bis wir vom Auto mit dem Lift hinauf in die elterliche Wohnung kommen. Ehe wir im Wohnzimmer sind, hängt schon eine blonde Frau an Thomas' Hals, ein Hund springt jaulend an ihm empor und zwei Katzen lauern in Startposition. Nur der Vater sitzt grinsend im Hintergrund. Einen Moment lang bin ich versucht, nach der Mutter Ausschau zu halten, aber ich täusche mich nicht. Flora, die mich nun herzlich begrüßt, ist seine noch sehr jung aussehende Mutter. In diesem Moment wird mein Vorurteil vom raschen Altern in den Bergen und der Lederhaut widerlegt. Vielleicht sollte ich gleich hier heroben bleiben…

Wir sitzen noch lange am Wohnzimmertisch beisammen und Thomas berichtet von der Operation. Der Vater interessiert sich für den Zeitplan, ab wann wieder mit einem leichten Training begonnen werden kann. Am nächsten Tag, als ich eine Führung durchs Haus bekomme, weiß ich auch, warum er das so genau wissen möchte. Hier im Heim gibt es alles, begonnen von der Laufbahn über Turnhallen, Tennisplätze, Kraftkammer bis hin zur Sauna und zum Massagetisch. Das Haus ist so riesig, dass ich mich anfangs oft verlaufe.

In den nächsten Tagen kann ich nur therapeutisch Hand anlegen. Wir beginnen wieder mit Lymphdrainage und leichten Dehnübungen für den Oberschenkel, dabei liegt Thomas im Badezimmer auf dem Wickeltisch seines kleinen Neffen. Am Gang vor der Wohnung stellen wir den Vorzimmerspiegel auf; Thomas muss sich bei der Gangschule meinen strengen Blicken unterziehen.

„Du hinkst immer noch. Der rechte Schritt ist kürzer als der linke."

„Stimmt ja gar nicht."

„Schau genau hin."

„Du hatschst ja auch."

„Das ist etwas anderes!" Unsere Wortgefechte bei der Therapie sind mittlerweile legendär. Aber es war nie anders. Thomas ist mein schärfster Kritiker und ich bin seine kritischste Beobachterin.

Überhaupt kommt mir sein Gangbild komisch vor. Steifbeinig stakst er auf den äußeren Fußkanten daher. Am nächsten Morgen sehe ich Thomas' Vater vorbeigehen, und alles ist klar. Dieser Gang ist „Vererbung". Außerdem, lasse ich mir sagen, ist es fürs Schifahren von Vorteil, auf den Außenkanten zu gehen.

Nach einiger Zeit geht es Thomas so gut, dass man auf den ersten Blick gar nichts von der jüngst vergangenen Operation merken würde. Er ist mittlerweile so fit, dass er mir mit dem Schi-Doo seine Heimat zeigen kann. Wir düsen im Sonnenschein über menschenleere Pisten, denn die Lifte haben den Betrieb längst eingestellt. Schade eigentlich, Schnee gäbe es noch genug. Die aufgefirnten Hänge ziehen an uns vorüber, Thomas lenkt den Schi-Doo mit einer Sicherheit, die man nur bekommt, wenn man mit diesem Gerät aufwächst.

„Und jetzt fahren wir zu meinem Hang." Wir biegen links ab und halten nach einigen Minuten mitten auf einem kleinen Weg. Als ich den Kopf nach links drehe, sehe ich noch etwa hundert Meter den Hang hinunter. Dann kommt eine Kante, danach ist nichts mehr. Kein Wunder, denn dann geht es fast senkrecht hinunter.

„Und jetzt zeige ich dir den Start. Den Schi-Doo lassen wir aber stehen, es ist relativ steil dort oben." Er weist mit dem Finger auf den kleinen Hügel direkt über uns.

Doch nach ein paar Schritten beginnen wir zu rutschen. Mit meinem schmerzenden Knöchel kann ich das schwierige Gelände hier nicht bewältigen. Ein Blick zur Seite zeigt mir, dass auch Thomas kämpft. Es stolpert ängstlich im tiefen Schnee herum. Wie zwei müde Stubenfliegen kleben wir am Hang und kommen nicht nach oben. Nach ein paar Versuchen geben wir auf, setzen uns auf den Schi-Doo und rasten in der Sonne. Thomas lässt sich zum ersten Mal seine Verzweiflung anmerken:

„Meinst du, das wird heuer was? In fünf Monaten soll ich diesen vereisten Hang hinunterfahren, wo ich heute nicht einmal zu Fuß gehen kann."

Als er mir ins Gesicht sieht, verstummt er, weil er meine Tränen bemerkt. Ich habe schlimme Schmerzen und alles erscheint mir hoffnungslos. Die Arbeit mit ihm lenkt mich ab, macht mein Sprunggelenk aber nicht wieder gesund. Es geht mir von Tag zu Tag schlechter. Mittlerweile ist es so weit, dass ich am Morgen auf allen Vieren ins Badezimmer krieche und mich erst nach einer Stunde „eingegangen" habe. Was aber nicht bedeutet, dass ich mich dann ungehindert fortbewegen kann. Ich hinke mit großen Schmerzen, und von Woche zu Woche wird es schlimmer.

„Jetzt ist es genug. Am Montag habe ich Kontrolle bei Hans-Paul. Du lässt dich auch gleich anschauen." Diesmal muss er mich trösten und mir Hoffnung spenden.

Ich weiß, dass ich um eine Versteifung des Sprunggelenks nicht herumkommen werde, obwohl ich mit 26 Jahren noch ziemlich jung dafür bin. Eine Woche später bestätigt sich mein Verdacht. Der Operationstermin wird sofort festgesetzt, doch am Vortag ruft Dr. Kutschera an: „Bist du bereit, einen Versuch zu wagen?"

„Welchen?"

„Es gibt jetzt eine neue Art von künstlichen Sprunggelenken. Besser als die bisherigen. Man muss dabei den Knochen nicht kürzen und so hat man keine Beinlängendifferenz, die im Falle einer späteren Versteifung ausgeglichen werden müsste."

„Wo ist dann der Haken?"

„Es ist in Österreich noch nie gemacht worden. Ich weiß weder, wie lange das Ding hält, noch wie gut deine Beweglichkeit sein wird. Das Einzige, was du riskierst, ist, dass ich dich noch einmal operieren muss, wenn es nicht klappt. Eine Versteifung jedoch ist nicht mehr rückgängig zu machen."

„Wir versuchen es!"

Einige Tage später liege ich im selben Bett wie Thomas vor mir. Wir haben die Plätze getauscht. Diesmal sitzt er an meiner Bettkante und hält meine Hand, als ich munter werde. Ich bin voller Hoffnung. Einen Tag nach der Operation darf ich aufstehen und ich stelle fest, dass es mir jetzt schon besser geht als vorher. Mit einem Spezialschuh und Krücken kann ich bereits ganz gut gehen. Die Beweglichkeit im Sprunggelenk ist sehr gut.

Eine Woche später verlasse ich das Spital und fahre mit Thomas aufs Hochkar. Er meint, dass zur Abwechslung er mich pflegen möchte. Für mich ist es schon fast ein Nach-Hause-Kommen, denn ich habe mich dort oben wunderbar eingelebt. Ich bin voller Hoffnung auf ein neues Leben. Wieder laufen zu können, Tennis zu spielen, zu wandern – und vor allem keine Schmerzen mehr zu haben. Nie mehr nachdenken zu müssen, ob ich etwas, das ich gerne tun möchte, auch machen kann, davon träume ich schon seit fast fünf Jahren.

Jetzt wachsen wir erst so richtig zusammen. Es gibt Abende, da behandle ich zuerst sein Knie und er dehnt anschließend meinen Knöchel. Diesmal bin ich es, die vor dem Spiegel ausgebessert wird, und als ich die ersten Schritte ohne Krücken mache, freut er sich, wie ich mich über seine ersten Versuche auf der Laufbahn gefreut habe.

Überhaupt sehe ich ihm gerne beim Trainieren zu. Schön langsam übernimmt der Vater wieder die Tagesgestaltung, und aus einem Therapietag wird allmählich wieder ein Trainingstag. Das Zusammenspiel zwischen Vater und Sohn ist wohl einzigartig, denn ich bin noch nie einem erwachsenen Mann begegnet, der dem Vater so viel Achtung entgegenbringt wie Thomas. Aber ich habe auch noch nie einen Vater gesehen, der seinem Sohn so viel Zeit und so viel Aufmerksamkeit widmet. Damit meine ich nicht nur die Trainingsplanung und Durchführung, denn dazu gehört weit mehr. In dieser Zeit klappt nämlich nicht mehr alles so reibungslos. Das Knie schwillt immer wieder an, erstmals treten auch Schmerzen auf. Nicht jedes Training kann so durchgeführt werden, wie es geplant ist. Bei der Streckung knackt es hörbar im Kniegelenk. Es ist ein böses Geräusch, verbunden mit Schmerzen, die man nicht ignorieren kann. Letztendlich erfahren wir, dass eine Plika (Ablagerung) der Grund dafür ist. Erst Wochen später wird diese arthroskopisch entfernt.

Nun lerne ich eine Seite an Thomas kennen, die mir bislang verborgen geblieben ist. Eine kindliche, ungeduldige Seite. Ich sehe ihn toben, schimpfen, schreien, weinen und stampfen wie ein kleines Kind. Oft dreht er sich einfach um, wirft alles hin und bricht das Training ab. Daneben steht sein Vater. Immer ruhig, immer abwartend, immer aufmerksam. Er lässt ihn austoben, so wie man ein Baby ausweinen lässt. Erst dann, meist beim Mittagessen, beginnt er Fragen zu stellen. Warum eine Übung nicht durchführbar ist und wie man feststellen kann, was der Grund für die Schmerzen ist. Nicht nur einmal fahren wir dann am Nachmittag ins Spital nach Wien, wo Hans-Paul das Knie untersucht. Röntgen und Magnetresonanzen zeigen, dass alles in Ordnung ist. Die Schwellung sei normal, meint er.

Wenn die Schmerzen im Gelenk zu groß sind, wird punktiert. Danach geht es gleich etwas besser. Auch sonst versuchen wir alles. Stützverbände, Tapes, Eisbeutel, nicht zu vergessen die verschiedensten Therapieformen. Eines habe ich aus dieser Zeit gelernt: dass nur die Therapie hilft, an die man wirklich glaubt und die man konsequent betreibt. Dabei wäre es wahrscheinlich egal, ob es das Magnetfeld ist oder ob man einfach die Zeit arbeiten lässt. Schockierend, diese Aussage von einer Therapeutin, oder? Ich bin der festen Überzeugung, dass Therapie die Heilung einer Verletzung beschleunigen, die Beweglichkeit vergrößern, aber keine Wunder bewirken kann. Ich vergönne jedem seine Salben und Wundermittel, seinen Laser, seine Runen, von mir aus eine Wünschelrute, was auch immer. Wichtig ist, dass er sich Zeit für seinen Körper nimmt, ihn pflegt und nicht „prügelt".

Dennoch und gerade deshalb, weil es immer wieder Komplikationen und Schmerzen gibt, machen wir uns Gedanken um unsere Zukunft. Thomas' Baugrund am Hochkar muss bis 2006 genutzt werden, sonst fällt er an die Gemeinde zurück. Eine Hütte am Berg, das war doch schon immer mein Traum…

Ein teurer Traum, wie sich herausstellt. Denn 18 bis 20 Millionen Schilling stehen zwischen Traum und Wirklichkeit. Dafür müsste Thomas wirklich noch Olympiasieger werden. Wenn wir nicht gerade beim Arzt sind, klappern wir sämtliche Architekten ab und lassen uns eine Schihütte planen. Es ist seltsam, aber mit einer einzigen Ausnahme ist niemand fähig, eine einfache, gemütliche Almhütte zu entwerfen. Wir bekommen Zeichnungen von Glasverschlägen, tempelähnliche Versionen oder sogar einem bewohnbaren Hügel. Diese Vorschläge sind allesamt bemerkenswert, einzigartig – und schrecklich teuer. Doch keiner trifft das, was wir eigentlich wollen. Bis heute weiß ich nicht warum, aber es ist anscheinend eine Schande für einen Architekten, ein gemütliches Holzhaus zu bauen.

Als es Herbst wird, wissen wir immer noch nicht, wie unsere Hütte aussehen soll, aber für Thomas wird es langsam wieder ernst. Wir fiebern dem Tag entgegen, an dem er die Schi zum ersten Mal anschnallen soll.

Mitte September ist die Wetterlage günstig. Thomas plant mit seinem Vater den ersten Schitag. Ich staune nicht schlecht, wie viel Aufwand das bedeutet. Da wird einen Tag lang nur eingepackt. Mehrere Paar Schi, Servicematerial, Zeitnehmung, Bohrer, Stangen etc. Im Heim wird alles zusammengesucht. Es ist, als ob die Mannschaft aus einem langen „Winterschlaf“ erwacht. In der Garage schraubt der Haustechniker des Heims, der auch auf der Piste behilflich ist, am Schi-Doo, im Schistall wachselt der Servicemann die Bretter und im Büro piepst ununterbrochen die Zeitnehmung. Morgen früh muss alles stimmen.

„Wir stehen um vier Uhr auf“, meint Thomas, als wir im Auto sitzen.

Ich lache, denn ich glaube ihm kein Wort. Thomas ist alles andere als ein Morgenmensch und es bedarf wahrer Überredungskünste, ihn vor acht Uhr aus den Federn zu locken.

„Wenn es ums Schifahren geht, ist das etwas anderes.“ Was mich immer noch nicht so richtig überzeugt.

Nach einer langen Fahrt durch ein spätsommerliches Österreich erreichen wir am Abend Sölden. Hier gastiert noch der Sommertourismus. Viele Wanderer und Sonnenanbeter kommen uns auf der Straße entgegen. Ich kann mir nicht vorstellen, dass ich morgen irgendwo mitten im Winter sein werde. Deshalb ist es merkwürdig, die Schischuhe aufs Zimmer zu tragen.

Dass der morgige Tag ein wichtiger ist, erkenne ich auch daran, dass Dr. Kutschera extra aus Wien angereist kommt. Mit seiner Ehefrau und den Zwillingen.

Wir legen uns ziemlich früh ins Bett, doch keiner von uns beiden kann einschlafen.

„Bist du nervös wegen morgen?“

„Ein bisschen schon.“

„Hast du Angst, die Sehne könnte reißen?“

„Ich weiß nicht. Ganz schmerzfrei war ich ja nie. Ich habe mir den ersten Tag auf Schi ganz anders vorgestellt.“

„Thomas, ganz ohne Schmerzen wirst du nie wieder fahren können. Aber ich glaube, das können nur ganz wenige. Ich kenne fast keinen Spitzensportler, der ohne Schmerzen trainiert. Du hast bisher einfach Glück gehabt.“

Er schweigt einige Minuten und erzählt mir dann von seiner Angst, dass die Sehne nochmals reißt. Aber Spitzensport bedeutet auch Mut zum Risiko, und der Körper ist das Werkzeug des Sportlers. Die Entscheidung, noch einmal alles zu wagen, liegt allein in seinen Händen. Irgendwann im Laufe der Diskussion schlafen wir beide ein.

In dieser Nacht habe ich einen seltsamen Traum, in dem ich eine völlig bekleidete Gestalt mit Schibrille neben meinem Bett stehen sehe.

„Hallo, aufwachen, wir fahren.“

Es ist kein Traum, Thomas ist zum Frühaufsteher mutiert. Auch ich quäle mich aus den Federn. Der Gedanke, hinauf in den Schnee und die Kälte zu fahren, macht es mir nicht gerade leichter. Ein paar Schluck Kaffee, ein Butterbrot, zu mehr komme ich nicht. Es ist noch dunkel, als wir das Hotel verlassen und mit dem Auto die Mautstraße hinauf fahren.

Oben auf dem Parkplatz flammen in der Dunkelheit die Scheinwerfer der Pistenraupe auf, die uns nach oben bringen wird. Doch wir sind nicht die Einzigen, die auf die Piste wollen. Auch das finnische Team wartet auf den Transport. Es dauert nur einige Minuten, bis alle Schifahrer hinten am Ratrak hängen oder vorne in einer Art Kiste sitzen. Ich habe eine „Sonderstellung" neben dem Fahrer, denn ich wäre vermutlich schon bei der Fahrt über die Eisplatten an den Gletscherspalten gescheitert.

Langsam dämmert am Horizont der Morgen, aber es ist noch immer sehr kalt. Bald wird mir klar, dass dieses Training minutiös genau geplant ist. Oben angekommen zerstreuen sich die einzelnen Personen, ohne auch nur ein einziges Wort zu wechseln. Da wird der Kurs gesetzt, die Zeitnehmung aufgebaut und der mitgebrachte Schi-Doo zieht Thomas, der sich einfährt, immer wieder den Hang hinauf.

Ich staune, mit welcher Leichtigkeit er sofort, nach immerhin fast einem Jahr Pause, den Hang hinunterschwingt. Ich spreche ihn darauf an und meine, dass wir schon fast gewonnen hätten, wenn das so gut gehe.

„Da täuscht du dich aber. Das ist noch gar nichts, das würde ich auch mit einem Fuß machen."

Vielleicht ist das der große Unterschied zu mir, denn vor lauter Trubel um Thomas habe ich ganz vergessen, dass auch ich das erste Mal mit künstlichem Sprunggelenk auf den Schiern stehe, und ich kann das nicht. Auf einmal überkommt mich die Angst und ich traue mich nicht einmal, meine Schi senkrecht, den Hang hinunter zu stellen. Ich geniere mich fürchterlich. Am Hang neben mir fetzt der Slalomweltmeister Kalle Palander durch den Kurs, rund um mich werken lauter staatlich geprüfte Schilehrer oder ehemalige Rennfahrer, und die Freundin vom Sykora kann nicht einmal einen Schwung machen…

Also entscheide ich mich dafür, das Geschehen von oben zu beobachten.

„Es geht ihm gut, hat er gemeint." Hans-Paul schwingt neben mir ab.

„Du wirst sehen, er packt es wieder. Er schont seinen Fuß nicht, ich habe ihn beobachtet."

Ich sage nichts mehr, denn es ist so weit. Thomas wartet auf die Freigabe seines Vaters. Dann fährt er los, die ersten Schwünge durch die Stangen. Sehr vorsichtig, das sieht man deutlich. Aber doch so, dass man merkt, er kann es.

Der nächste Durchgang ist schon etwas forscher, ein paar Tore bewältigt er sogar richtig aggressiv. Ich rutsche hinunter zu seinem Vater, der mit der Videokamera am Pistenrand steht. Auch Thomas schwingt hier ab und auf einem kleinen Bildschirm der Kamera wird die Fahrt analysiert.

„Schau hier, das war gar nicht so schlecht! Geh ordentlich drauf."

„Okay."

Der nächste Durchgang folgt – für mein ungeschultes Auge schon sehr gut. Ich staune über die Wucht, mit der Thomas an die Stangen knallt, sie mit den Armen zur Seite schiebt und zwischen den Toren hin und her zu springen scheint. Auch Hans-Paul ist beeindruckt, er lächelt zufrieden vor sich hin.

Einmal erwische ich Thomas ganz allein oben beim Start.

„Das geht ja super. Auch wenn es noch nicht perfekt ist, du hast ja noch genug Zeit."

„Ja, ja, geht eh gut."

Ich erschrecke. Irgend etwas stimmt nicht, so reagiert er nicht, wenn alles in Ordnung ist. Aber wahrscheinlich ist es wie schon so oft beim Training. Eine störende Kleinigkeit, die ihn wütend macht. Beim nächsten Mal kann es dann auch schon wieder ganz anders aussehen.

Er fährt los. Hemmungslos für meine Begriffe. Ich glaube fast, bemüht, nicht an all das zu denken, was war. Immer wieder höre ich die Torstangen knallen, wenn sie zur Seite gedrückt werden – und plötzlich hebt er einen Schi und fährt gerade beim Tor vorbei, ehe er sich in den Schnee fallen lässt.

Oje, verkantet, denke ich mir, na ja, das kann passieren. Trotzdem rutsche ich zu ihm hinunter, denn er sitzt immer noch.

„Sie ist gerissen."

„Nein, Blödsinn, so leicht reißt keine Patellasehne."

Zornig und mit einem Lächeln, das mir Angst einjagt, fährt er mich an: „Glaube mir, ich kenne das Gefühl, wenn dir die Kniescheibe den halben Oberschenkel hinaufrutscht."

Erst jetzt sehe ich auf seine Hände, mit denen er die Patella unten hält. Die Situation ist eindeutig.

Jetzt ist auch schon der Vater da. Kurz darauf schwingt Hans-Paul neben uns ab, der sofort erkennt, was geschehen ist. „Um Gottes Willen!" Nur Thomas scheint keineswegs vom Schock gepackt zu sein.

„Ihr müsst mich hier wegbringen. Papa, bitte ruf den Ratrak her."

Erst jetzt erwachen wir aus unserer Starre. Hans-Paul fällt auf die Knie und untersucht das Bein, der Vater winkt den Fahrer herbei.

Ich streiche Thomas übers Haar und es gibt nichts, was ich sagen könnte. Er dreht sich um, lächelt mich an und meint: „Mach dir nichts draus, es ist nicht so schlimm. Jetzt bauen wir unsere Hütte. Wenigstens ist eine Entscheidung gefallen."

Ich kann seine Ruhe und Fassung nicht ertragen. Alles, wofür er gekämpft hat, woran er sich immer wieder aufgerichtet hat, geht hier und heute für immer verloren. Eine große Karriere endet ganz unspektakulär hier in Sölden, mitten im September. Ich werde Thomas nie wieder durch die Tore springen sehen…

Als er mit einem geschienten Bein in das Pistenfahrzeug gehoben wird, bemerke ich das Gesicht seines Vaters, der sonst keine Miene verzieht. Er sieht unbeschreiblich traurig aus. Jetzt ist es mit meiner Fassung vorbei. Ich drehe mich um und fahre hinunter zur Frau des Arztes, die mit den Zwillingen beim Lift auf mich wartet.

Die Liftfahrt scheint ewig zu dauern. Als wir unten ankommen, ist Thomas bereits ins Auto verladen worden. Der Beifahrersitz ist so weit nach hinten geschoben, dass er sein Bein fast ausstrecken kann. Hans-Paul setzt sich ans Steuer, ich quetsche mich auf die Rückbank.

„Wir müssen ihn sofort in die Klinik bringen, ich operiere noch heute."

„Es ist Sonntag."

„Egal, ich rufe alle von unterwegs an."

Wir fahren sofort los und halten nur noch kurz beim Hotel, wo man unter Thomas' Knie einen Deckenwall aufbaut. Unsere Sachen lassen wir hier, sie werden uns nachgeschickt.

„Hast du Schmerzen?", frage ich.

„Nein, nur ein leichtes Brennen." Ich beobachte ihn von der Seite. Er ist kreidebleich und seine Haare kleben nass an der Stirne fest. Ich mache mir große Sorgen und dennoch bin ich machtlos. Alles, was ich tun kann, ist dasitzen und seine Hand halten. Er erwidert diese Geste und wir lassen einander bis zum Ende der Fahrt nicht los.

Im Höllentempo geht es Richtung Wien, wo nach einigen Telefonaten bereits alles auf uns wartet. In der Tiefgarage wird Thomas auf eine Trage gehoben und hinauf in das Zimmer geschoben.

Dann geht alles blitzartig. Ich registriere erst im OP, dass ich im grünen Gewand neben einem voll narkotisierten, mit Tüchern abgedeckten Thomas stehe. Ich möchte zusehen, denn er wird mich fragen, wie es in seinem Knie aussieht. Ich möchte die Wahrheit wissen, nur so kann ich ihm weiterhelfen. Daher überwinde ich meine Scheu.

Der erste Schnitt, das Blut wird sofort abgesaugt und die Sehne frei präpariert. Sie ist völlig zerfetzt, das Knie ist eine Ruine. Man kann bis ins Gelenk sehen. Plötzlich wird mir unendlich schlecht, so schlecht wie noch nie zuvor. Doch bevor ich mich übergeben kann, falle ich in Ohnmacht. Zum ersten Mal in meinem Leben. Im Schwesternzimmer neben dem Operationssaal werde ich wieder munter. Der Anästhesist lacht mich an.

„So eine Operation ist nichts Schönes, ich weiß."

Ich trinke ein paar Schluck Wasser, und gleich geht es wieder besser. Es ist bereits sehr spät, der Mond leuchtet hell beim Fenster herein. Über meine Wangen laufen Tränen. Wie soll es jetzt weitergehen? Welche Perspektiven haben wir? Werde ich stark genug sein, ihn seine Enttäuschung vergessen zu lassen? Ich habe große Angst vor der Zukunft.

Auch für mich ist eine Welt zusammengebrochen. Ich habe fest an dieses Comeback geglaubt, nie wirklich Zweifel gehabt, die doch berechtigt gewesen wären. Welche Motivation gibt es für die Rehabilitation? Eines ist klar: Selbst jetzt, wo es nicht mehr ums Schifahren geht, wird er etwas tun müssen.

Der Anästhesist erscheint in der Tür und bittet mich, noch einmal in den OP zu kommen. Hans-Paul möchte, dass ich das Ergebnis begutachte. Zuerst will ich nicht hinein, doch dann überwinde ich mich. Schließlich werde ich einige Fragen beantworten müssen.

Aber es ist leichter als erwartet. Die Sehne ist wunderbar zusammengenäht und liegt ganz plan da. Zur Entlastung und Absicherung wurde durch die Patella und den Schienbeinkopf ein Draht gelegt, der nach der Heilung operativ entfernt werden muss.

Die Haut wird wieder über dem ganzen Areal zusammengeschlagen und einer der Assistenzärzte näht. Kurz nach dem letzten Stich schlägt Thomas die Augen auf. Ich staune, wie gut man Narkosen heutzutage steuern kann. Wir sagen ihm, dass alles in Ordnung ist, er nickt nur. Im Aufwachraum beginnt er zu zittern.

„Kalt", presst er zwischen den Lippen hervor. Sogleich wird ein dicker Schlauch, aus dem warme Luft strömt, unter seine Decke geschoben. Später kann er sich an diese Momente nicht mehr erinnern. Trotzdem bleibe ich bei ihm, die ganze Zeit über.

Aus dem Aufwachraum wird das Bett ins Zimmer geschoben, und dort steht es wieder einmal am Fenster. Diesmal liegt zwar ein anderer Mann daneben, aber der soll schon morgen entlassen werden.

Ich stelle einen Sessel direkt neben das Bett und schaue auf den schlafenden Thomas hinunter.

Jene Momente, in denen ich hier voller Hoffnung gesessen bin, gehen mir wieder durch den Kopf. Ob es ihm auch so geht? Ich habe beschlossen, die Nacht über zu bleiben, obwohl mir die Schwestern immer wieder sagen, dass das gar nichts bringt, weil er ohnehin schlafen wird.

Gegen fünf Uhr morgens erwacht Thomas plötzlich und meint, er habe ein taubes Gefühl im Vorfuß. Der Gips vielleicht – ich weiß es nicht. Hoffentlich sind bei der Operation die Nerven nicht verletzt worden, denke ich, doch ich sage lieber nichts davon. Thomas wird unruhig und macht sich Sorgen. Wir rufen Hans-Paul, der meint, dass dieses Gefühl keine Seltenheit ist und in den nächsten zwei Tagen vergehen werde, wir sollten unbesorgt sein. Aber das ist nicht so leicht. Die Nerven von Thomas sind schon etwas strapaziert und er steigert sich richtig hinein. Pausenlos muss ich seine Zehen massieren, nur so wird das Kribbeln, das er mittlerweile verspürt, besser. Für mich ist das ein deutliches Zeichen, dass sich alles wieder geben wird, denn die Nerven sind bestenfalls gereizt, auf keinen Fall aber beschädigt worden.

Als der Morgen heraufdämmert, beginnen wir, uns im Flüsterton zu unterhalten. Ich erzähle ihm von der Operation und davon, dass ich die erste Ohnmacht meines Lebens hinter mir habe. Wenigstens erziele ich so einen Heiterkeitserfolg.

Wie soll es jetzt weitergehen? Die Presse wird schon bald von der Sache Wind bekommen und genau dieselbe Frage stellen. Eine Rücktrittserklärung will wohl überlegt sein, denn es trifft schließlich nicht nur uns. Die Versicherung, bei der Thomas unter Vertrag steht, hat ja auch mit einem aktiven und nicht mit einem zurückgetretenen Sportler gerechnet. Obwohl, eine Garantie für Gesundheit gibt es nicht.

Und außerdem, ich weiß nicht warum – es geht mir alles viel zu schnell. Ich spreche diesen Gedanken nur kurz an, aber Thomas versteht mich sofort.

„Ein relativ unspektakuläres, schnelles Karriereende, meinst du, oder?"

„Ja genau. Ich war mir so sicher. Ich kann noch gar nicht glauben, dass alles vorbei sein soll."

„Ich auch nicht. Aber es ist zu gefährlich. Ein neuerlicher Riss könnte das Ende jeglicher sportlichen Betätigung bedeuten, oder noch schlimmer. Ich möchte mich schließlich auch noch mit 60 auf die Klomuschel setzen können."

„Ich habe Angst vor der Medienlawine."

„Weißt du was, wir nehmen uns noch etwas Zeit. Ich muss zwar sagen, was geschehen ist, aber die Entscheidung über meine Karriere liegt immer noch bei mir. Ich warte so lange mit meiner Rücktrittserklärung, bis ich mir im Klaren darüber bin, wie es weitergehen soll."

Er lächelt mich an, ich nehme seine Hand.

„Weißt du, ich habe großes Pech gehabt in den letzten Monaten, aber gleichzeitig bin ich auch der glücklichste Mensch, obwohl mir das wahrscheinlich niemand glauben wird. Ich habe dich gefunden, und ich weiß, dass wir gemeinsam weitermachen werden, was auch immer geschieht. Schi gefahren wäre ich nur mehr ein bis zwei Jahre, aber du bleibst hoffentlich ein Leben lang bei mir. Hätte ich mich nicht verletzt – wir wären uns niemals begegnet."

„Wären wir doch. Das ist Schicksal."

Wir lachen beide, als Hans-Paul bei der Tür hereinschleicht und sich zu uns setzt. Er sieht fürchterlich aus, richtig niedergeschlagen.

„Die Presse bombardiert mich. Ich habe keine Auskunft gegeben, vertröste alle auf später, aber das ist egal. Nachdem ich dich gestern in den ersten Durchgängen beobachtet habe, fällt es mir schwer, zu akzeptieren, dass ich das nie wieder sehen werde."

„Ja, aber man muss auch verlieren können."

„Ich traue es mich fast nicht zu sagen, aber ich habe heute in der Nacht noch mit den USA telefoniert…"

„Hans-Paul, lass es, bitte", Thomas unterbricht ihn, „es ist vorbei. Wir haben jetzt zum zweiten Mal gesehen, dass zu viel Ehrgeiz nichts bringt, und ich für meinen Teil habe es kapiert. Ein dritter Versuch wäre idiotisch." Hans Paul schweigt und starrt deprimiert Löcher in die Luft. Wir trösten unseren Chirurgen.

Thomas bittet Hans-Paul, sämtliche Journalisten, die ihn anrufen, zu ihm durchzustellen. Er meint, es sei kein Problem für ihn, Auskunft zu geben. Überhaupt kommt er mir fast erleichtert vor. Wir alle sind deprimierter als er.

„Ich habe es die ganze Zeit über geahnt. Immer wieder, wenn das Knie angeschwollen ist, habe ich so meine Zweifel gehabt. Das war doch kein gesundes Gelenk mehr. Ich hätte auf meinen Körper hören sollen, aber zum zweiten Mal habe ich es nicht getan. Das ist das Einzige, was mich ärgert."

Haben wir ihn hineingehetzt? Bin ich genauso ehrgeizig wie alle anderen? Ich habe mich viel zu sehr in die Sache hineingesteigert.

Thomas ist schon weiter als wir. Während wir noch bedauern, zeichnet er bereits Pläne für unsere Schihütte. Ich warte auf den Zusammenbruch, aber der kommt nicht.

Als ich am nächsten Tag ins Spital gehe, gleicht die Situation im Zimmer einer Pressekonferenz. Blitzlichtgewitter, überall Kameras und Mikrofone. Ich ziehe die Tür sofort hinter mir zu. Ein paar Stunden später weiß ganz Österreich, was geschehen ist.

Thomas muss sein Telefon abschalten, es klingelt ununterbrochen. Nach diesem Tag, an dem er der Öffentlichkeit Rede und Antwort gestanden hat, schottet er sich komplett ab. Während er von vielen Seiten bedauert und bemitleidet wird, haben wir hier im Spital wunderschöne, glückliche Stunden. Wir basteln an unserer Zukunft. Der Gedanke, dass wir uns nicht mehr für Wochen oder Monate trennen müssen, dass keiner von uns mehr mit enormem Leistungsdruck leben muss, freut uns. Wir haben die Chance, gemeinsam etwas aufbauen zu können, weiter ein Team zu bleiben. Was ist daran so schlecht?

Das zweite Bett im Zimmer steht seit dem Presseansturm leer, und weil Thomas auch hier im Spital sehr feinfühlig behandelt wird, darf ich bei ihm schlafen. Fast wie im Hotelzimmer. Wir reden oft bis spät in die Nacht hinein. Morgens, wenn er noch schläft, steige ich aus meinem „Krankenbett" und fahre zur Arbeit. Dort geht es mir im Moment ziemlich schlecht. Erst jetzt wird mir bewusst, wie viele Stunden ich täglich mit Thomas gearbeitet habe. Ein großes Loch klafft in meinem Kalender und ich finde nur schwer die Motivation, es zu füllen. Bei jedem Sportler, mit dem ich jetzt arbeite, sage ich zu mir: „Und was, wenn es nicht wieder gut wird?"

Ich habe große Zweifel, die man mir wahrscheinlich anmerkt. In dieser Zeit ziehe ich mich immer mehr zurück und weiß, dass meine Tage im ISMB gezählt sind, obwohl ich ja noch gar nicht lange da bin. Nicht die Zweifel an der Sinnhaftigkeit der Therapie sind es, die mich quälen, sondern vielmehr eine gewisse Kraftlosigkeit, und die Gewissheit, dass die Ausübung dieses Berufes für mich gefährlich sein könnte. Denn es ist mir unmöglich, die Hoffnung, die ein anderer Mensch in mich setzt, routinemäßig zu behandeln. Ich nehme die Probleme und Gefühle aller Patienten mit nach Hause, ich tue mir zu schwer damit, abzublocken.

Drei Tage nach der Operation, ich schlafe noch immer im Spital, werde ich plötzlich mitten in der Nacht aus dem Traum gerissen. Bevor ich Hans-Paul noch erkennen kann, höre ich ihn schon reden.

„Wir werden noch einmal operieren. Er hat wirklich gute Chancen auf ein Comeback. Es gibt mehrere Möglichkeiten, ich bin schon fleißig am Recherchieren."

„Hans-Paul, ist alles in Ordnung?" Ich weiß, dass er nicht betrunken ist, aber die letzten Tage waren auch für ihn eine enorme Belastung, da kann jeder einmal die Nerven verlieren.

„Nein, hör mir zu. Ich bin nicht verrückt, auch wenn es sich so anhört."

Ich richte mich im Bett auf. Wir reden im Dunkeln weiter, denn Thomas schläft ruhig neben uns.

„So wie er jetzt beisammen ist, kriege ich ihn immer wieder hin, das verspreche ich dir. Aber wir dürfen nicht aufgeben, wir haben noch eine Chance."

„Hans-Paul, ich glaube nicht, dass du ihn noch einmal dazu bringst, weiterzumachen. Er hat seine Lehren aus der Sache gezogen und, ehrlich gesagt, mir ist es auch lieber so."

„Nein, ich erkläre euch das morgen, ich wollte dir nur Bescheid sagen."

Er verlässt das Zimmer so schnell, wie er gekommen ist.

Am nächsten Morgen brauche ich etwas Zeit, bis ich mir sicher bin, nicht nur geträumt zu haben. Als ich Thomas von meiner nächtlichen Erscheinung erzähle, lacht er nur und schüttelt den Kopf. Doch als ich gegen Abend von der Arbeit komme, sieht die Sache schon ganz anders aus.

Thomas erzählt mir von einem langen Gespräch mit Hans-Paul. Es gebe verschiedene Möglichkeiten: die Verstärkung der Eigensehne mit einer Spendersehne, eine Eigensehnenverstärkung oder Kunstbänder. Ich frage ihn ob er wahnsinnig ist, ob er immer noch nicht genug hat. Worauf er meint, dass die Sehne in jedem Fall verstärkt werden müsse, weil er sonst niemals wieder die Schi anschnallen oder einen Tennisschläger in die Hand nehmen dürfe. Wenn schon verstärken, warum nicht gleich so, dass vielleicht die Möglichkeit bestünde…?

Ich traue meinen Ohren nicht und habe kein Verständnis für diese Gedanken. Wir waren uns doch schon einig! Jetzt wird es schwierig, denn nun fahren wir sozusagen „zweigleisig". Nichts ist mehr sicher. Werden wir die Hütte gemeinsam führen oder nicht? Sollen wir auf ein sportliches Comeback hinarbeiten oder nicht? Die Wochen zwischen Ende September und Anfang Dezember habe ich in schlimmer Erinnerung.

Den ganzen Tag rennen wir von Architekt zu Architekt oder von Arzt zu Arzt. Wieder einmal bewahrheitet sich der Spruch: tausend Ärzte, tausend Krankheiten. Jeder Chirurg schlägt eine andere Operations- oder Therapieart vor. Letztendlich verwirren uns diese Informationsgespräche mehr, als sie uns helfen.

Dies ist auch ein dunkles Kapitel in unserer Beziehung zu Hans-Paul. Jede Woche plaudert er mit Thomas über Spendersehnen, philosophiert über Kunstbänder und erklärt ihm die Semitendinosusplastik. Doch es fällt keine definitive Entscheidung. Thomas ist völlig verunsichert, und jetzt geschieht das, was ich eigentlich viel früher erwartet hätte: Er ist deprimiert und traurig, nicht mehr Schi fahren zu können. Wäre es gleich vorbei gewesen, hätte er damit abgeschlossen und neu begonnen. So kann das Kapitel aber noch nicht gänzlich abgehakt werden und ein Funken Hoffnung ist nichts, auf das man bauen kann.

Also beschließen wir, auch die Meinung anderer Ärzte anzuhören und dann zu entscheiden, was wohl das Beste ist. Ich glaube, in ganz Wien gibt es keinen namhaften Chirurgen, den wir in dieser Zeit nicht aufgesucht haben. Hans-Paul bekommt Wind davon und ist maßlos enttäuscht. Nach einer kurzen Phase, in der alle auf uns und wir auf alle böse sind, verspricht er, uns ab jetzt nicht mehr in seine Entscheidungsfindung einzubeziehen. Er will Thomas einen Operationsvorschlag unterbreiten, den er auch für sein eigenes Knie akzeptieren würde.

Mit den Plänen für unsere Hütte kommen wir auch nicht voran, die Zeit rinnt uns durch die Finger. Das nächste Jahr liegt ungewiss vor uns. Thomas braucht mich jetzt mehr denn je und so hetze ich nach der Arbeit nach Hause und versuche, ihn mit einem umfangreichen Programm abzulenken. Nur für mich gibt es keine Ruhepause mehr. Schließlich setzt mein Körper dem Ganzen ein Ende – ich werde in immer kürzer werdenden Abständen krank. Die Situation spitzt sich zu, denn im Institut häuft sich die Arbeit. Ich bin mit meinen Kräften am Ende. Doch jetzt ist Thomas plötzlich wieder voll da. Er nimmt die Sache in die Hand und entwickelt unheimliche Energien.

Als Erstes entscheidet er sich dafür, bei Hans-Paul zu bleiben, setzt ihm aber ein zeitliches Ultimatum für eine letzte, alles entscheidende Besprechung. Bis dahin muss klar sein, wie es weitergeht. Dann hat er eine kluge, finanzierbare Idee, was unser Bauvorhaben am Hochkar angeht. Wir wollen eine Schirmbar aufstellen, was wesentlich billiger kommt als eine Hütte und auch in der Leitung leichter handhabbar ist. Dann bittet er mich, zu kündigen, um ab sofort nur mehr seine Privattherapeutin zu sein. Ich lehne sofort ab, denn ich will nicht abhängig sein. Da habe ich studiert und lange Zeit auf diesen Posten hingearbeitet, nur um auf eigenen Füßen stehen zu können, und dann mache ich genau den Fehler, den viele Frauen machen? Außerdem: Ich habe keine Sicherheit. Was tun, wenn die Seifenblase platzt?

Aber Thomas lässt nicht locker. Er brauche in jedem Fall wieder Therapie, könne aber nicht mehr in der Südstadt bleiben, weil er seinem Kopfsponsor, der sich ihm gegenüber auch jetzt äußerst loyal verhält, entgegenkommen will. Er möchte also sämtliche Öffentlichkeitstermine wahrnehmen, um den Marktwert, den er als Schifahrer ja gehabt hätte, nicht ganz zu verlieren. Das bedeutet aber reisen, reisen, reisen...

Andererseits – wir könnten überall gemeinsam arbeiten.

Ich nehme mir eine Auszeit und denke gründlich nach. Über unsere Beziehung, wie sehr ich ihm vertraue, welche Chancen wir haben, wenn wir uns fast nie sehen – und auch darüber, ob ich nicht auch in Zukunft auf das Kapital meiner Ausbildung und meines Arbeitswillens setzen werde können. Ich komme zum Entschluss, dass ein neuer Anfang immer möglich sein wird. Jetzt muss ich zu Thomas stehen, so wie er zu mir gestanden ist, von Anfang an. Er hat sich immer öffentlich zu mir bekannt, auch wenn er nach ein paar Tagen nicht sicher sein konnte, ob es mit uns beiden gut gehen würde. Nicht zuletzt glaube ich aber an das gute Gefühl, das ich ihm gegenüber habe. Das Vertrauen in seine Ehrlichkeit und seine Liebe.

Deshalb gehe ich den schweren Weg zu meinem Chef und kündige ein Jahr nach meiner Einstellung. Nach einer teuren Einschulung, einer kurzen, intensiven Arbeitsphase und unzähligen Krankenständen verlasse ich die Firma. Ich rechne ihm seine menschliche und verständnisvolle Reaktion auch heute noch hoch an. Es ist mir nicht leicht gefallen zu gehen.

Ab diesem Zeitpunkt sieht die Sache wieder anders aus. Ich habe nur mehr einige Monate zu arbeiten und die Entscheidung über die Operation wird bald fallen.

Die letzte große Aktion des Instituts, an der ich mitarbeite, ist ein sportmotorischer Test für viele Schulen aus ganz Österreich. Eine Woche lang werden unzählige Kinder im Ferry-Dusika-Stadion auf ihre körperlichen Fertigkeiten hin getestet. Obwohl ich nahe bei Wien wohne, würde das bedeuten, täglich um spätestens vier Uhr morgens aufzustehen und vor 20 Uhr sicher nicht nach Hause zu kommen. Thomas wäre den ganzen Tag alleine. So beschließen wir, uns ein kleines Vorweihnachtsgeschenk zu machen: Wir nehmen uns ein Hotelzimmer in Wien, können so länger schlafen und auch nach Feierabend noch etwas unternehmen. Etwas, das nichts mit Therapie, Ärzten oder Architekten zu tun hat. Ich erinnere mich noch gern an diese Tage, an denen wir uns richtig erholt haben.

Eines Abends schauen wir beim Christkindlmarkt vor dem Rathaus vorbei. Ich war bestimmt schon zwanzigmal dort, aber so schön wie diesmal war es noch nie. Aus meiner Studienzeit kenne ich die besten Punschhütten und mir fällt ein, dass ich genau heute vor einem Jahr meine Diplomprüfung bestanden habe, was ebenfalls hier ausgiebig gefeiert worden ist. Nach dem ersten Becher Punsch werde ich fast melancholisch. Wie viel sich seither verändert hat... Und wenn ich ehrlich bin, es haben sich beinahe alle meine Träume erfüllt. Ich habe nicht mehr den Drang, fortzugehen, nicht mehr die Angst, etwas zu versäumen. Ich fühle mich wie einer, der nach Hause gekommen ist, an einen Punkt im Leben, wo er sicher und zufrieden steht.

Eine Menge Erinnerungen an schöne, verrückte Tage begleiten mich. Letztendlich habe ich auch großes Glück gehabt, diese Zeit halbwegs heil überstanden zu haben. Aber ich möchte nichts von all dem, was ich erlebt habe, missen. Immer wenn mir in der Gegenwart etwas beschwerlich oder unerfreulich erscheint, begebe ich mich auf eine Reise in die Vergangenheit, erlebe die Klettertage in Thailand direkt am Meer noch einmal, sitze gleich darauf in der Provence am Lagerfeuer oder fahre mit dem Bike durch die Weinberge der Toskana. Alles Dinge, die mir in dem Moment, als ich sie erlebte, nicht dasselbe gegeben haben wie jetzt, wo sie mich so manche Lästigkeit vergessen oder distanzierter sehen lassen.

Nun beginnt ein neuer Abschnitt in meinem Leben. Ich fühle es deutlich, und ich bin bereit dafür. Hand in Hand gehen wir durch das Menschengewühl, essen Kastanien und stehen staunend unter dem Baum mit den vielen leuchtenden roten Herzen. Und weil dies ein Moment ist, den wir festhalten wollen, heben wir uns die Punschbecher auf.

Am nächsten Morgen verlassen wir gemeinsam das Hotel. Thomas, weil er jenes alles entscheidende Gespräch mit Hans-Paul führen wird, und ich, weil ich zur Arbeit muss.

Ich sammle die Startnummern bei der Laufbahn ein, weise die neu ankommenden Kinder auf ihren Platz, bin aber mit den Gedanken ganz woanders.

Plötzlich höre ich die Kinder aufschreien, sie laufen zusammen. Nein, hoffentlich nicht schon wieder ein Kreislaufzusammenbruch! Das gab es heute schon. Komisch, sie laufen alle zum Ausgang hin. Meine Kollegen fahren auf und verfolgen die Kinder. Sie lassen uns kaum durch, man muss sie richtig beiseite drängen.

„Der Thomas Sykora!", höre ich es plötzlich von hinten und mit einem Mal kommen die Kinder von überall her, von allen anderen Stationen in der Halle, sie lassen alles liegen und stehen. Wir ergeben uns in das allgemeine Chaos. Thomas steht schuldbewusst, aber übers ganze Gesicht grinsend auf der Laufbahn. Er schreibt Autogramme auf Zettel, Arme, T-Shirts, ehe es mir gelingt, ihn aus der Halle zu ziehen. Ich glaube, dass Schulklassen für einen prominenten Sportler eine wahre Heimsuchung sind. Aber in diesem Moment ist es das Beste, was Thomas passieren kann, denn es gibt keinen eindeutigeren Beweis dafür, dass man ihn noch nicht vergessen hat. Eine gute Motivation, weiter um das Comeback zu kämpfen.

„Es werden die Kunstbänder", erklärt er mir draußen.

„Wie haltbar sind die denn? Hoffentlich ist das nicht wieder ein Risiko. Gibt es Erfahrungswerte?"

„Nicht bei der Patellasehne. Irgendeinem Eishockeyspieler in den USA wurde die Achillessehne ersetzt und er hat nach nur wenigen Wochen das Training wieder voll aufnehmen können."

„Gibt es sonst noch Erfahrungen mit diesen Bändern?"

Er fischt ein weißes Band aus der Hosentasche und legt es in meine Hand. Es ist ein dicht gewebter Strick, der an den Enden abgeflacht ist. Die einzelnen Fäden, aus denen sich das Band zusammensetzt, sind aus faserigem Gewebe.

„Dieses Band hält angeblich extreme Zugkräfte aus, weitaus mehr als eine normale, gesunde Patellasehne. Siehst du die vielen dünnen Fäden? Sie machen es möglich, dass das Band langsam mit der eigenen Sehne verwächst. Man versuchte es nämlich bei Tumorpatienten, wo man ebenfalls mit einem Larsband verstärkt hat, zu entfernen, was jedoch unmöglich war, weil es völlig in das Gewebe eingewachsen war. Wenn das auch bei mir so ist, könnte man dieses Band fast als Sehnenersatz ansehen. Auch die Verankerungen in der Patella und dem Tibiakopf würde ich nicht spüren, weil die Enden des Bandes abgeflacht sind und keinen Wulst bilden."

„So etwas habe ich noch nie gehört. Es fühlt sich an wie eine Wäscheleine."

„Ich finde nicht. Es ist viel weicher und biegsamer. Aber es gibt noch einen zusätzlichen Sicherheitsfaktor, das ist die Zeit. Ich werde über ein Jahr Pause machen, bevor ich wieder auf die Schi steige. In dieser Zeit wäre der Umbau der Sehne ohne Verstärkung soweit abgeschlossen, dass sich kaum mehr etwas ändern würde. Im Idealfall bietet meine geheilte Sehne, mit einem Kunstband verstärkt, doppelte Sicherheit, ehe ich es wieder angehe."

„Wann wirst du operiert?"

„In zwei Wochen. Hans-Paul möchte sich gründlich auf diesen Eingriff vorbereiten. Ach ja, er lässt dich fragen, ob du die Operation filmen möchtest."

Ich sage sofort ja, obwohl ich nicht vergessen habe, dass ich beim letzten Mal umgekippt bin. Ich werde es schaffen, diesmal ist es wirklich wichtig.

So denke ich auch noch, als mir Hans-Paul zwei Wochen später die Kamera in die Hand drückt. Ich nehme sie mit aufs Zimmer, wo Thomas bereits im Bett liegt und auf die Vorbereitungen wartet. Im selben Bett wie immer natürlich. Aber die Stimmung ist wesentlich besser. Auch besser als beim ersten Mal, denn diese Operation ist eine Art Neuanfang.

Ich setze mich ans Bett, er lächelt mich an und sagt kein Wort. Eine Zeit lang erwidere ich seinen Blick, dann aber beginne ich mich zu wundern.

„Was ist? Bist du schon so nervös?"

„Nein, ich bin so glücklich. Ich bin so froh, dass ich dich habe. Ich will, dass du immer bei mir bleibst. Ich möchte dich einmal heiraten."

Ich weiß gar nicht, was ich sagen soll, aber jetzt ist nicht der richtige Moment für solche Gespräche, das wissen wir beide.

„Du wirst schon sehen", fügt er nach einiger Zeit hinzu, „ich sage das nicht nur so dahin, ich meine es ernst."

Ich streiche über sein Gesicht. Viel Zeit bleibt uns nicht mehr. Das Knie wird rasiert, er bekommt ein Nachthemd übergezogen, wir umarmen uns noch einmal, und schon wird das Bett aus dem Zimmer geschoben.

Auch für mich beginnt nun die Vorbereitungsphase. Ich verwandle mich wieder in eine OP-Schwester, schlüpfe in die grünen Gummischuhe und betrete den Raum mit den gleißenden Lichtern. Jetzt bekomme ich Angst vor der eigenen Courage. Was, wenn ich wieder umfalle? So viele Leute waren bestimmt noch nie in diesem Raum. Es wimmelt vor lauter grünen Gestalten, die sich um den Operationstisch scharen, auf dem Thomas, bereits in Narkose, liegt. Es ist ein seltsames Gefühl, den Menschen, mit dem du dich soeben noch unterhalten hast, plötzlich regungslos da liegen zu sehen. Der Anästhesist, mittlerweile ja auch schon ein alter Bekannter, scheint mein Unbehagen zu merken und zwinkert mir zu: „Alles in Ordnung, es geht ihm gut."

Ich stelle mich mit meiner Kamera an die Wand, und durchblicke erst langsam die Funktion der einzelnen Akteure. Da gibt es den Operateur, das ist klar. Um ihn herum drei Assistenzärzte, eine Operationsschwester, der Anästhesist und zwei Personen, die so wie ich nicht dazugehören. Sie stehen ebenfalls an der Wand. Wie sich später herausstellt, sind es die beiden Vertreter der Herstellerfirma des Kunstbandes, Kanadier, die den Kontakt zwischen Hans-Paul und dem Arzt, der diese Bänder entwickelt hat, hergestellt haben. Eines wird mir immer klarer: Kutschera hat sich auf diesen Tag wirklich phänomenal vorbereitet.

Die Operation beginnt. Zuerst wird die Blutsperre aktiviert, dann erfolgt der erste Schnitt. Als ich merke, dass mein Magen aufbegehrt, drücke ich mir die Kamera aufs Auge. Ab jetzt bin ich nicht mehr die Freundin des Patienten, sondern Kamerafrau. Jemand, der eine ungeheuer wichtige Operation filmt, von der es sonst kein Bilddokument geben würde. Es ist also absolut notwendig, durchzuhalten, rede ich mir ein. Es hilft. Mit der Konsequenz eines Kriegsreporters ziehe ich das Bild näher, filme so genau wie möglich. Als die Sehne frei präpariert ist, habe ich mich längst an die Situation gewöhnt und es beginnt richtig interessant zu werden. Zu unser aller Überraschung hat sich das Gewebe oberflächlich bereits völlig geschlossen. Zuerst wird der Haltedraht der letzten Operation entfernt, dann werden in der Patella drei Anker für die Befestigung der Kunstbänder gesetzt. Zuerst wird Band Nummer eins befestigt. Die Sehne wird oberflächlich leicht angeritzt, das Band hineingelegt, danach unten im Tibiakopf festgeschraubt. Jetzt geht es ähnlich zu wie in einer Werkstatt. Schrauben werden hingehalten, man entscheidet sich statt für den Fünfer doch für einen Sechser. Der Bohrer heult auf, man werkt mit dem Schraubenzieher, das Bein wird gebeugt und gestreckt wie ein zu reparierendes Metallgelenk. Es geht hier um eine „Sache", nur ich scheine mit den Blutstropfen, die hin und wieder auf den Boden fallen, etwas Menschliches, etwas Schmerzhaftes zu verbinden. Doch bevor diese Gedanken überhand nehmen, bin ich wieder einfach nur Kamerafrau.

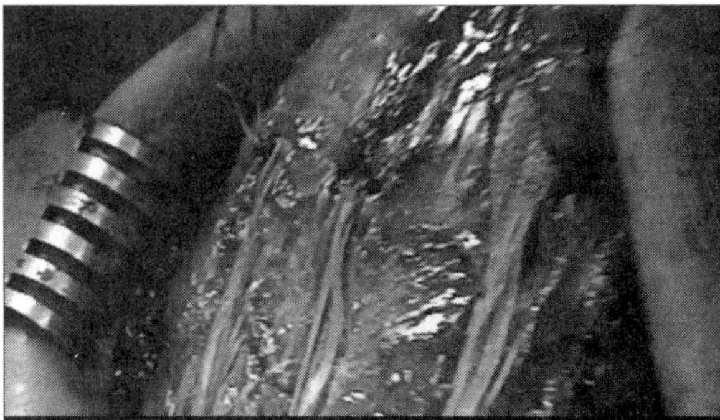

Im zweiten Anlauf machte mir auch dieser Ablick des offenen Knies mit den drei Kunstbändern nichts mehr aus.

Als man das Band in der richtigen Länge fixiert hat, wird es mit resorbierbaren Nähten in die oberflächliche Sehneneinritzung gelegt. Genauso verfährt man dann mit Nummer zwei und Nummer drei. Es ist auffällig, wie sehr sich die Stimmung im Laufe der Operation verbessert. Hans-Paul wird immer lockerer, als alles zu klappen scheint. Immer wieder holt er mich näher zum Tisch und bittet mich, ein paar bestimmte Handgriffe mit der Kamera festzuhalten.

„Wonderful, never seen someone working as exactly as he does", höre ich von der Wand. Dieses und ähnliches Lob dringt immer wieder an mein Ohr und stimmt mich optimistisch. Übrigens sieht das Operationsgebiet am Ende wirklich wie ein Kunstwerk aus. Das Areal blutet auf Grund der Blutsperre kaum, die drei parallel liegenden Bänder sind mit unzähligen kleinen Knötchen in die Sehne eingenäht und die Metallverankerungen liegen in einem regelmäßigen Abstand zueinander.

Wir machen eine letzte Aufnahme, die Assistenzärzte lassen die mit Haken zurückgehaltene Haut über der Patella zusammenfallen, die Blutsperre wird deaktiviert und während man zunäht, beginnt das Blut wieder verstärkt zu fließen. Nach exakt zwei Stunden ist der ganze Zauber vorüber und der Patient schlägt die Augen auf. Noch im Operationssaal. Hans-Paul beugt sich über ihn.

„Es ist alles gut gegangen. Nächstes Jahr im Winter schnallen wir die Schi wieder an." Ein schwaches Grinsen huscht über Thomas' Lippen, er hat die Augen bereits wieder geschlossen.

Im Aufwachraum wartet schon eine der Ordensschwestern, ebenfalls bereits eine alte Bekannte. Diesmal schiebt man gleich ohne Aufforderung den Wärmeschlauch unter die Bettdecke. Minuten später sieht mich Thomas an und lächelt. Auf meine Frage, ob er große Schmerzen habe, schüttelt er nur den Kopf.

„Die Niederösterreicher sind halt doch die besten", meint die alte, gebückte Schwester, von der wir wissen, dass sie Oberösterreicherin ist.

„Ja, und die Oberösterreicher auch", lallt Thomas plötzlich, obwohl er die Augen schon längst wieder geschlossen hat. Wir lachen.

Der Rest des Tages vergeht wie immer nach einer Operation. Er wacht kurz auf, die meiste Zeit über schläft er. Es ist ungeheuer berührend, wie glücklich er aussieht.

Ich darf wieder über Nacht bleiben. Diesmal wartet man nicht erst auf die Anfrage der Journalisten, sondern beruft eine offizielle Pressekonferenz ein. Hans-Paul ist in seinem Element. Das Besprechungszimmer wird vorbereitet, Overheadprojektor und Leinwand kommen zum Einsatz. Ich arbeite tagsüber, deshalb verpasse ich die Konferenz. Aber ich kann das Ergebnis im Fernsehen, nach den Nachrichten, sehen. Auch hier kommt Hans-Paul zu Wort. Operationstechnik und Hergang werden erläutert. Während Thomas neu verbunden wird, interviewt man ihn und zeigt auch kurz die lange Naht über dem Knie.

Für einen Außenstehenden muss das alles erschreckend aussehen, denke ich mir. Für mich ist das seit langem wieder ein normales Knie. Erst jetzt fällt mir auf, wie angeschwollen es die ganze Zeit über war.

Am nächsten Tag sprechen mich viele Leute auf diese Bilder im Fernsehen an. Sie wollen wissen, ob er es wirklich noch einmal versuchen will. Manche haben den Mut, mir zu sagen, dass er es besser lassen sollte, die meisten richten schöne Grüße aus, gehen weiter und denken sich ihren Teil. Man kann es niemandem verübeln, denn es sollten Zeiten kommen, da glaubten nicht einmal wir an das Comeback.

Ein halbes Jahr nach der Operation zum Beispiel. Thomas will sich Tipps fürs Krafttraining von einem Fachmann aus Innsbruck holen. Dieser arbeitet mit Dr. Lotz, dem ÖSV-Arzt, zusammen. Die Sache entwickelt sich ganz anders als geplant: Aus einer Eingangsuntersuchung vor dem Training wird ein genauer Check mit MRI und Röntgen. Das Ergebnis dieser Untersuchung soll im Team, mit zwei Chirurgen aus Innsbruck, besprochen werden. Als die beiden in der Praxis erscheinen, kommt es mir so vor, als wäre alles schon im Vorhinein klar gewesen. Die Sehne ist angeblich stark angegriffen und würde nie wieder hohen Belastungen standhalten. Man legt Thomas nahe, die Sache bleiben zu lassen. Dr. Lotz unterstreicht die Meinung der beiden Ärzte, denn sie seien schließlich die Spezialisten. Man merkt, dass er Thomas helfen will, dass er ihn davor bewahren möchte, einen schlimmen Fehler zu machen, den er sein Leben lang bereuen würde. Die Diskussion zeigt Wirkung. Thomas will sofort aufhören und ist dermaßen verunsichert, dass er mir sogar ankündigt, nie wieder Sport zu betreiben, aus Angst, die Sehne könnte reißen.

Aber es gibt zwei Dinge, die mich an dieser Situation sehr stören. Erstens die Präpotenz der beiden Jungärzte, die kaugummikauend mit der Handyfreisprecheinrichtung an der Krawatte über die Arbeit eines Dr. Kutschera aus Wien urteilen. Er sei ob seines Ehrgeizes verschrien, meinen sie. Aber glücklicherweise war er ehrgeizig genug, sich mit den Kunstbändern auseinander zu setzen, was man von diesen beiden Fachleuten nicht behaupten kann. Besagte Bänder sind auf den Bildern ja nicht zu erkennen, aber all unsere Erwartungen beruhen auf ihnen. Dass die Eigensehne zu schwach ist, haben wir von Anfang an gewusst, denn nach zwei Rissen wird sie vermutlich nie wieder so werden wie früher. Wir aber zählen auf die Kunstbänder.

Dennoch ist Thomas verunsichert und vergisst alles, was wir vor der Operation besprochen haben. Nach zwei Tagen, in denen er jedem Gespräch aus dem Weg geht, sage ich ihm, was ich über diese Leute denke, und erinnere ihn an die Argumente, die für die Kunstbänder sprechen. Er scheint fast erleichtert: „Du hast recht! Also meinst du doch, ich sollte weitermachen?"

„Ja", sage ich, denn wir haben auf die Kunstbänder gesetzt und wussten von Anfang an, dass sie allein der Belastung standhalten müssten. Wir haben damals noch etwas beschlossen: nur mehr einem Arzt zu vertrauen.

Thomas liegt nach der Operation, bei der ihm die Kunstbänder eingesetzt wurden, wieder rund eine Woche im Spital. Er ist optimistisch, die Tage vergehen schnell, denn er bekommt wieder viel Besuch. Eines Tages schneien sogar die Ö3-„Sternstunden" zu uns herein. Peter L. Eppinger möchte für die Sendung, in der es um Horoskope und Zukunftsweissagungen geht, einen Beitrag mit Thomas gestalten. Gerda Rogers, die Astrologin, hat ihm das Horoskop für das kommende Jahr gestellt. Thomas ist für jeden Spaß zu haben und neugierig ist er auch, deshalb gibt er ein Interview.

Peter L. Eppinger verliest das Horoskop. „Thomas ist im Zeichen des Stieres geboren. Das letzte Jahr war für die Stiere nicht unbedingt ein gutes, aber Licht ist in Sicht. Mit dem Comeback geht alles gut, aber es ist noch ein weiter Weg bis dorthin. Thomas ist ein fröhlicher Familienmensch, der im nächsten Jahr auch sein privates Glück finden wird. Ende nächsten Jahres stehen eine Heirat und Kinder ins Haus."

Frau Rogers, wir haben uns brav daran gehalten. Man bemerke wohl, sie sprach nicht von Kind, sondern von Kindern!

Ereignisse wie dieses lassen die Zeit schneller vergehen und auch sonst geht es ihm großartig. Täglich bestellt er bei mir vier Wurstsemmeln, die er zur Jause verdrückt. Aber auch die Buttermilch und die Spitalsküche munden ihm nicht schlecht. Als er entlassen wird, ist es kurz vor Weihnachten. Da unseren beiden Familien das Weihnachtsfest im wahrsten Sinne des Wortes heilig ist und wir niemanden verletzen wollen, trennen wir uns für einige Tage: Thomas feiert am Hochkar, ich in Berndorf. Doch wir schwören uns, dass es das letzte Mal so sein wird.

Bereits am Christtag bin ich wieder bei ihm. Es gibt Gans mit Krautnockerl, sein Lieblingsgericht. Vor dem Essen stellt er sich klugerweise auf die Waage und erleidet einen wahren Schock. 96 Kilo, zum ersten Mal in seinem Leben. Dieses einschneidende Erlebnis wird noch verstärkt, als er aus der Dusche steigt und sein Neffe kichernd meint: „Onki, Bauchi!" Ab jetzt ist Diät angesagt!

Ich hätte ihm diese Willenskraft nicht zugetraut. Das Abendessen ist ab sofort gestrichen. Es ist besser so, zu viel Gewicht ist auch für das Knie nicht gut.

Wir verleben sehr beschauliche Feiertage und ich werde erstmals Zeuge eines besonderen Ereignisses: Vater und Sohn kommentieren vor dem Fernseher ein Schirennen.

Der erste Läufer startet, der Vater winkt bereits nach zwei Toren ab. „Das wird nichts, der sitzt zu weit hinten." Er hat recht, die Endzeit ist nicht überragend.

Der zweite Läufer startet. Thomas schüttelt den Kopf: „Würde mich wundern, wenn er durchkommt." Nach der ersten Zwischenzeit fällt der Läufer aus.

Nummer drei katapultiert sich aus dem Starthaus: „Uuuh, das wird eine Bombenzeit", so der Vater, „der ist gut drauf."

Ich übertreibe nicht, wenn ich behaupte, dass die Prophezeiungen zu 90 Prozent in Erfüllung gehen. Ich bewundere das gute Auge der beiden, und der Vater ist mit seinem Urteil noch um eine Spur schneller und sicherer als der Sohn. Ein gutes Zeichen für einen Trainer.

Hier Schirennen anzusehen hat großen Unterhaltungswert, weil sie sich wahre Wortschlachten über Technik und Taktik liefern, die man nur versteht, wenn man ein bisschen Ahnung von Schilauf hat. Würden sie aber zusammen im Fernsehen kommentieren, wären die Einschaltquoten gleich Null. Wer möchte schon nach drei Toren den Ausgang des Laufs wissen? Auf diese Art und Weise verlieren die Schirennen auch für mich an Spannung, aber sie sind ungeheuer lehrreich. Ich habe vor einigen Jahren eine Schilehrerausbildung absolviert und während meiner Studienzeit diesen Beruf auch ausgeübt. Ich traue mich aber zu sagen, dass ich nirgends so viel gelernt habe wie in einem Winter bei den Sykoras, sei es als Fernsehzuschauerin oder als Zuhörerin bei endlosen Diskussionen über Schi, Technik und das Wesentliche im Fahrstil. Ich erfahre auch, dass Schifahren, wie es von klugen Köpfen analysiert und beschrieben wird, und Rennlauf, wie wir ihn bei den Schirennen sehen, zwei völlig verschiedene Paar Schuhe sind und dass gescheite Professoren, die ihre Theorien immer mit Bildern aus dem Rennsport untermauern, oft eine Bewegung beschreiben, die aus einer Notsituation heraus geschieht oder einfach ein Korrekturversuch ist. Das Wesentliche, was einen Läufer schnell macht, sind ganz einfache Komponenten, die in den Diskussionen der Sykoras immer wieder erwähnt werden und die man bei einem Rennfahrer auch ganz gut erkennen kann, wenn man ein paar Mal darauf aufmerksam gemacht wird. Es ist das Nach-vorne-Gehen in einem Lauf, das Hinauskatapultieren. Hinten sitzen oder umsteigen kostet Zeit. So lautet meine dilettantische Zusammenfassung dessen, was ich bei den Sykoras gelernt habe, und dennoch bin mittlerweile sogar ich in der Lage, ab und zu ohne Zwischenzeit und Kommentar zu erkennen, ob ein Läufer schnell ist oder nicht. Das macht die Rennen wieder spannend.

Sollte also jemand glauben, der Carvingstil sei für Thomas etwas Neues, so irrt er.

Denn gedanklich hat er sich damit wohl genauer auseinandergesetzt als jeder andere Schifahrer.

Am Hochkar liegt in diesem Jahr viel Schnee und die Pistenverhältnisse sind traumhaft. Des öfteren sehe ich Thomas traurig beim Fenster hinausschauen. Trotzdem stört es ihn nicht, dass ich täglich zum Schifahren ausrücke. Aber es ist ohnehin kein Vergnügen für mich. Die Operation hat nicht das gebracht, was ich mir erwartet habe. Ich habe immer noch Schmerzen. Es ist nicht das Gelenk, das mich plagt, denn ich kann es sehr gut bewegen, sondern die Sehnen, die im Narbengewebe nicht gleiten können und durch die jahrelange „Beinahe-Fixierung" irreparabel verkürzt sind. Aber meine Enttäuschung hält sich in Grenzen, denn ich kann den Alltag halbwegs schmerzfrei bewältigen. Aber ich habe immer noch einen Traum: Ich möchte wieder laufen können.

Als ich bemerke, dass Thomas hier oben ohne Schifahren und die nötige körperliche Flexibilität nicht besonders glücklich ist, packen wir unsere Sachen und fahren nach Berndorf. Hier haben wir durch die Nähe zum Krankenhaus die besseren Therapiemöglichkeiten und er kann sich sicher sein, dass der Schnee nicht länger als zwei Wochen liegen bleibt. Außerdem muss ich noch einige Zeit arbeiten, bevor ich ausschließlich für ihn Zeit habe. Thomas liegt also mit seinem rekonvaleszenten Knie, das er mittlerweile schon fast zu 80 Grad beugen kann, bei mir zu Hause und wird von meinen Eltern liebevoll gepflegt. Täglich holt ihn mein Vater zum Essen und sorgt sogar für Unterhaltung, indem er ihn mit dem Auto durch die Gegend fährt und ihm die schönsten Orte unserer Heimat zeigt.

Thomas entwickelt langsam, aber sicher so etwas wie Sympathie für unser liebliches Hügelland. Und später, beim Radfahren, sogar Respekt, was unsere Berge angeht…

Ich bin nebenberufliche Chauffeurin geworden und kutschiere ihn von Autogrammstunde zu Autogrammstunde. Mitten im Winter, bei Schnee, Eis, Nebel, Regen. Gnadenlos, meistens in der Dunkelheit. Und als Dank dafür werde ich dann Gegenstand allgemeinen Gelächters. Als Thomas in einem Interview seine Gedanken zum Thema Erfolg preisgeben muss, meint er, es sei bei den Fahrkünsten seiner Freundin der größte Erfolg, dass wir überhaupt heil angekommen sind.

Bei diesen Autogrammstunden oder Veranstaltungen lerne ich viele interessante, aber auch seltsame Menschen aus allen Bevölkerungsschichten kennen. Ich erinnere mich an einen Tag der offenen Tür in einem Baumarkt, an eine Jungbürgerfeier oder eine Spielplatzeröffnung. Später, als ich nicht mehr arbeite, begleite ich ihn zum Tennisturnier nach Monte Carlo oder bin bei einer Aufzeichnung der Sendung „Sport am Sonntag" dabei. Gemeinsam mit Thomas werde ich für Seminare der Firma Audi in Altaussee engagiert oder ich fahre mit nach Kitzbühel. Das alles hört sich toll an und ich bin auch wirklich froh, diese Dinge einmal erlebt zu haben. In dieser Zeit habe ich

Personen kennen gelernt, die ich bislang nur aus den Zeitungen oder dem Fernsehen kannte.

Manche von ihnen sind sehr nett, spontan fallen mir gleich Barbara Paulus, ihr damaliger Trainer Peter Eipeldauer und Thomas' beste Freunde, die Familien Trinkl und Tritscher, ein. Lauter liebe, aufmerksame Menschen, mit denen man sich stunden- und tagelang unterhalten kann. Auf einer Promotionreise der Niederösterreichischen Versicherung haben wir Stefanie Werger näher kennen gelernt, für mich eine einzigartige Frau, voller Wärme, Kreativität und Offenheit, aber auch verletzlich und mit einem feinen Gespür für Menschen gesegnet, egal wie sie das auch immer einsetzt. In den Monaten Jänner bis März sind wir fast ununterbrochen unterwegs und kleben 24 Stunden täglich zusammen. Hätte man mir das früher einmal angedroht, ich wäre schreiend davongerannt. Aber man glaubt nicht, was alles möglich wird, wenn man gemeinsame Ziele und Interessen hat. Wir erleben so vieles, dass wir immer Gesprächsstoff haben, und in gewisser Weise sind wir doch so unterschiedlich, dass der eine vom anderen profitieren kann.

Zum meinem Geburtstag im März schenkt mir Thomas eine Reise nach Barcelona. Drei Tage nur wir zwei, kein Termin und keine Therapie. Das lässt die Sache doch gleich wieder anders aussehen. Ich freue mich, denn danach werden wir aufs Hochkar zurückkehren. Der Bau unserer Schirmbar muss schon bald in die Wege geleitet werden, damit wir im kommenden Winter aufsperren können.

Thomas hat alles perfekt organisiert. Ein nettes Hotel, direkt im Zentrum, und jede Menge Zeit, sich die Stadt anzusehen. Er tut mir sogar den Gefallen, mit mir einkaufen zu gehen. Doch es endet wie immer: Thomas langweilt sich und ich halte ihn bei Laune, indem wir auch für ihn etwas kaufen und uns das Fußballstadion ansehen. Wir fahren mit dem Taxi hinauf zum Olympiastadion, das gespenstisch einsam und wie ausgestorben über der Stadt liegt. Danach essen wir in einem kleinen Restaurant jede Menge Tapas. Thomas sieht mich lange an, spielt verlegen mit seiner Serviette. Er meint, dass ich gleich sehr überrascht sein werde.

„Willst du mich heiraten?", fragt er und ich bin kein bisschen überrascht, weil er es nicht verbergen konnte und so viele Andeutungen gemacht hat, dass ich diese Frage einfach erraten musste.

„Ja", sage ich feierlich und wir umarmen uns glücklich.

„Im September, hätte ich gedacht. Und irgendwann einmal kriegen wir auch Kinder, oder?"

„Ja, aber wenn, dann möchte ich gleich Zwillinge, einen Bub und ein Mädchen!" Ich kann es nicht beweisen, weil ich keine Bandaufzeichnung habe, aber das waren meine Worte.

Während unseres Aufenthalts sehen wir uns ein paar Dinge an. Nicht übermäßig viel, denn wir sind beide keine Sightseeing-Touristen. Wir lassen eher das Flair der Stadt auf uns wirken, bevor wir nach einem relativ kurzen Flug und einer nächtlichen Autofahrt am Hochkar ankommen.

Hier versuchen wir, langsam einen Therapiealltag aufzubauen. Thomas darf schon wieder am Ergometer sitzen und auch das Hallenbad in Göstling frequentieren wir des Öfteren. Die meiste Zeit aber versuchen wir, die Beweglichkeit im Knie mittels Dehnübungen wieder völlig herzustellen. Das gestaltet sich diesmal jedoch viel problematischer als bisher, denn etwa bei 170 Grad ist Schluss. Er klagt über Schmerzen in der Kniekehle bei extremer Beugung. Wir fürchten beide, dass die Kunstbänder limitierend sind. Aber Hans-Paul meint, dass wir uns die Dehnung vom Quadrizeps holen müssten, denn auch eine gesunde Patellasehne würde nur minimal nachgeben. Also kann es nicht an den Kunstbändern liegen. Die Schmerzen in der Kniekehle würden von der Kapsel herrühren. Außer speziellen Dehnungen kann ich nichts tun. Zusätzlich hat Thomas mit einem leichten, kapillarisierenden Krafttraining mittels Therabändern begonnen. Zusätzlich machen Schwimmen und Einheiten auf dem Fahrrad-Ergometer die Sache schon wieder interessanter.

Viel Zeit zum Nachdenken haben wir ohnehin nicht, denn unser Bauvorhaben bringt viele Entscheidungen und viele Termine mit sich. Ohne Thomas' Eltern würde auf unserem Grund wahrscheinlich heute noch nichts stehen. Wir haben ja keine Ahnung, wie viel Organisation es bedarf, bevor mit dem Bau begonnen werden kann. Sie halten uns, so gut es geht, den Rücken frei, damit wir miteinander arbeiten können. Zusätzlich zur Schirmbar planen wir auch ein Blockhaus genau dahinter, das als Seminar- und Wohngebäude genutzt werden wird. Es ist bereits Mai und unser Baugrund ist immer noch ein kleiner Hügel mit hohen Bäumen. Kein Mensch würde glauben, dass hier ein paar Monate später schon Gastbetrieb sein soll.

Langsam realisiere ich, dass ich im heurigen Winter bereits Wirtin sein werde. Ich stehe plötzlich vor ganz anderen Problemen. Wie viel Personal werde ich brauchen, wie viele Toiletten sind nötig, wie groß soll die Küche im Haus sein? Ich bin völlig ahnungslos, was die Gastronomie angeht. Trotzdem sind irreversible Entscheidungen zu treffen. Thomas' Mutter, seit Jahren Wirtschaftsleiterin des Schulschiheims, ist mir eine große Hilfe. Dennoch beschleicht mich leise die Angst, wenn ich an den kommenden Winter denke.

Dazu die enorme Müdigkeit, die mich immer wieder überkommt. Überall fallen mir die Augen zu.

„Du wirst Vater." Ein Schwangerschaftstest bestätigt, wessen ich mir eigentlich vom ersten Moment an sicher gewesen bin.

„Ich muss sofort den Papa anrufen. Gestern haben wir die Pläne eingereicht und da war kein Kinderzimmer dabei!" Thomas rennt verwirrt in der Wohnung auf und ab, ehe er sich besinnt, stehen bleibt, mich aufhebt und freudestrahlend durch die Luft wirbelt.

„Da haben wir nicht lange basteln müssen", stellt er zufrieden fest.

Thomas' Vater reagiert wie immer: Er sitzt da, grinst vor sich hin und denkt sich seinen Teil. Die Mutter ist zuerst einmal sehr besorgt, denn sie sieht, was jetzt auf uns zukommt. Ein neuer Betrieb – und ich bin nur begrenzt einsatzfähig. Aber als sie meine Betroffenheit bemerkt, besinnt sie sich und freut sich genauso wie wir. „Dann müssen wir halt alle zusammenhalten", meint sie und hält sich in weiterer Folge auch stets daran.

„Morgen gehe ich zum Arzt", sage ich, „mal sehen, ob es nur eines wird." Wir lachen.

„Das ist ein Dottersackbläschen", meint der Doktor am nächsten Tag.

„Und was ist das darüber?", frage ich.

„Das ist ein zweites Dottersackbläschen", meint er in seiner besonnenen Art.

Ich kann es nicht glauben, aber nach den ersten Momenten des stummen Staunens bringe ich den Mund wieder zu. Zwillinge! Ich weiß nicht warum, aber ich habe es mein ganzes Leben lang geahnt. In meiner Familie gibt es keine, und dennoch ist mir schon als Kind der Gedanke immer wieder durch den Kopf gegangen.

Meine Hände zittern, als ich Thomas vom Auto aus anrufe.

„Sitzt du? Es werden zwei."

Als Antwort höre ich ein minutenlanges Jubeln am anderen Ende der Leitung. Inzwischen schießen mir tausend Gedanken durch den Kopf. Ich habe mich schon mit Tragetuch im Büro werken sehen. In den Schlafphasen des Babys hätte ich dann ja auch Zeit für andere Dinge gehabt – aber mit zweien sieht die Sache ganz anders aus. Eines vorne, eines hinten? Eines schläft, eines ist munter? Diese Situation kann ich mir nicht einmal vorstellen. Und dennoch freue ich mich so sehr wie noch nie in meinem Leben. Zwillinge sind etwas Besonders, und ich bin dankbar dafür, zwei Menschen großziehen zu dürfen, die in ihrer Kommunikation und ihrem Verhalten zueinander immer rätselhaft bleiben werden. Zwei Kinder, die niemals einsam sind.

„Auftrag ausgeführt!" Der Vater in spe hat sich wieder einigermaßen gefangen. Er erhält noch ein striktes Redeverbot, denn eine Zwillingsschwangerschaft ist in den ersten Wochen eine ziemlich unsichere Angelegenheit. Doch als ich zurück aufs Hochkar komme, begegnen mir lauter vielsagend lächelnde Personen. Es gibt eben manche Dinge im Leben des Thomas Sykora, die er vor lauter Freude nicht für sich behalten kann. So gelingt es ihm auch, jedes Geburtstags- oder Weihnachtsgeschenk zu verraten, kaum dass er es besorgt hat.

Zeit, mich auf die Schwangerschaft einzustellen, bleibt mir kaum, denn mittlerweile ist es fix: Thomas wird im Winter wenig hier sein. Er hat vom ORF ein Angebot als Co-Kommentator der Damenrennen bekommen, das er mit Freuden annimmt. Ich denke, dass ihm die regelmäßige gedankliche Auseinandersetzung mit der neuen Schitechnik bei seinen späteren Versuchen am Schnee sehr geholfen hat.

Ich kannte Thomas noch nicht, da wusste ich schon zwei Dinge von ihm: dass er einen eigenen Hang am Hochkar hat und dass er von seinem Vater trainiert wird. Dennoch wundere ich mich, woher das kam, denn die Stärke des Vaters ist die Schwäche vieler anderer Trainer. Er arbeitet mit dem Sportler nicht für sich, sondern für ihn. Das Medieninteresse habe allein dem Aktiven zu gelten, das findet er auch heute noch. Wenn man die Arbeit der beiden längere Zeit beobachtet, dann muss man mit Sicherheit eines klarstellen: Ohne einen Ernst Sykora hätte es einen Thomas Sykora niemals gegeben. Nicht den Menschen und nicht den Weltcupsieger. Die beiden müssen keine gemeinsame Sprache finden, denn einzelne Worte oder Blicke haben von frühester Kindheit an als Verständigungsmittel genügt. Bevor Thomas beginnt, über eine Sache nachzudenken, hat der Vater schon längst alles in die Bahnen gelenkt.

Manchmal, wenn ich mit Mutter und Vater Sykora alleine über ihren Sohn spreche, merke ich, dass sie sehr wohl um seine Stärken und Schwächen Bescheid wissen. Sie haben ihn nach bestem Gewissen erzogen und dem Schisport zuliebe viele Dinge von ihm ferngehalten, die ihn zu sehr belasten hätten können. Dass er damit jetzt natürlich nicht umgehen kann, ist ihnen bewusst und ich denke, sie wollen mich indirekt auf das vorbereiten, was nach einem Karriereende auf mich zukommt.

Auf den ersten Blick ist es gar nicht so einfach, diese Schwächen zu erkennen, aber im Zuge des Zusammenlebens bleibt nichts verborgen. Genauso impulsiv und kraftvoll wie im Sport oder in der Öffentlichkeit tritt Thomas auch im Privatleben auf. Man muss aufpassen, dass man nicht von seiner Dickköpfigkeit überrollt wird. Aber ich bin eine „Hantige“ und stelle meine Stacheln auf, wenn es mir zu viel wird. Meine Eigenschaft, nichts in mich hineinfressen zu können, hat hier sowohl positive als auch negative Auswirkungen.

Thomas hat oft Schwierigkeiten, die Arbeit zu erkennen, die hinter seinen großartigen Ideen steckt; großartig meine ich nicht spöttisch, denn ich kenne keinen Menschen, der so oft zur rechten Zeit die rechte Idee hat. Aber er ist es gewohnt, dass die Durchführung von anderen übernommen wird. Im Privatleben hat dies immer die Mutter getan, im Sport der Vater.

Aber da ich keine besonders häusliche Frau bin, kommt es öfter vor, dass wir ohne Mittagessen dastehen oder die Reisetasche sich tagelang nicht von selbst ausräumt. Das sorgt zunächst für einige Verblüffung und in weiterer Folge für heftige Diskussionen zwischen uns. Auch ich muss dazulernen. Die Tatsache, dass Thomas seine Regenerationsschläfchen zwischendurch einfach braucht, um seine Leistung steigern zu können, verstehe ich lange Zeit nicht. Wenn ich recht gestresst durch die Gegend laufe, hinter ihm aufräume und trotz meiner elenden Übelkeit an den Vorbereitungen für den Winter arbeiten muss, ist ein schnarchender Thomas ein rotes Tuch für mich. Aber da ich beim Training nicht dabei bin, vergesse ich leicht, dass ein Körper, der Höchstleistungen erbringen soll, auch seine Pausen braucht. Theoretisch habe ich es ja verstanden, aber praktisch…

Thomas lernt nicht nur am Hang, sondern auch im Leben schnell. Bevor er das Training wieder richtig aufnehmen kann, vergehen beinahe zwei Jahre. In dieser Zeit ist er erwachsen geworden, was für regelmäßige Konflikte zwischen Vater und Sohn sorgt. Zurückgeredet hat er immer, aber jetzt sind es oft Grundsatzfragen, die sich zwischen die beiden drängen:

„Warum ist er der Meinung, dass mir diese Übung helfen wird, obwohl sie mir weh tut?"

„Warum muss ich mich entschuldigen, wenn er beleidigt ist?"

„Bin ich nicht schon zu alt, um mich wie ein Schulbub belehren zu lassen?"

Oft kommt er aggressiv und unbefriedigt vom Training nach Hause, doch wenn die Wut verraucht ist, siegt immer wieder das schlechte Gewissen. Er entschuldigt sich dann mehrmals und ist immer noch ganz klein, denn der Vater ist kein Mann großer Worte. Er ist in keiner Weise nachtragend, das Einlenken wird akzeptiert, aber nicht weiter breitgetreten. Thomas ist ein Gefühlsmensch. Er möchte darüber reden und ist erst wieder glücklich, wenn er beim nächsten Training merkt, dass wirklich alles in Ordnung ist.

Auch ich erkenne den Balanceakt, den er täglich meistert. In den letzten Jahren hat er einige Entscheidungen für sein Leben ganz alleine treffen müssen: die Operationen, die Entscheidung für mich, für eine Familie, und nicht zuletzt der Wille, es sportlich noch einmal versuchen zu wollen.

Im Frühjahr können wir bereits wieder gemeinsam biken und erleben dabei auch einige Abenteuer: angefangen von einem Gewitter, das uns gerade in dem Moment erwischt, als wir auf einem Hochplateau unterwegs sind, bis hin zu einem geplatzten Reifen mitten im Wald, ohne Werkzeug und fernab der Zivilisation.

Mit Erstaunen stelle ich fest, wie schnell sich Thomas' konditioneller Zustand verbessert. Er hält sich eisern im unteren Pulsbereich. Schlafen mir anfangs noch die Füße ein, weil er so langsam hinter mir herschleicht, so falle ich aus allen Wolken, als er mir, nur einige Wochen später, um die Ohren fährt. Aber ich bin ja auch nicht mehr wirklich kampfeslustig, denn der Babybauch wird immer größer. Verärgert stelle ich fest, wie man mich von allen Seiten verunsichert und mir Angst macht, ich würde mit meiner Aktivität den Kleinen schaden. Heute weiß ich, dass diese Aktivität, auch wenn manchmal weniger genügt hätte, mein großer Segen war, denn ich habe nicht einmal die Zeit, nur einen einzigen Gedanken an eine Früh- oder Fehlgeburt zu verlieren. Ich halte ein paar grundlegende Dinge ein, die mir sicher mehr helfen als jede unberechtigte Angst. Ich schlafe viel, bin den ganzen Tag lang draußen und verlasse das Hochkar nur mehr selten. Erstens, um den schnellen Höhenunterschied zu vermeiden, zweitens, um all die Angst einjagenden Geschichten nicht hören zu müssen. Aber das Wichtigste ist, dass wir uns beide unheimlich auf die Babys freuen und es kaum erwarten können, sie zu sehen.

Bei unserer Hochzeit im September bin ich schon fast im fünften Monat schwanger. Die standesamtliche Trauung findet am 2. September im Garten meines elterlichen Wochenendhauses statt, in dem ich die schönsten Ferien meiner Kindheit verbracht habe. Unter hohen Nadelbäumen, von denen jeder einzelne vermutlich viermal so alt ist wie wir. Der Himmel ist wolkenverhangen, aber in unseren Herzen scheint die Sonne, als wir in dem kleinen Holzhaus inmitten des Gartens die Ringe tauschen. Wir versprechen einander vor der engsten Familie, ein Leben lang treu zu bleiben. Unser Standesbeamter, ein ehemaliger Studienkollege von mir, und unsere beiden Trauzeugen, Michael Tritscher und meine Schwester Eva, führen diese Aufgabe zum ersten Mal durch. Trotzdem hat die Zeremonie etwas sehr Angenehmes, Familiäres, da wir einander schon jahrelang kennen. Zwischen den einzelnen Abschnitten der Ansprache hören wir jene Lieder, die unsere Beziehung von Anfang an begleitet haben. Ich trage ein wunderschönes, schlichtes, cremefarbenes Seidenkleid, im Haar steckt ein zarter Blumenkranz und mein Rosenstrauß von Thomas sieht genauso aus, wie ich ihn mir gewünscht habe. Ich genieße jede Minute dieses Tages.

Im Schloß Hernstein, einer romantischen Anlage im altenglischen Stil, mit Kapelle und Park, findet die kirchliche Segnung statt. Danach bitten wir in die Nebenräume zur Tafel. Im Unterschied zu uferlosen Gigantenhochzeiten gleicht unsere Trauung einer kleinen Familienfeier, bei der man auch dazu kommt, mit jedem ein paar Worte zu wechseln. Wir genießen den feierlichen Rahmen und jeden einzelnen Gang des üppigen Büfetts. Die ganze Gesellschaft übernachtet hier und gemeinsam begrüßen wir den strahlenden Herbstmorgen als Anfang unserer Ehe.

Erst gegen Mittag soll die Pressemeldung herausgehen, deshalb wundert es uns sehr, als wir die Morgennachrichten im Radio hören: Ein bekannter österreichischer Spitzensportler soll am Vortag in aller Heimlichkeit geheiratet haben. Wer hat da nicht dichtgehalten? Doch wir irren uns. Es handelt sich bei diesem Bräutigam zwar auch um einen Thomas, aber nicht um den Sykora, sondern um den Muster. Ein verrückter Zufall, oder? Jedenfalls vervollständigt unsere Pressemeldung zu Mittag die Storys über das Wochenende der Sportlerhochzeiten. Doch im Gegensatz zu Thomas Muster sind wir im Lande und auch leicht ausforschbar. Niemals hätten wir mit so regem Medieninteresse gerechnet. Schließlich, als unsere Eltern wegen der vielen Anrufe schon leicht verzweifelt sind, flüchten wir in ein kleines steirisches Dorf, um dort in Ruhe ein paar „Flittertage“ zu genießen. Ich lasse mich von Thomas, einem leidenschaftlichen Golfer, dazu überreden, die Platzreife zu machen, doch der Golfvirus verfehlt mich um Längen, diese Sportart ist mir viel zu zeitaufwändig. Ich ziehe es also weiterhin vor, meine Freizeit auf dem Mountainbike zu verbringen.

Der Herbst geht schnell vorüber und rechtzeitig mit Winterbeginn explodiere ich. Mein Bauch wird von Tag zu Tag größer und gegen Ende der Schwangerschaft gleiche ich eher einem gestrandeten Wal als einer Frau.

Zwei mit dicken Bäuchen. Im Unterschied zu dem des „Ernreithers" war meiner aber bald wieder verschwunden.

Mittlerweile schreitet auch unser Bauvorhaben voran. So wie es angeblich bei den meisten Unternehmen geschieht, verlässt auch bei uns der letzte Handwerker unten das Haus, als oben die Gäste eintrudeln.

Mitte Dezember kommt der erste große Schnee. Wir eröffnen die Schirmbar und übersiedeln in nur einem einzigen Tag in unser Blockhaus. Ohne Vorbereitungszeit schlittern wir sofort ins Weihnachtsgeschäft. Es ist furchtbar. Nichts funktioniert. Die Schankanlage spinnt täglich, am 25. Dezember friert die Außenschank auf und mit einem lauten Knall zerreißt es den Schankkopf. Für die vielen Leute im Schirm hat die meterhohe Wasserfontäne durchaus Unterhaltungswert, mir treibt sie die Tränen in die Augen. Thomas ist als Kommentator unterwegs, doch sein Vater bewahrt Ruhe und hilft mir. Zwei Tage später ist der Kanal verstopft und auf den Toilettenböden schwimmt eine stinkende Soße. Weiters passiert mir genau das, was prophezeit wurde, was ich aber nicht glauben wollte: Meine Auswahl des Personals war teilweise ungeschickt. Ich bin von falschen Voraussetzungen ausgegangen und habe Verhaltensweisen vorausgesetzt, die nicht eintreffen. Oder anders gesagt: Die Hälfte meines Personals ist zum Vergessen. Glücklicherweise waren und sind mir die restlichen 50 Prozent bis heute eine große Stütze.

Im Hausinneren verschmachten wir inzwischen, weil die Heizung außer Kontrolle geraten ist. Dazu kommt noch ein Wasserschaden in der Küche, verursacht durch den Einbau eines Geschirrspülerdosiergerätes. Das Wasser tropft durch die Kellerdecke direkt in den Verteilerkasten, wo es einen Kurzschluss gibt, der sich im wahrsten Sinne des Wortes gewaschen hat. Die gesamte Schank und alle elektrischen Geräte im Haus sind lahmgelegt. Der Schaden in sechsstelliger Höhe wird aber von der Versicherung der Verursacherfirma gedeckt.

All das hört sich schlimm an – und ist es. Aber es gibt auch wunderschöne Momente, wo sich all die Mühe lohnt: jene Tage, an denen sich bei Sonnenschein die Terrasse füllt, oder die Après-Schi-Stimmung den Schirm bersten lässt. Da wird auf den Tischen getanzt, getrunken und gefeiert, dass sich die Scheiben beschlagen. Die letzten Gäste verlassen uns erst sehr spät. In diesen Tagen erhalten wir von den Hochkarlern den liebevollen Spitznamen „Rauschhügel".

Thomas darf inzwischen als Kommentator mit Schiern die Rennstrecken abrutschen und ich merke, dass er langsam wieder Blut leckt. Schon bald wird er mit dem Schneetraining beginnen. Auf seinem Hang laufen seit Wochen die Vorbereitungsarbeiten. Wann immer es die Temperatur erlaubt, wird beschneit, das Flutlicht auf Vordermann gebracht und die Piste präpariert, um eine möglichst gute Unterlage zu schaffen.

All diese Arbeiten bekomme ich nur am Rande mit, denn meine Gedanken kreisen täglich um die Organisation des Schirms. Wie viele Semmeln werden wir brauchen, wie viele Würstel, habe ich genügend Personal für morgen eingeteilt? So intensiv wir die letzten Monate auch zusammengearbeitet haben, jetzt trennen sich unsere Wege. Manchmal leide ich sehr darunter. Denn obwohl letztendlich Thomas allein derjenige ist, der diesen Weg bis hierher geschafft hat, ist mir sein berufliches Vorwärtskommen doch ein großes Anliegen und ein Herzenswunsch geworden. Manchmal, wenn er sich Sorgen macht, verspreche ich ihm, es mir am Abend anzusehen. Aber entweder schaffen wir es beide nicht mehr oder ich schlafe ein, während ich ihn am Bett behandle. Ich bin froh, dass wir uns inzwischen so gut kennen und er auch jetzt weiß, wie sehr mir sein Schicksal am Herzen liegt.

Als Thomas zum ersten Mal durch die Stangen fährt, nehme ich mir Zeit und sehe zu. Wir sind zwar nicht abergläubisch, aber der Arzt ist diesmal nicht dabei. Die letzten beiden Male hat das nicht wirklich Glück gebracht. Obwohl ich mich an den letzten Versuch kaum noch erinnern kann, sehe ich, dass es diesmal etwas anderes ist. Viel sicherer, viel forscher steht er am Schi. An diesem ersten Tag wird nichts übertrieben, aber das Ergebnis lässt uns hoffen. Thomas ist zufrieden und das Knie sieht gut aus. Überhaupt ist er seit der letzten Operation schmerzfrei, es war nie wieder eine Schwellung erkennbar, egal wie viel auch immer trainiert wurde. Bisher waren Konditionstraining am Rad, spezifisches Krafttraining fürs Schifahren und einige Schnelligkeitsübungen Hauptkomponenten. Beim Schifahren soll der körperliche Allgemeinzustand weiter verbessert werden, das restliche Training wird in Umfang und Intensität erst im nächsten Frühjahr gesteigert.

Ein kleiner, aber wesentlicher Schritt zum Comeback hat hier und heute, ganz ohne Presse und Publikum stattgefunden, und genauso wird er auch gefeiert: bei unserem kleinen, ganz privaten Weihnachtsfest, zu viert. Thomas und ich mit den zwei Babys in meinem Bauch.

Wir haben unseren eigenen Christbaum und die Geschenke von daheim liegen darunter. Lauter liebevolle Dinge, die mir die Tränen der Rührung in die Augen treiben. Nur nicht weinen, nur nicht weinen, denke ich. Aber dann höre ich es laut und deutlich hinter meinem Rücken schniefen. Thomas lacht und weint zur selben Zeit. Wir fallen uns um den Hals. Genau deshalb liebe ich ihn: wegen seiner Sensibilität und Feinfühligkeit. Ich brauche mich nie für meine Tränen zu schämen, denn er heult sicher schon vor mir.

Die Weltmeisterschaft in St. Anton rückt näher und Thomas muss sich für zwei Wochen von mir verabschieden. Schweren Herzens, denn der Tag der Geburt steht kurz bevor. Ich bin mittlerweile im achten Monat schwanger und man kann mich nicht mehr alleine lassen. Meine Mutter kommt für einige Zeit zu mir, ihre Anwesenheit gibt mir Geborgenheit und ich fühle mich gut aufgehoben.

Thomas ist noch nicht einmal richtig bei der Tür draußen, da läutet auch schon das Telefon und ich werde nach St. Pölten ins Spital beordert. Mein Blut ist zu dick und muss mittels Infusionen, an die man mich drei Tage lang hängen will, verdünnt werden. Ansonsten wäre die Versorgung der Babys gefährdet. Ich beschließe, gleich zu fahren, um die Sache möglichst rasch hinter mich zu bringen. Mit Nachthemd und Zahnbürste rücke ich aus, und erstmals wird mir bewusst, dass es langsam an der Zeit wäre, meine Tasche fürs Spital zu packen. Meine Mutter bringt mich ins Krankenhaus, wo ich sofort an den Tropf gehängt werde. Dreimal am Tag werde ich an ein CTG-Gerät angeschlossen, mit dem man mögliche Wehen aufzeichnen kann. Hier höre ich auch die Herztöne der Kinder, ein sehr schönes Erlebnis. Erstmals sind die beiden nicht nur Hände und Füße auf Ultraschallbildern, sondern lebendige Wesen, die gegen das Mikrofon treten, sich spürbar drehen und mal einen schnellen, mal einen langsamen Herzschlag haben.

Der erste Tag geht relativ schnell vorüber, am zweiten plagt mich von den frühen Morgenstunden an die Langeweile. Ich bin es nicht gewohnt, so lange herumzuliegen und nichts zu tun, und beginne die Stunden bis zu meiner Entlassung am nächsten Tag zu zählen. Als ich zum zehnten Mal mit meinem Tropf am Gang auf und ab laufe, bekomme ich starke Rückenschmerzen. Ich sehe mein Spiegelbild in der Glastür und muss lachen, denn auf dieser Geburtenstation bin ich wahrscheinlich die dickste Frau, obwohl es bei mir noch einen Monat dauert.

Nach einem neuerlichen CTG kaufe ich mir die Zeitung und lese dort, dass Hannes Trinkl, Thomas' Freund, heute, am 1. Februar, Geburtstag hat. Bei einem Telefonat mit Thomas meine ich, dass dies auch ein schönes Geburtsdatum für unsere Kinder wäre.

Außerdem: 01. 02. 2001 liest sich recht schön. Wir plaudern noch eine Weile und Thomas löchert mich wieder einmal. Er möchte unbedingt wissen, ob wir Buben oder Mädchen oder beides bekommen. Aber ich bin stolz darauf, meine Neugier die ganze Zeit über beherrscht zu haben, und möchte das auch weiter tun. Diese eine Überraschung will ich mir bis zum Schluss aufheben, denn alles Weitere ist ohnehin geplant. Der Kaiserschnitt soll Mitte Februar, wenn Thomas von der WM nach Hause kommt, durchgeführt werden. Wir haben uns viele Namen aussuchen müssen, aber es gibt Favoriten: Klara und Maria für Mädchen, Jakob und Sebastian für Buben.

Während wir telefonieren, betritt plötzlich der Primar das Zimmer und ich mache Schluss. Er meint, auf dem CTG seien Wehen erkennbar und tastet den Muttermund ab. Der ist zwar noch geschlossen, der Gebärmutterhals ist aber praktisch nicht mehr vorhanden und der Kopf eines Kindes ist gut tastbar. Ich brauche einige Zeit, um mitzubekommen, dass die Geburt nicht mehr eine Frage von Wochen oder Tagen, sondern von Stunden ist. Letztendlich eine Frage von Minuten, denn man teilt mir mit, dass die Kinder mit höchster Wahrscheinlichkeit nicht auf ihren Vater warten werden, der von St. Anton bis hierher sicher lange braucht.

Also habe ich gerade einmal zwanzig Minuten Zeit, die notwendigsten Telefonate zu führen und mich mit dem Gedanken anzufreunden, heute schon Mutter zu werden. Während ich den Hörer in der Hand habe, ziehen mir die Schwestern das Nachthemd über und ich unterschreibe die Narkosegenehmigung. Thomas scheint gar nicht sonderlich überrascht, er meint, er sei von Anfang an sicher gewesen, dass ich dieses Spital nicht mehr alleine verlassen werde. Er verspricht, sofort loszufahren. Da er gerade mitten in Aufzeichnungsarbeiten steckt, weiß sofort der ORF Bescheid, damit ist die Presse informiert. Die ersten Journalisten treffen bereits ein, als ich noch im Operationssaal liege.

Ich habe diese letzten Momente vor der Geburt in seltsamer Erinnerung. Man verabreicht die Narkose möglichst spät, um sie kurz zu halten, und so bekomme ich alle Vorbereitungsarbeiten mit. Ich muss die ganze Zeit über am Rücken liegen, was seit Wochen unmöglich ist und mir jetzt vor Schmerz die Tränen in die Augen treibt. Später erfahre ich, dass diese Kreuzschmerzen schon Wehen gewesen sind, die ich niemals als solche erkannt hätte.

Mein letzter Gedanke vor der Narkose: „Wenn du wieder munter wirst, wird nichts mehr so sein wie früher. Es wird dir nicht mehr so wichtig sein, dass du dich erholst, sondern die Gesundheit der Babys wird an erster Stelle stehen. Und das wird so bleiben, bis du vergessen hast, wie es früher war."

Das sind keine negativen Gedanken, aber ich muss schon zugeben, dass ich Angst vor dem habe, was auf mich zukommen wird. Etwas, das ich nicht erahnen, nicht einschätzen kann, das aber mit Sicherheit mein ganzes Leben verändern wird.

In letzter Sekunde gebe ich dem Pfleger noch Thomas' Handynummer, damit er ihm gleich nach der Geburt Bescheid geben kann, dann schlafe ich ein.

„Es ist ein Pärchen, ein Bub und ein Mädchen. Beide sind gesund und es geht ihnen gut. Das Mädchen liegt auf der Neugeborenenstation, Sie können es jederzeit sehen. Die Lunge des Buben war noch nicht ganz ausgereift, es liegt für einige Tage zur Beobachtung auf der Neugeborenen-Intensivstation, aber es gibt wirklich überhaupt keinen Grund zur Besorgnis, das ist eine reine Vorsichtsmaßnahme."

Untypischerweise bin ich nicht skeptisch und glaube einfach, was man mir sagt. Ich bin viel zu glücklich. Ein Pärchen! Ein Wunschtraum ist in Erfüllung gegangen.

Als ich ins Zimmer geschoben werde, warten meine Eltern bereits dort und was sie sagen, beruhigt mich. Sie haben die Kinder bereits gesehen, weil sie wussten, dass ich nach ihnen fragen würde. Es gehe ihnen sehr gut, und sie seien wunderschön. Ein Blick in die glücklichen Augen meiner Mutter macht mich sicher: Es ist nicht gelogen, ich kann aufatmen.

„Meinst du, ich bin eine Rabenmutter, wenn ich noch warte, bis Thomas da ist, bevor ich die Kleine zu mir hole? Ich bin so müde." Ich höre die Antwort nicht mehr, denn ich bin bereits wieder eingeschlafen. Erst als sich Thomas über mich beugt, erwache ich wieder. Aber jetzt möchte ich unsere Tochter sehen. Thomas bittet mich, noch ein paar Minuten zu warten, denn der Gang sei voll mit Journalisten und er müsse jetzt ein Statement abgeben, er möchte doch dabei sein, wenn die Kleine kommt. Zum ersten Mal, seit wir uns kennen, fühle ich mich bedrängt und belästigt. Die Öffentlichkeit passt nicht zu diesem privaten Moment. Aber ich weiß, dass er hinaus muss, früher wird hier keine Ruhe einkehren.

Wenige Minuten später schiebt er ein kleines Gitterbett ins Zimmer. Eine Schwester greift hinein und holt ein winziges Bündel heraus, das nur mit einer Windel bekleidet ist. Als sie mir das Mädchen auf den Bauch legt, sehe ich ihr mitten in die Augen und werde diesen Blick niemals vergessen. Hellwach, fast vorwurfsvoll und so, als ob sie alles verstehen würde. Das ist das Wesen unserer Tochter bis zum heutigen Tag. Auf meinem Bauch atmet sie noch einmal tief, streckt alle Viere von sich und schläft sofort ein. Ich kann es nicht fassen. Obwohl es schon so oft zitiert wurde, fehlen auch mir die richtigen Worte: Es war der glücklichste Tag in meinem Leben.

Thomas sitzt neben uns. Man lässt uns alleine und wir genießen den Moment. Nach einiger Zeit merke ich, dass er unruhig wird.

„Was ist los mit dir?"

„Weißt du, der ORF wartet draußen mit der Kamera. Ich habe ihnen gesagt, sie sollen gehen, weil es heute keine Bilder gibt. Aber sie meinen, sie bleiben noch ein

Weilchen. Nur zwei Minuten wollen sie filmen, wenn es irgendwie geht, dann fahren sie sofort wieder."

Das darf doch nicht wahr sein! Ich liege hier völlig nackt und erschöpft und man lässt mich nicht in Ruhe! Nach kurzer Zeit besinne ich mich aber. Thomas ist ein Mensch der Öffentlichkeit, und wir leben auch, im wahrsten Sinne des Wortes, von seiner Popularität. Man kann nicht nur die Vorteile dieses Lebens annehmen. Ich erinnere mich dunkel an meine Antwort: „Na gut, aber anziehen tue ich mir nichts!"

So kommt es, dass ich noch am selben Abend völlig erschöpft im Fernsehen erscheine. Zugedeckt bis über die Brust, den kleinen Kopf meiner Tochter mit der Hand schützend. Angeblich soll es doch ein sehr lieber Bericht gewesen sein. Man hätte aus diesem Material sicher auch etwas anderes, Entstellendes machen können.

Danach genießen wir wortlos die wunderschönen Stunden. Thomas sieht noch nach unserem Sohn, bevor er wieder nach St. Anton fahren muss. Es geht ihm gut.

Wir entscheiden uns für die Namen Jakob und Klara. Der Bub ist ein paar Minuten älter, die beiden sind annähernd 2,40 Kilogramm schwer und 46 Zentimeter groß, Nicht schlecht, wenn man bedenkt, dass sie einen Monat zu früh gekommen sind. Am nächsten Tag bringt man mich im Rollstuhl zu meinem Sohn und legt ihn mir in die Arme. Von diesem Moment an möchte ich ihn nie wieder loslassen, mich nie wieder von den Kindern trennen. Doch die Situation hier im Spital ist nicht gerade leicht für mich. Den ganzen Tag über pendle ich zwischen beiden Kindern hin und her und stille sie abwechselnd. Vor lauter Glück und Sorge bemerke ich meine eigenen Schmerzen kaum. Einmal spüre ich den Kreislauf versagen, doch der Gedanke an meinen Sohn, zu dem ich nicht könnte, wenn ich schlapp machen würde, lässt mich sofort wieder fit werden. Es ist unglaublich, was Muttergefühle bewegen. Ich kämpfe wie eine Löwin für diese Babys, denn ich spüre, dass sie mich brauchen. Eine Schwester hat Mitleid mit mir und setzt sich dafür ein, dass wir drei zusammengelegt werden, was für sie gar nicht so leicht zu erreichen ist. Ihr verdanke ich den Moment, in dem ich die beiden zusammen in einem Bettchen liegen sehe. Jakob greift sofort nach Klara und fährt ihr mit den Fingern in die Nase. Mir laufen die Tränen übers Gesicht.

Ab jetzt beginnt ein Marathon für mich, mit dem ich nie gerechnet hätte. Ich wusste, dass Zwillinge ein Fulltimejob sind, aber dass sie die Nacht mit dem Tag verwechseln würden, damit habe ich nicht gerechnet. Beide haben einen völlig falschen Rhythmus. Tagsüber schlafen sie nach dem Stillen sofort ein, nachts sehen sie mich mit riesengroßen Augen an oder brüllen vor Ärger, wenn ich sie ins Bett lege.

Thomas ruft an, so oft er kann, und ich versäume kein Rennen im Fernsehen, auch die Kinder hören gerne die Stimme des Vaters. So sind wir auch live dabei, als Hannes Trinkl Abfahrtsweltmeister wird. Ich schreie vor Begeisterung laut auf und hole damit sämtliche Ärzte und Schwestern der Station in mein Zimmer, denn sie glauben, dass etwas Schlimmes geschehen ist.

Mitten in der Nacht läutet das Telefon. Hannes ruft an und gratuliert mir zur Geburt. Ich beglückwünsche ihn zu seinem Erfolg, doch er geht gar nicht darauf ein. Die ganze Zeit über erzählt er mir, wie schön es ist, eine Familie zu haben und wie glücklich Thomas jetzt aussieht. Hannes ist kein Mann der großen Worte, doch ich habe trotzdem verstanden, wie sehr er sich für uns freut. In diesem Moment seines größten Triumphs denkt der Weltmeister an uns. Das ist typisch für den ehrlichen, treuen und bodenständigen Hannes.

Thomas tut, was er kann, um mir das Gefühl zu geben, nicht alleine zu sein. Wir haben von Anfang an gewusst, dass die Kinder womöglich während der WM zur Welt kommen könnten, und trotzdem habe ich mir seine Abwesenheit nie so hart vorgestellt. Meine Eltern sind oft bei mir, ohne sie wäre ich sicher verzweifelt. Aber Thomas fehlt mir sehr. Umso schöner ist es, als er nach der WM kommt und uns alle drei in die Arme nimmt. Wenige Tage später dürfen wir nach Hause.

Doch mit der Heimkehr schlittern wir in eine Situation, die um ein Haar das Karriereende von Thomas bedeutet hätte und voll auf meine Kappe gegangen wäre. Ich habe wider alle guten Ratschläge kein Kindermädchen eingestellt, weil ich mich ganz allein für diese kleinen Würmchen zuständig gefühlt habe. Ich habe völlig verdrängt, dass wir auch noch einen Betrieb haben, in dem ich jetzt sehr gebraucht werde, denn es sind gerade Semesterferien. Wahrscheinlich aus Mutterinstinkt lasse ich den Betrieb völlig links liegen. Ohne meine Schwiegereltern hätte ich in dieser Zeit alles zerstört, wofür wir lange gekämpft haben. Meine Schwiegermutter bietet mir Hilfe an, die ich annehme, denn ich spüre, dass die Liebe einer Großmutter ein guter Ersatz für die der Mutter ist. So kann ich doch das Nötigste für den Betrieb erledigen, solange die Kleinen, beschützt von der Oma, schlafen. Ruhephasen gibt es für mich beinahe keine, da sich die beiden in der Nacht abwechseln. Thomas muss zu dieser Zeit für sein Training bereits im Morgengrauen aufstehen und sollte besser nicht geweckt werden. So kommt es, dass ich tage- und nächtelang herumlaufe. Ich darf mich nicht einmal beschweren, denn ich bin hundertmal darauf aufmerksam gemacht worden, dass ich Hilfe brauchen würde. Doch nur die Oma darf da sein. Und natürlich der Vater. Der muss sogar. Wenn er dann am späten Vormittag nach Hause kommt, darf er, anstatt zu regenerieren, Kinder hüten. Auch er schläft nur noch in der Nacht und ist nach ein paar Wochen völlig fertig. Ich kann ihm auch nicht helfen und so eskaliert die Situation nicht nur einmal.

„Ich höre auf! Ich schmeiße alles hin und lasse es bleiben, dann kann ich dir immer helfen“, reagiert er auf meine Vorwürfe. Doch später, wenn sich der Zorn legt, siegt die

Vernunft und wir reißen uns beide wieder zusammen. Unsere Mütter opfern uns jede freie Minute, spielen sich an ihrem Arbeitsplatz frei, so gut sie können. Doch ich möchte den Vater bei mir haben. Entweder sind es die Hormone, die mich verwirren, oder ich bin in dieser Zeit einfach kurzfristig übergeschnappt, denn es fehlt mir gänzlich der Sinn für die Realität. Thomas kann sich nicht zerreißen. Er kann nicht trainieren, Kinder hüten und überhaupt nicht mehr pausieren, doch das ist mir nicht immer bewusst. Heute sehe ich die Dinge klarer und weiß, dass wir damals haarscharf an einem frühzeitigen Karriereende vorbeigeschlittert sind. Aber ich verstehe auch mich, die ich für unsere zwei zarten, kleinen Wesen nur das Beste wollte. Man muss eben auch erst lernen, sich helfen zu lassen.

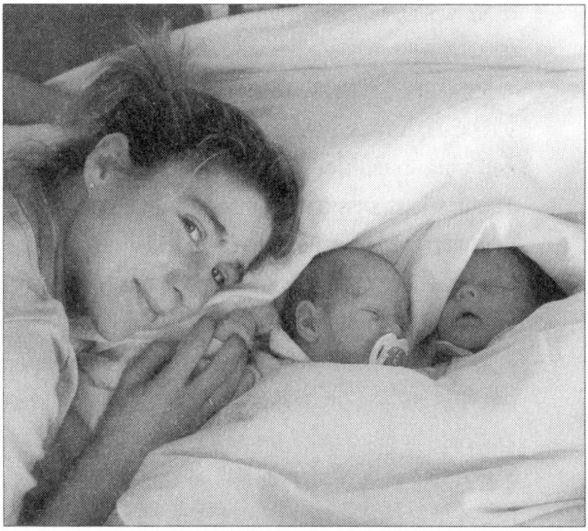

Ich kann mir nicht mehr vorstellen, wie ich diese schlaflose Phase damals überstanden habe. Aber ich hatte nicht einmal die Zeit, darüber nachzudenken. Die Kinder heranwachsen zu sehen war und ist mein größtes Erfolgserlebnis, letztendlich viel wichtiger als Thomas' Comeback oder der geschäftliche Erfolg der Schirmbar. Thomas ist es ebenso gegangen, denn ich bezweifle, dass sein Training in dieser Zeit sehr effektiv gewesen ist. Er war von Anfang an ein fantastischer Vater, ist in seine Elternrolle viel leichter, viel natürlicher geschlüpft als ich. Für mich waren die zwei Wesen aus meinem Bauch zwei eigenständige Menschen, die ich erst kennen lernen musste. Während mich jede ungewohnte Regung der Kleinen beunruhigte, dachte Thomas nicht einmal darüber nach, sondern nahm die Situation so wie alles in seinem Leben: mit Humor.

Die Umstellung muss trotzdem für ihn doppelt so schwierig gewesen sein wie für mich. Man kann sich sein bisheriges Leben so vorstellen: Trainieren, schlafen, essen, trainieren... ab und zu einmal ein Öffentlichkeitstermin, viele Stunden im Auto, aber dann Zeit zum Regenerieren daheim. Und immer, wenn einmal ein Problem aufgetreten ist, war da jemand zum Reden.

Plötzlich ist nichts mehr so, wie es war. Nach dem Training bekommt er von seiner mittlerweile schon ziemlich gestressten Frau ein plärrendes Baby in die Hand gedrückt. Wenn das einschläft, wacht das andere auf. Der Herd bleibt kalt, die Wäsche häuft sich im Keller und niemand hört ihm mehr zu. Meine Sorgen scheinen mir in diesen Tagen viel elementarer, wir leben nicht mehr in derselben Welt. Manchmal gibt es ein reinigendes Gewitter, das uns beide wieder auf dieselbe Bahn bringt, weil wir wissen, dass unsere Liebe zueinander Veränderungen wie diese bewältigen kann. Letztendlich profitieren wir sogar davon. Diese zwei kleinen Wesen, die bereits nach ein paar Monaten friedlich neben unserem Bett schlummern, machen unser Leben reicher und sinnvoller. Die Bilder von der Zukunft werden lebhafter, jeden Tag sehen wir uns beide vereint in diesen Zwillingen. Und Thomas, der mir bislang in manchen Wesenszügen noch sehr kindlich vorgekommen ist, zeigt nun eine Seite, die ihn mir menschlich noch um vieles näher bringt. In schweren Situationen bleibt er cool und handelt, ohne Nerven zu zeigen. Einmal kullert mir unser Sohn aus der Tragtasche und rollt die Stiegen hinunter. Während ich weinend zusammenbreche, nimmt Thomas das Kind, rennt zurück in die Wohnung und schließt ihn an die Monitore an, die wir zur Prophylaxe gegen den plötzlichen Säuglingstod vom Spital mit nach Hause bekommen haben. Er zieht den Buben, der zwei Anoraks mit Kapuze anhat, aus. Erst jetzt wacht er auf und beginnt zu weinen, er hat das ganze Szenario verschlafen. Trotzdem packen wir uns noch am selben Abend zusammen und lassen ihn von Arzt untersuchen. Nichts ist geschehen, Jakob hat nicht einmal einen Kratzer und ich glaube wieder an Schutzengel.

Ein anderes Mal verfehlt die herabstürzende Badezimmerlampe die darunter liegende Klara nur um zehn Zentimeter. Das Glas zerschellt am Boden, doch außer einen großen Schreck bekommt die Kleine gar nichts ab. Thomas bleibt auch da ruhig.

Er ist ein Vater wie aus dem Bilderbuch. Gibt Fläschchen, obwohl er selber hungrig ist, wickelt und badet die Kinder. Nachdem er stolz lächelnd mit einem Baby aus dem Badezimmer kommt, das verkehrt in seinem Strampelanzug steckt, übernehme ich die „Nachbearbeitung".

Wann immer er kann, will er uns bei sich haben; er flüchtet nicht, wie viele andere Väter, von Zeit zu Zeit. So ist die ganze Familie, als die beiden vier Wochen alt sind, zu Gast bei Willi Dungl. Später sind wir ein Wochenende in Salzburg, wo Thomas einen leistungsdiagnostischen Test absolviert. Die Babys geben uns die Liebe, die wir für sie empfinden, tausendfach zurück. Durch ihr Lachen, ihre Art, uns zu zeigen, wie wichtig wir für sie sind.

Langsam geht die Saison am Hochkar dem Ende zu. Im April lässt sich kaum mehr ein Schifahrer blicken, für Thomas ist jedoch Trainingshochbetrieb. Da es schon sehr warm ist, rückt er bereits im Morgengrauen aus, kehrt dafür aber schon am frühen Vormittag heim.

Nicht nur einmal bricht er völlig enttäuscht ab, weil er Schmerzen hat. Niemals ist es direkt die Patellasehne; mal sind es die Muskelansätze oberhalb der Kniescheibe, mal der Schienbeinkopf. Er ist immer wieder gezwungen zu pausieren, und meist hilft nicht einmal das. Rückblickend glaube ich, dass es oft nicht die Schmerzen waren, die ihn in die Pause getrieben haben, sondern die Angst und die Ungewissheit, manchmal auch fehlende Motivation, denn nach fast drei Jahren Pause geht von Zeit zu Zeit die Luft aus. Nach dem neuerlichen Riss kann ihm niemand mehr versprechen, dass so etwas nie wieder geschehen wird. Auch wenn der Vater der Überzeugung ist, das Knie müsse sich erst wieder „einschleifen" und an die Belastung gewöhnen, hütet er sich doch davor, die Verantwortung dafür zu übernehmen. Und Thomas schlittert in einen Gewissenskonflikt, der lange andauern wird.

Die Angst setzt ihm zu, lässt ihn die Nerven verlieren. „Ich höre auf, es geht einfach nicht mehr", sagt er, und steht noch mit dem Rennanzug im Zimmer. Beim ersten Mal bin ich noch schwer betroffen, möchte mit ihm diskutieren, um eine Begründung zu finden. Nach einem halben Tag, an dem er vor sich hin geschmollt hat, beschließt er, es doch wieder zu versuchen. Am nächsten Tag sieht alles schon wieder ganz anders aus, die Schmerzen sind nicht selten völlig verschwunden.

Diese Situation wiederholt sich in diesen Monaten vier- bis fünfmal. Ich gewöhne mich daran und reagiere deshalb vielleicht nicht mehr gar so überrascht wie beim ersten Mal, was ihn rasend macht. Ich solle ihm doch glauben, er meine es wirklich ernst. Wenig später kommt es ihm aber schon fast schuldbewusst über die Lippen: „Macht es dir etwas aus, wenn ich es trotzdem noch einmal versuche?"

Natürlich nicht. Auch wenn das Karriereende schon oft angesprochen wird, ich habe in dieser Phase nie wirklich daran geglaubt. Vielleicht ist Einbildung auch eine Form von Ehrgeiz – ich hoffe nicht.

Ich bin mir nicht absolut sicher, dass mit diesem Knie alles in Ordnung ist, und nicht einmal ich kann die Verantwortung dafür übernehmen. Aber ein entzündlicher Vorgang, der nicht in der Pause, sondern nur beim Training besser wird, ist mir noch nicht untergekommen. Denn so verhält es sich im Moment. Trotzdem wird das Knie nie wieder so sein wie früher. Nicht an das zu denken, was sein könnte, entspricht zwar dem Naturell eines Siegers, nicht aber dem Charakter eines Familienvaters. Diese gegensätzlichen Rollen sind für Thomas manchmal schwer vereinbar.

Gegen Mai rückt das Schneetraining wieder in den Hintergrund, dafür wird intensiver in den Bereichen Kraft, Ausdauer, Koordination und Schnelligkeit gearbeitet. Diese Einheiten sind für das Knie oft belastender als das Schifahren, weil sie manche Muskeln sehr genau ansprechen. Jede Ausweichbewegung wird sofort korrigiert, die Schwachstellen werden intensiv bearbeitet, deshalb kommen die Schmerzen wieder. Unabhängig von der ganzen Vorgeschichte macht jetzt der Schienbeinkopf Probleme, was schwer zu behandeln ist. Angeblich ist diese Situation unbedenklich, aber wem glaubt Thomas denn noch? Es ist Sommer, deshalb wird zwischendurch am Gletscher trainiert, und nach ein paar Schitagen bessert sich sein Zustand.

Dazu kommt die Sinnkrise, die immer häufiger spürbar wird. Wenn Thomas Schneekurs hat oder länger wegfährt, bleibe ich mit dem Rest unserer Familie zurück. Seit wir uns kennen, wusste ich, dass dieser Moment kommen wird, und ich habe mir geschworen, deshalb nicht ein einziges Mal zu jammern. Also habe ich meine Vorbereitungen getroffen. Das Kindermädchen, das mir mittlerweile hilft, bleibt in diesen Tagen auch über Nacht, so kommen wir auch ohne den Papa ganz gut zurecht. Aber das Heimkommen nach zweiwöchiger Abwesenheit ist für Thomas sehr schlimm, denn er merkt, wie viel er in der Entwicklung der Kinder versäumt hat. Er fürchtet sich davor, dass sie fremdeln könnten.

Thomas ist ein fixes Mitglied in unserem stressigen Alltag gewesen. So hat er sich auch angewöhnt, tagsüber nicht mehr zu schlafen und in seinen Ruhephasen mit den Kindern am Boden zu liegen und zu spielen. Ich habe etwas Zeit für die Arbeit und die Kinder haben viel von ihrem Vater.

Das Leben als Schifahrer sieht ganz anders aus. Wenn das Wetter oder die Schneelage ungünstig sind, dann gilt es plötzlich, eine ganze Menge Zeit totzuschlagen. Das Trockentraining ist nur ein kurzes Ersatzprogramm und vor dem Fernseher liegen, so wie früher, ist kaum mehr möglich. Er kommt sich unnütz dabei vor. Auch die Regenerationsphasen auf den Kursen werden plötzlich lang und sinnlos. Thomas vermisst uns alle drei, denn wir sind sein Leben geworden, wir gehören zu ihm und er möchte nicht mehr so tun, als wären wir nicht da. Gibt es einen schöneren Liebesbeweis? Trotzdem kann ich mich nicht wirklich darüber freuen, denn auch diese Situation wird er alleine bewältigen müssen. Wir können nicht überall dabei sein, es wäre auch nicht gut so. Tatsache ist, dass Thomas das Schifahrerleben nicht mehr gewohnt ist und erst langsam wieder hineinwachsen muss.

Ich bestärke ihn dabei, so gut ich kann. Trotzdem erforsche ich immer wieder mein Gewissen. Ich möchte ihn in nichts hineindrängen, nicht genau denselben Fehler machen wie so viele Ärzte und Therapeuten bisher. Nur eines wünsche ich mir: eine Entscheidung, die nicht im Affekt getroffen wird, denn sie wird die Arbeit der letzten beiden Jahre besiegeln. Für ein Aus muss es einen Grund geben, der plausibel ist. Noch sprechen so viele Dinge fürs Weitermachen: die Lust am Schifahren, die Freude an der neuen Technik und das Gefühl, voll mithalten zu können. Und der berechtigte Stolz auf ein Comeback, an das niemand geglaubt hat.

Unser Leben hat sich allmählich beruhigt, läuft wieder in Bahnen, die genug Zeit zum Nachdenken lassen. Thomas hat jetzt mehr Ruhephasen, weil ich seine Hilfe weniger dringend brauche. Simone, unsere Perle von einem Kindermädchen, nimmt mir viel Arbeit ab und die Schirmbar bleibt den Sommer über geschlossen. Die Babys haben er-

Ein Korb voller Kinder:
Jakob (links) und Klara.

kannt, dass die Nacht zum Schlafen da ist und tagsüber ist das Spielen mit ihnen interessanter geworden. Sie reagieren auf alles und lernen täglich neue Dinge.

Einige Wochen verbringen wir in unserer Berndorfer Wohnung, wo ich noch dazu die tatkräftige Unterstützung meiner Mutter habe. Thomas trainiert sehr intensiv und kann sogar schon wieder seine kleinen Schläfchen zwischendurch einlegen, weil die Oma gerne mit den Babys unterwegs ist. Wenn ich zum Fenster hinaussehe, steht er oft mit seinem selbst gebastelten Seilzug im Hof. Mein Garten wird zur Kraftkammer umfunktioniert. Alle wichtigen Geräte wie Gewichtsweste, Hanteln und Springschnur sind leicht zu transportieren und reisen immer mit. Manchmal staune ich, was aus dem Körper geworden ist, den ich vor mittlerweile zweieinhalb Jahren zum ersten Mal gesehen habe. Man könnte fast sagen, ein Athlet. Die Ausdauereinheit am Mountainbike oder im Schwimmbad können wir fallweise sogar gemeinsam durchführen. Wir haben die Rollen getauscht, jetzt fahre ich hinter ihm her und hoffe, dass das noch lange so bleibt.

Hinter den Schlagzeilen von Operation und Rehabilitation des Sykora-Knies ist viel passiert, das nicht geschrieben, aber oft vermutet wurde. Zweifel, enttäuschte Hoffnungen und großer Schaden durch karrieregeile „Helfer“, die diese Situation ausgenützt haben. Aber gibt es nicht viele Menschen, denen es ebenso ergeht? Das Comeback ist für mich gelungen, trotz allem. Damit möchte ich allen ewig leidenden, vielfach verletzten und operierten Menschen erzählt haben, dass auch ein Thomas Sykora nicht ohne Zweifel war und ohne die Mithilfe seiner Umgebung nie wieder „auferstanden“ wäre.

Die ersten Trainings verlaufen sensationell. Er scheint den Anschluss gefunden zu haben. Die Zeiten sprechen für sich, er ist immer bei den Schnellsten. Auch die Presse bekommt Wind davon, und wie schon so oft werden die Erwartungen in die Höhe getrieben. Es gibt die wildesten Spekulationen und Schlagzeilen.

„Ich will wieder ganz nach vorne“, lese ich da zum Beispiel. Wohin denn, wenn du dir einen dreijährigen Kampf antust? frage ich mich. Aber Thomas nimmt es gelassen; er sei gewohnt, mit dem großen Druck der Öffentlichkeit umzugehen. Es scheint auch wirklich so, allerdings nur bis kurz vor den ersten Amerika-Rennen.

Schon die Abreise macht mir Angst. Thomas steht um drei Uhr morgens auf und wirkt eher traurig als müde. Fast enttäuscht schleicht er sich aus der Wohnung.

„Warum sind denn die Kinder nicht noch einmal munter geworden? Wenn ich in drei Wochen wieder heimkomme, werden sie mich nicht mehr wiedererkennen.“

Er lässt den Kopf hängen, ich umarme ihn und frage mich, wie es mir wohl gehen wird, in der längsten Trennungsphase, die wir je hatten. Allein mit allen geschäftlichen Sorgen, die der Schirm, den wir in diesen Tagen öffnen, mit sich bringt. Und allein mit all der Freude und dem Leid, das Kinder so bereiten. Ich kann meine Gefühle schwer verbergen und so wird auch Thomas immer trauriger. Als er sich umdreht und die Wohnung verlässt, haben wir beide Tränen in den Augen. Seine Ausgangsposition ist nun eine andere. Der kompromisslose Egoismus, Leistungssportler zu sein, das völlige Abschalten nach dem Training oder nach einem Rennen ist für immer unmöglich geworden. Dazu sind wir einander viel zu nahe.

Die Zeit, die Thomas früher im Bett verbrachte, hängt er nun am Telefon. Er möchte in Amerika quasi live erleben, was unsere Kinder daheim tun. Natürlich gibt es auch mit dem Schirm einige Probleme, die ihm nicht verborgen bleiben. Er kennt mich zu gut, ich kann und will ihn nicht anlügen. Wir reden zwar übers Training, aber er berichtet oft von zwischenmenschlichen Angelegenheiten im Team und ich merke, dass er sich nicht so richtig wohl fühlt. Er vermisst alte Kollegen und Trainer wie Mike Tritscher und Fritz Vallant, die bereits ihr „Leben danach“ begonnen haben. Er ist der älteste im Slalomteam, der einzige mit Familie, ein Überbleibsel aus einer anderen Zeit, ein Dinosaurier in diesem Youngster-Team.

Dazu kommt, dass Thomas im Vorfeld seines Comebacks viele Interviews geben muss und einiges an Öffentlichkeitsarbeit leistet. Hier ein Gespräch, da ein Foto. Mir fällt auf, dass alle anderen viel mehr Ruhe haben. Rückblickend glaube ich, dass nicht nur die sportlich-technische Komponente, sondern auch die rein menschliche dieses Comeback anders verlaufen haben lassen, als wir es uns gewünscht haben. Thomas ist kein cooler Siegertyp mehr. Vielleicht hat ihn seine Familie zu einem mitfühlenden, sensiblen Menschen gemacht, vielleicht seine Verletzung. Diese Züge hatte er wohl immer, bloß ließen sie sich völlig aus seinem Sportlerleben ausklammern. Nun treffen ihn menschliche Tragödien der Teammitglieder und es gibt Dinge in seinem Leben, die wichtiger sind als ein Sieg. Drei Jahre, in denen er oft am Boden gelegen ist und an Gefühlen so ziemlich alles miterlebt hat, haben ihn menschlich verändert. Das macht ihn verletzlich.

Je länger sein Amerika-Aufenthalt dauert, desto unsicherer und kürzer angebunden ist er. Ob es an der Abwesenheit des Vaters liegt? Wenn die beiden zusammen sind, weiß ich, dass nichts geschehen kann. Das scharfe, analytische Auge des Vaters und die gute Verständigungsbasis sind beinahe eine Erfolgsgarantie. Wenn mal ein Training danebengeht, dann wird es analysiert, und beim nächsten Mal läuft es schon besser. In Amerika gehen einige Läufe daneben und es will nicht so wirklich besser werden. Ich merke, wie hilflos Thomas dasteht. Was aber nicht heißt, dass seine Trainer nichts sehen, es fehlt bloß der ergänzende Ratschlag des Vaters. In diesem Moment wäre seine Anwesenheit wichtig gewesen.

Das erste Rennen, das als Vorbereitung zum Weltcup gesehen werden kann, endet mit einem Ausfall von Thomas und einer großen Niederlage der gesamten österreichischen Mannschaft. Eine Tageszeitung hierzulande berichtet sofort vom gescheiterten Comeback des Thomas Sykora. Beim zweiten Rennen tags darauf wird er Dreizehnter, der ORF würdigt diese Leistung mit der Headline: „Gelungenes Comeback…" In diesen Tagen huscht das Gesicht meines Ehemannes des Öfteren über den Bildschirm, ich höre viele Interviews. Wir können rund um die Uhr telefonieren, da ich praktisch die ganze Nacht auf bin. Ich lerne zu dieser Zeit für die Konzessionsprüfung des Gastgewerbes, um die Schirmbar in diesem Winter alleine führen zu können. Fast jede Nacht sitze ich über den Büchern und schlafe kaum mehr als drei Stunden. Das kostet mich sehr viel Substanz und hängt mir nach bis zum heutigen Tag. Ich arbeite quasi an zwei Fronten. Tagsüber bin ich vollauf mit der Organisation der Schirmbar und den Kindern beschäftigt, nachts vergrabe ich mich hinter den Büchern. Der Tag meiner Konzessionsprüfung wird zum Meilenstein für uns beide, denn es ist auch der Tag des ersten Rennens für Thomas. Ich weiß nicht, was mich mehr aufregt. Wie immer in dieser Zeit weckt mich sein Telefonanruf, er geht gerade schlafen.

„Schon komisch", meine ich „da arbeitet man ewig auf etwas hin und versucht alle möglichen Überbrückungen zu finden, die die Zeit schneller vergehen lassen, und plötzlich ist er da, der besagte Tag, auf den man so lange warten musste."

„Du meinst mein erstes Rennen, oder?"

„Was sonst? Mir scheint es plötzlich, als wäre der zweite Riss erst vor kurzem geschehen."

„Mir geht es genauso. Es ist einfach so viel passiert, dass wir nicht bemerkt haben, wie die Zeit vergeht."

„Na ja, und heute ist es so weit."

„Hör auf, mach mich nicht nervös."

Außer diesem letzten Satz ist mir wenig von unserem Gespräch in Erinnerung geblieben. Aber er macht seine Unsicherheit offenbar. Ab diesem Zeitpunkt redet er mit mir nicht mehr über die Rennen, über das, was er empfindet, davor oder auch danach. Ich fühle mich ausgeschlossen, aber ich nehme es ihm nicht übel, denn heute kenne ich den Grund dafür...

Einige Stunden später lege ich dann die schwerste Prüfung meines Lebens ab, denn nichts während meines Studiums hat mich so gefordert wie diese Konzessionsprüfung. Aber ich bestehe und werte das in meinem grenzenlosen Optimismus als gutes Omen. Thomas freut sich mit mir und ganz bewusst klammern wir das herannahende Rennen aus unserem Gespräch aus. Also fahre ich von St. Pölten zurück aufs Hochkar, hole die Kinder wieder zu mir und fiebere gemeinsam mit dem Kindermädchen dem Start entgegen.

Es dauert schrecklich lange, bis Thomas mit der Nummer 12 aus dem Starthaus kommt. Bei den ersten Toren stockt mir der Atem. Sieht das langsam aus, denke ich mir. Er wird ausfallen, er wird ausfallen, er wird ausfallen – es krampft mich richtig zusammen. Er fällt aus, und obwohl ich es geahnt habe, bin ich sehr enttäuscht und schockiert. Ich schreie laut auf, die Kinder zucken zusammen, sehen mich mit erschrockenen Augen an und beginnen zu brüllen wie am Spieß. Die Tränen schießen waagrecht aus ihren Augen, sie können sich nicht erklären, was der Mama so großen Schmerz bereitet.

Im selben Moment denke ich für mich, was ich doch für ein Trottel bin und es wird mir auch bewusst, wie unwichtig Schirennen im Vergleich zur Gesundheit und dem Wohlergehen unserer Kinder sind. In diesen Minuten beschließe ich, mir nie wieder live ein Rennen von Thomas anzusehen. Wozu auch? Ich kann ihm nicht helfen, ich rege mich nur sinnlos auf. Ich habe diesen Vorsatz bis auf eine einzige Ausnahme, die ich nicht bereue, eingehalten. Was aber nicht heißt, dass ich die Rennen nicht live miterlebe. Ich sehe alle Läufer davor und danach. Aber immer wenn Thomas an der Reihe ist, flüchte ich aus dem Zimmer, und mein Kindermädchen holt mich erst zurück, wenn alles vorbei ist.

Das zweite Rennen am nächsten Tag macht mir Hoffnung. Thomas qualifiziert sich für den zweiten Durchgang und wird schließlich 23. Am Telefon meint er, dass noch einiges drinnen sei und ich bin überzeugt, dass es ab jetzt aufwärts gehen wird. Amerika ist abgehakt, nicht einmal so schlecht.

Daheim, mit Ruhe und Fleiß, wird es noch viel besser werden, denke ich...

Nach diesen ersten beiden Rennen, die für uns alle sehr enttäuschend sind, sehne ich seine Rückkehr herbei. Nicht nur, weil ich schon so lange alleine bin, sondern auch, weil ich von meiner Schwiegermutter weiß, dass ihn die Amerikarennen schon oft zurückgeworfen haben und er daheim, in Zusammenarbeit mit seinem Vater, alles wieder aufholen konnte.

Der Tag, an dem er zur Tür hereinkommt, wird ein kleines Fest für uns. Die Rennen sind plötzlich sehr weit weg, was zählt, sind nur noch wir vier. Vorsichtig nähert er sich dem Kinderwagen und nimmt unsere Tochter, die gerade ihr Mittagsschläfchen beendet hat, heraus. Sie sieht ihn erschrocken an und beginnt zu brüllen. Armer Papa, sie fremdelt fürchterlich. Genauso Jakob, aber damit mussten wir rechnen. Doch wieder hilft ihm seine ganz besondere Art, mit Kindern umzugehen. Bereits am Abend hat er die Zwerge auf seiner Seite. Sie spielen mit ihm, lachen ihn an und ziehen an seinen Haaren. Er hat es sich sogar bestmöglich gerichtet, denn nachts, wenn sie erwachen, ist er noch zu fremd. Da wollen sie die Mama, also muss er leider weiterschlafen...

Es dauert Tage, bis unser Gespräch auf das Schifahren kommt. Er trainiert jetzt sehr hart und wir müssen unser Leben neu organisieren. Da er nach dem Training regenerieren muss und nachts auch schlafen sollte, brauche ich Hilfe. Also springt unser Kindermädchen Simone ein. Sie akzeptiert es, von Dezember bis Februar kaum Freizeit zu haben und auch ihre Nächte bei uns zu verbringen. Sie nimmt ihre Aufgabe sehr ernst, bringt täglich warmes Essen auf den Tisch, führt den Haushalt sorgfältig, und was das Wichtigste ist: Die Kinder lieben sie. Ich danke ihr noch heute dafür, denn es ist nicht immer lustig mit einem Ehepaar und zwei kleinen Kindern auf 1500 Metern Höhe in der Isolation einer Wohnung zu sitzen. Ich selbst komme durch meine Arbeit ja unter Leute, doch sie bleibt immer bei den Kindern, fern vom Lärm und Trubel.

Nach wenigen Tagen schon geht es mit Thomas aufwärts. Er fühlt sich immer sicherer, trainiert hart und freut sich auf eine Bestätigung seiner guten Trainingsleistungen in Madonna. Doch es kommt anders: Mit viel Pech rutscht er dort aus den Top 30.

Bei seiner Rückkehr ist er richtig zornig, spricht sogar von Aufhören, besinnt sich aber wieder und will weiterkämpfen. Es muss doch alles einen Sinn gehabt haben. Ständig wird am Material herumgebessert, eine Sache, die normalerweise bereits vor der Saison abgeschlossen sein sollte. Wir merken, dass es mit den kurzen Schiern viel besser geht, und so kommt es, dass mein 1,90 Meter großer, 90 Kilo schwerer Mann auf 1,55-Meter-Schiern den Hang hinunterschwingt. Dies soll keine Ausrede sein, aber die technische Situation in dieser Saison ist nicht gerade günstig. Der Trend zu immer kürzeren Schiern überrascht auch die Schifirmen. Thomas ist bei weitem der größte Slalomfahrer im Team und wahrscheinlich auch der schwerste. Bei ihm wirken ganz andere Kräfte auf den Schi ein. Kräfte, die stabiles Material verlangen würden, doch leider gibt es das noch nicht. Der Schi beginnt bei nicht so guten Verhältnissen zu flattern, und all die Schläge reizen erstmals wieder sein Knie. Thomas klagt über Schmerzen, die eher auf eine Überlastung als auf das alte Leiden schließen lassen.

Ich glaube, dass er sich genau zu dieser Zeit der Prioritäten in seinem Leben bewusst geworden ist. Die Konsequenz, die letzte Bereitschaft, eine nochmalige Verletzung in Kauf zu nehmen, ist einfach nicht mehr da.

„Er soll einfach voll draufsteigen." „Hirn ausschalten und runter!" „Irgendwie ist er schon noch feig." Mehr oder weniger wertvolle Ratschläge von Bekannten und Unbekannten. Ich schweige tapfer, denn sonst würde ich explodieren. Das „einfach draufsteigen" ist gar nicht so leicht und hat nur in letzter Konsequenz etwas mit Mut zu tun. Wenn die Technik nicht hundertprozentig passt, endet ein Kamikazelauf mit einem fürchterlichen Sturz spätestens beim dritten Tor. Ich gebe zu, dass sogar ich beim Zuschauen wünsche, ich könnte anschieben, doch das geht leider nicht. Im Fernsehen sieht alles so spielerisch einfach aus, doch die Wirklichkeit sieht anders aus. Ich bin bloß ein einziges Mal mit der Videokamera den Rand einer Rennpiste abgerutscht und hatte Schwierigkeiten, meine Schi unter Kontrolle zu halten. Ich konnte weder die Stöcke in den Schnee stoßen noch hatte ich die Chance, einen fixen Stand zu halten und bewältigte so einen eineinhalbstündigen Balanceakt. Ich wäre nicht einmal im Pflug durch die Tore gekommen…

Die Erwartungen in Kranjska Gora sind groß, obwohl die Saison bisher nicht nach Wunsch gelaufen ist. Irgendwann muss doch der Durchbruch kommen!

Thomas fährt im Training gute Zeiten, hat nach vielen Testreihen den Glauben an sein neues Material wieder gefunden, ist sehr motiviert, es noch einmal anzugehen. Vor diesem Rennen gesteht er mir, dass er zum ersten Mal wieder so richtig nervös ist und wir werten es als gutes Zeichen. Doch leider geht es schief, er kann sich nicht für den zweiten Durchgang qualifizieren. Die Enttäuschung ist groß, es scheint hoffnungslos zu sein.

Thomas ist mittlerweile in der Startaufstellung weit nach hinten gerutscht, kämpft mit den schlechten Pisten. Der rasche Wechsel von weichem Schnee und eisglatten Stellen macht ihm zu schaffen. Die vielen Schläge reizen sein Knie.

Noch am selben Abend kommt er nach Hause und betritt überraschend fröhlich die Wohnung. Er habe ab jetzt viel Zeit, mir zu helfen, denn er werde kein einziges Training mehr fahren.

„Heißt das, du hörst sofort auf? Mitten in der Saison?"

„So genau weiß ich das noch nicht, ich muß das noch genau mit meinem Sponsor besprechen."

„Überleg es dir noch einmal. Was vergibst du dir denn, wenn du dieses eine Jahr fertig machst? Genieß doch einfach deinen Abschied."

„Momentan läuft es so schlecht, dass es mich nur nervt."

Ende der Diskussion.

Ich akzeptiere seine Entscheidung. Gleich darauf bittet er mich, ihm die geschäftlichen Belange der Schirmbar zu erklären. Ich denke darüber mit sehr gemischten

Gefühlen nach. Diese Situation hatten wir schon mehrmals und sie endete immer gleich: Ich weihte Thomas in die für mich mühsamsten und zeitraubendsten Vorgänge ein, freute mich darüber, etwas mehr Zeit zu haben, die Verantwortung nicht ganz alleine tragen zu müssen. Doch irgendetwas kam dazwischen, er musste weg, und letztlich blieb alles beim Alten.

Ob er wirklich in der Bar arbeiten wolle, frage ich ihn. Ob er sich sein Leben so vorgestellt hat? Ich möchte ihn nicht beeinflussen, aber ich finde es so schade. Seine Gabe, das Schifahren zu verstehen, sein analytischer Verstand und die Kunst, das Gesehene in Worte fassen zu können, das alles würde verloren gehen.

„Wenn ich Trainer werden will, dann bin ich noch weniger zu Hause als jetzt. Willst du das?"

Nein, schießt es mir durch den Kopf. Doch dann denke ich über unser Leben nach. Wäre es eine Befriedigung für ihn, hinterm Tresen zu stehen oder am Schreibtisch zu sitzen? Würde er auf Dauer diesem Beruf etwas abgewinnen können? Will ich das so haben? Für mich alleine ist die ganze Sache zwar sehr anstrengend, aber ich gewinne auch viel Selbstvertrauen aus der Arbeit. Einen Betrieb, der hoffentlich gut läuft, zu führen, macht mir viel Spaß. Ich wollte niemals bloß die Frau des Thomas Sykora sein, ein Anhängsel ohne wirkliche Aufgabe. In dem Moment, in dem er sich auch nur ein bisschen einmischt, bin ich nach außen hin genau das. Obwohl mir das Gerede ziemlich egal ist, möchte ich es allein um meiner selbst Willen nicht so haben.

Aber wie soll es dann weitergehen? Einen Thomas ohne Schnee, ohne Training, den kann ich mir gar nicht vorstellen.

Er schon, sagt er und geht ins Bett.

Doch diese Nacht vergessen wir wohl beide nie. Ich glaube, er hat keine einzige Minute geschlafen. Ich kann seine Gedanken förmlich lesen. Die Atmosphäre ist zum Schneiden gespannt. Am nächsten Morgen frage ich nur: „Du fährst weiter, oder?

Er grinst mich verlegen an und meint: „Ich denke schon, aber völlig ohne Druck. Ich glaube nicht, dass es jetzt noch jemanden gibt, der auf mich setzt!"

Also wird weitertrainiert. Genauso ernsthaft wie immer, aber spürbar mit mehr Freude. Das Ziel ist jetzt nicht mehr ein gelungenes Comeback, sondern nur mehr die Hoffnung, Anschluss zu finden, das eine oder andere gute Ergebnis herauszufahren.

In diesen Tagen wirkt Thomas entspannt, fast gelöst. Er freut sich auf das nächste Rennen in Adelboden. Bis zur ersten Zwischenzeit sieht es so aus, als würde es diesmal besser laufen. Zwar sind auf Grund der hohen Startnummer die Bedingungen wieder gleich schlecht, aber der „alte" Thomas blitzt kurz hervor. Angriffslustig, energischer und auch etwas aggressiver.

Wie es oft in diesen Situationen geschieht, so passiert es auch hier: ein Ausfall an einer seltsam leichten Stelle. Unkonzentriertheit, Pech, wer weiß? Als für ihn logische

Konsequenz dieses Nicht-Ergebnisses erklärt Thomas im Ziel quasi seinen Rücktritt. Er legt keinen genauen Zeitpunkt fest, sagt nur, was er sich denkt. Bei diesen Ergebnissen wäre er im nächsten Jahr ohnehin nicht mehr im Kader, so sein Gedankengang. Doch die Zuschauer und die Medien sind überrascht. Sie wollen es nicht glauben. Hat man ihm seine Rückkehr ins Renngeschehen während der letzten Monate nicht so recht abgenommen, so will man diesem unspektakulären Rücktritt nun auch keinen Glauben schenken. Ich erfahre über die Gäste der Schirmbar von seiner Aussage und da ich nicht weiß, was hinter den Worten steckt, bin auch ich vorerst enttäuscht.

Als Thomas nach Hause kommt, reden wir in Ruhe darüber. Ich kann ihn verstehen. Das neue Material erfordert ein Knie, das hundertprozentig in Ordnung ist. Seines ist wohl gesund, aber wahrscheinlich nicht geeignet für die Anforderungen der kurzen Carver. Zu groß wäre der Preis für volles Risiko, die Bereitschaft dazu ist nicht mehr da. Auch im Training tauchen immer wieder Schmerzen auf, wenn er versucht, ans Limit zu gehen. Also legt Thomas eine Pause ein und ist in Wengen nicht am Start.

In dieser Zeit beschließt er, in Kitzbühel seine Karriere zu beenden. Einige Tage geht die Ankündigung des Abschiedsrennens durch die Medien und plötzlich läuft das Telefon heiß. Hier ein Interview, da eine Radiosendung, sogar Jobangebote flattern ins Haus. Und mitten drin ein Thomas, der sich mit viel Freude auf das letzte Rennen vorbereitet. Er habe in Kitzbühel seinen ersten und den letzten Sieg gefeiert, es ist ein passender Ort für das Ende seiner Karriere. Er bittet mich, dabei zu sein, und da ich merke, wie viel ihm daran liegt, beschließe ich, meinen Vorsatz zu brechen, mir nie wieder ein Rennen mit ihm live anzusehen. Ich stimme unter der Bedingung zu, mich irgendwo unters Publikum mischen zu dürfen, denn ich weiß, dass dieses Rennen für mich mit großen Emotionen verbunden sein wird. Ich möchte den Moment für mich alleine haben und auf keinen Fall von einer Kamera verfolgt werden. Aber nicht einmal das wird mir gestattet. Ich soll im Zielraum auf ihn warten, er will mich hinterher bei sich haben. Aus Liebe willige ich ein.

Kitzbühel wird mir auf eine ganz bestimmte, unbeschreibliche Art immer im Gedächtnis bleiben. Um dieses Gefühl, diese Stimmung zu beschreiben, muss ich erwähnen, dass ich nicht gerade ein Fan von Nobelschiorten bin. Beim Gedanken an die Preise wird mir heiß und kalt zugleich. Ich bin kein schüchterner Mensch, aber wenn man mich vor die Wahl stellt, einen Abend mit Persönlichkeiten aus Politik und Sport zu verbringen oder einen Tag auf dem Berg unter blauem Himmel zu erleben, dann würde meine Wahl sicher auf den Berg fallen.

Nach einem langen Arbeitstag komme ich am Vorabend des Rennens sehr müde im Hotel an. Gerade rechtzeitig zum Abendessen. Thomas kennt kein Erbarmen und schleppt mich direkt in den Speisesaal. Ich trage noch meine Arbeitskleidung, stinke nach

Rauch, an meinem Ärmel klebt Schlagobers. Ich bin also eine aparte Erscheinung unter all den adrett gekleideten Hotelbesuchern. Meine Augen brennen von der langen Autofahrt, ich kann all die bekannten Slalomläufer an den Nebentischen kaum erkennen. So etwas sieht man nicht alle Tage, denke ich bei mir und beobachte die einzelnen Burschen.

Rainer Schönfelder, mit Sonnenbrille und Rastalocken, grinst zu uns herüber, Mario Matt sitzt still und in sich gekehrt da, als ob er wüsste, dass er sich am nächsten Tag schwer an der Schulter verletzen wird. Doch dann gibt Thomas Gas. Wie immer ist er mir in solchen Situationen fremd. So hektisch. Er schlingt sein Essen hinunter, denn die Mannschaftsführersitzung beginnt gleich. Ich habe noch nicht einmal drei Löffel Suppe gegessen, da springt er auch schon auf. Die Serviceleute bleiben am Tisch zurück und wir unterhalten uns kurz. Aber dann beschließe ich, das zu tun, was ich zu Hause nie kann: zu schlafen. Auf dem Weg aus dem Speisesaal sehe ich im Augenwinkel Kilian Albrecht in Begleitung seiner Freundin. Ich rede ihn nicht an, wer weiß, ob er mich noch kennt, wir haben uns erst ein-, zweimal gesehen. Aber ich weiß, dass er und Thomas sich gut leiden mögen und heuer die meiste Zeit über das Zimmer geteilt haben. Als ich in den Lift steigen will, sehe ich ihn aufspringen und auf mich zugehen. Er begrüßt mich kurz und herzlich, dann geht er wieder. Eine nette Geste.

Thomas kommt bald nach, wir verbringen eine innige Nacht, in der wir einander sehr nahe und sehr wichtig sind. Irgendwie spüren wir beide, dass wir morgen gemeinsam ins Ziel kommen werden.

In der Früh geht es dann ziemlich schnell. Thomas verschwindet bereits im Morgengrauen, ich werde von seinem Sponsor Johannes Coreth abgeholt und zum Renngelände gebracht. Ich habe erst ein einziges Rennen live erlebt, und daher nicht den Funken einer Ahnung, was eine Zielraumkarte ist, denn so eine hat mir Thomas gegeben. Er möchte mir gleich nach dem Rennen in die Augen sehen, hat er gemeint. Aber das wird nicht gehen, denn die Ordner weisen mich in einen Bereich, der zwar abgesperrt, aber doch etwas weiter vom Ziel entfernt ist. Das kann nicht stimmen, denke ich. Ich will ihn nicht enttäuschen, nicht bei diesem letzten Rennen, und daher kämpfe ich mich vorwärts. Die Ordner sagen, dass ich in diesen Sektor gehöre, aber ich weiß, dass mich Thomas weiter vorne glaubt. Also überzeuge ich die Aufpasser davon, mich durchzulassen. Die wehren sich natürlich, und in meiner Not sage ich etwas, das mir sonst nicht einmal im Traum über die Lippen kommen würde: „Ich bin die Frau vom Thomas Sykora, ich soll da ganz nach vorne, er will es so." Ich fahre den Ordner giftig an, der holt seine Vorgesetzten. Ich würde am liebsten in Grund und Boden versinken. Doch da taucht plötzlich der Schweizer Trainer Christian Huber auf. Er kommt aus Göstling, wir kennen uns, er holt mich zu sich. Da stehe ich nun, direkt unter dem Tor, durch das die Läufer fahren, wenn sie das Ziel verlassen. Komisch, denke ich mir, ich bin die Einzige da. Da wird es mir plötzlich klar: Das alles war gar kein Irrtum, ich war schon richtig da hinten. Also trete ich peinlich berührt den Rückzug an und vermeide es, den Ordnern ins Gesicht zu sehen.

Dann beginnt das Rennen. Es dauert sehr lange, bis Thomas an die Reihe kommt. Trotz der wahnsinnig vielen Zuschauer ist die Stimmung nicht so toll, wie ich mir das erwartet hätte. Die guten Zeiten der Österreicher werden zwar bejubelt, aber durchaus gesittet, kommt mir vor.

Bevor Thomas startet, kündigt der Sprecher dies als sein letztes Rennen an, und da ist er plötzlich, der frenetische Beifall, den ich bisher vermisst habe. Das alleine lässt mir die Tränen in die Augen steigen. Deshalb kann ich auch kaum glauben, dass die Anzeigetafel die neuntbeste Zwischenzeit des oberen Abschnitts anzeigt. Das ist sensationell! Doch dann, im Mittelteil, verliert er viel und als er im Ziel ist, steht fest, dass es für ihn keinen zweiten Durchgang mehr geben wird. Die Zuschauer jubeln, feiern ihn wie einen Sieger, bedanken sich bei ihm für große Kämpfe, große Siege. Sykora gegen Tomba, wer wird das je vergessen? Damals kannten wir uns noch nicht, doch plötzlich sind auch für mich diese Rennen wieder spürbar und ich kann mich vor Rührung kaum noch halten. Thomas braucht endlos lange, ehe er durch den Torbogen schreitet, gibt Interviews ohne Pause. Erst nach langer Zeit erblicke ich ihn, als er gerade mit dem Mikro vor der Kamera steht. Der Reporter fragt etwas, er schweigt kurz, und plötzlich rinnen ihm Tränen über die Wangen.

Das ist zu viel für mich. Ich will bei ihm sein, ihn halten, einfach nur in seiner Nähe sein. Und diesmal frage ich nicht einmal mehr, schiebe die Ordner beiseite, warte noch das Ende des Interviews ab und nehme ihn in den Arm. Gemeinsam schluchzen wir kurz vor uns hin. Was ich auch am nächsten Tag im Internet lesen kann…

Ich will nur noch weg von hier, trage seine Schischuhe. Der Weg aus dem Zielraum dauert ewig lange, weil Thomas Hunderte Hände schüttelt. Gleichzeitig wird er informiert, dass er im zweiten Durchgang seinen offiziellen Abschied als Vorläufer feiern soll. Zuerst bin ich enttäuscht, denn ich will heim, doch dann freue ich mich für ihn. Ich möchte diesen Abschiedslauf an das Ende meines Berichts stellen, da er all das ausdrückt, was ich zu diesem Zeitpunkt empfand. Stolz, Trauer, aber auch Freude, den Hauch eines Neubeginns, und die Gewissheit, einen wunderbaren Ehemann zu haben.

Ganz langsam gleitet er durch die Tore. Wie eine Feder so leicht, aufrecht und geschmeidig. Immer wieder hebt er seine Hand, um zu winken. Den Fans, die ihn so lange begleitet haben, die ihm auch jetzt zujubeln, denn er ist ein großer Sieger. Mitten am Hang schwingt er ab und schüttelt seinem Trainer am Pistenrand die Hand.

Begleitet von vielen Rufen, vom Applaus der Menge, von meinen Tränen und meiner ganzen Liebe fährt ein eleganter Läufer, ein Mann der alten Schule, eine große Persönlichkeit über die Ziellinie.

Bereit, ein neues Leben anzufangen…

Die Bilanz
eines Vaters
ERNST SYKORA ÜBER THOMAS SYKORA

Alle sagen, Martina sei das große Talent gewesen und Thomas der Arbeiter. Das stimmt so nicht. Herkömmlich gesehen waren beide Talente, aber wie definiert man diesen Begriff? Ein Teil davon ist auch Ehrgeiz und die Konsequenz, etwas zu Ende zu bringen, etwas durchzuziehen, Visionen zu haben und gesteckte Ziele zu erreichen. Diese Eigenschaften waren bei Thomas ausgeprägter.

Ich besitze einen sehr alten, technisch schlechten, unterbelichteten 8-mm-Film, auf dem beide zu sehen sind. Martina ist ungefähr sechs Jahre alt, Thomas sieben. Thomas ist darauf deutlich als der technisch ausgereiftere Skifahrer zu erkennen und Martina als die Kindlichere und das „schlampige Genie". Ich habe mir in der Freizeit Läufe gesteckt, die ich hobbymäßig durchfuhr, Thomas und Martina aus eigenem Antrieb spielerisch hinterher. Ich erteilte keine Anweisungen, die Kinder schauten sich alle Bewegungsabläufe selbst ab. Wenn man so will, brachten sie sich das Schifahren selbst bei, aber der unbändige Ehrgeiz und Wille waren bei Thomas bereits deutlich zu erkennen.

Seine ersten Kurven rutschte er mit zweieinhalb Jahren, ein Jahr später wagten wir eine sehr selektive Tiefschnee-Abfahrt vom Terzerhaus hinunter in die Ötschergräben mit ihm. Er schaffte es problemlos, nicht das geringste Anzeichen von Angst. Mit noch nicht einmal fünf Jahren bewältigte er die Schattberg-West-Abfahrt in Saalbach mit Buckeln, die größer waren als er selbst. Er fuhr die Abfahrt in einem durch. Als ich ihn fragte, wie es ihm gefallen habe, deutete er bei all seiner Begeisterung auf seine Oberschenkel: „Nur hier tut's ein bisschen weh!"

Thomas war aber nicht nur im Schifahren gut, er fand sich praktisch in jeder Sportart zurecht. Während ich in Tulln Handball spielte, ahmten er und der spätere Nationalspieler Andi Dittert die Großen da draußen in ihrer kleinen Welt unter den Tribünen nach, spielten Handball oder auch Fußball. Mit seinem Cousin drosch er am Halfcourt stundenlang auf den Tennisball, da war er sechs. Hatte man ihm einmal etwas gezeigt, machte er sofort allein weiter.

Er liebte und liebt noch heute die Bewegung. Daraus ist alles entstanden, aber aus eigenem Antrieb. Nicht er war der sportliche Mittelpunkt in der Familie, sondern ich. Ich spielte in der Staatsliga Handball, ich spielte Tennis, Fußball und Basketball und ich fuhr Schi. Thomas war immer dabei, wenn es um Sport ging, aber als Kind sehr lange nicht im Wettkampf.

Als er sein erstes Kinderrennen (mit der letzten Startnummer, 108) gewann, war das noch längst keine Initialzündung zur großen Karriere. Er bestritt Schülerrennen, aber hauptsächlich im Bezirk, und er hatte auch nur ein Paar Schi. Mit diesen 1,40-Meter-Latten fuhr er lange Zeit alles, während damals schon viele Konkurrenten unterschiedlich lange Schi für die verschiedenen Disziplinen hatten. 25 Jahre später schnallte er im Weltcup Schi mit 1,55 Meter Länge an…

Eine Zusammenarbeit, die man als gezieltes Training bezeichnen kann, begann erst, als er zwölf Jahre alt war. Thomas und Martina trainierten immer gemeinsam, nach der Schule. Um drei Uhr nachmittags kamen sie nach Hause, Flora drückte ihnen Wurstsemmeln in die Hand und sie stapften zum Training auf den Hang, wo ich schon auf sie wartete. Ich hatte inzwischen die Läufe gesetzt, damit wir nicht allzu viel Zeit verloren.

Die Nachricht von diesem Training verbreitete sich schnell und nach und nach kamen andere Schüler dazu, die aus diesem Privattraining für meine Kinder plötzlich ein Gruppentraining machten: Rainer, Christian und Andi Herb, noch einige andere, später mit Willi Riegler ein Erwachsener, der mir sehr viel in der Vorbereitung half. Meistens waren es zehn bis zwölf Trainingsgäste. Das half Thomas in seiner Entwicklung. Schon als Schüler wählte er eine sehr moderne Linie, wieder ohne Anweisungen. Er hatte ein Auge für Bewegungsabläufe, schaute sich bei den anderen ab, was ihm gefiel, und übte das so lang, bis er es konnte. In Schülerzeiten war er zwar einer der Besten, aber keineswegs der überragende Fahrer. Das war zum Teil auch physisch bedingt. Während die anderen zum Großteil schon körperlich stark und ausgereift wirkten und 60 bis 70 Kilo wogen, war er ein zartes Bürschchen mit 40 Kilo.

Ich war der erste, der mit den Schuhen herumexperimentierte, um sie ein wenig weicher zu machen. Als ein Wachstumsschub kam, passten diese weichen Schuhe aber nicht mehr; ich merkte das zu spät und er verlor dadurch fast eine halbe Saison.

Mit dem Göstlinger Schiclub kam es in dieser Zeit auch zu einigen Reibereien. Ich arbeitete immer allein und ließ mich in keine Vereins-Schublade stecken, was einigen Funktionären sauer aufstieß. Es bildete sich eine Gruppe aus Leuten, die die Schihauptschule besuchten, und eine aus den „Hochkarlern". Ich war damals noch mehr Heißsporn als jetzt und so kam es zu einem Eklat.

Meine Gruppe hatte auf der Stützenabfahrt am Hochkar trainiert, auf der wenige Tage später die Schüler-Landesmeisterschaft ausgetragen wurde, was für einige Diskussionen im Verein sorgte. Während des Rennens, Martina war schon im Ziel und mit vier Sekunden Vorsprung Landesmeisterin ihrer Klasse, fiel oben Nebel ein, am Hochkar ja keine Seltenheit. Die Schülerklasse mit Thomas stand noch oben, drei, vielleicht vier Tore lagen im Nebel. Das Rennen wurde abgebrochen, eine Entscheidung, die für mich unverständlich war.

Ich reagierte erbost: „Das war das letzte Rennen für den SC Göstling!" Wir traten aus und wechselten zum Verein in der Palfau, einem kleinen Ort in der Nähe von Göstling, aber schon auf steirischem Gebiet. Nach einer kurzen Anlaufphase schlug Thomas in seinem ersten Jahr in der Jugendklasse die Konkurrenz in der Steiermark um drei Sekunden und mehr und kam arrivierten ÖSV-Läufern bis auf wenige Zehntel nahe. Steirische Landeskaderläufer seines Jahrgangs verloren neun Sekunden auf ihn. Alois Kahr war damals Landestrainer. Ich begleitete Thomas oft zu den Trainingskursen, auch auf den Gletscher, und stand an der Seite, um zu beobachten. Ich wollte nicht eingreifen, nur zuschauen, wie ich es später auch im ÖSV gehalten habe.

Obwohl Thomas im Riesentorlauf Jahrgangszweiter der Weltrangliste war, wurde er nicht in den ÖSV-Kader aufgenommen. Kahr ließ immer die Älteren zum Einsatz kommen, um sie in den ÖSV zu bringen, dadurch verlor Thomas wichtige Slalom-Punkte und nur Riesentorlauf allein war zu wenig für eine Aufnahme in den Kader.

Im folgenden Jahr verschlechterte sich seine Form: es gab Probleme mit neuem Schuhmaterial, die ich zu Beginn übersah, das Wachstum und einige andere kleine Aspekte – plötzlich war das Jahr vorbei, keine Kader-Aufnahme, trotz 45 FIS-Punkten. Heute wäre das ein toller Wert für einen 15-jährigen.

Jetzt standen wir am Scheideweg. Welche Schule? Wie sollte seine Zukunft aussehen? Dass sowohl Martina als auch Thomas das Zeug hatten, im Schisport groß zu werden, war mir klar. Aber welche Rahmenbedingungen schaffen, um den Sport und ihre Zukunft optimal zu verbinden?

Es bot sich die Fernmatura an. Und die zweite Konsequenz: Warum gehen wir nicht ins Ausland? Wir könnten alle Schwerpunkte selbst setzen, wären unabhängig. So entstand die Idee, nach Holland zu wechseln. Doch wir wurden mit leeren Versprechungen hingehalten und verloren damit ein Jahr. Nach der Kontaktaufnahme mit den Girardellis entschloss ich mich, mit dem FIS-Anwalt zu sprechen, der meine Situation auf den Punkt brachte: „Die Zeit spielt gegen Sie. Nicht Ihre Kinder werden Rennen für Holland fahren, sondern Ihre Enkelkinder.“

Jetzt war guter Rat teuer. Wir hatten uns schon von der Steiermark losgekauft, hatten Ablöse bezahlt. Also wohin? Wolfgang Schorn, Leiter des Trainingszentrums Waidhofen/Ybbs, bot uns an, wieder nach Niederösterreich zu kommen. Schorn ist ein Ehrenmann, mit dem ich eine sehr gute Gesprächsbasis hatte und habe. So wechselten wir wieder zum niederösterreichischen Schiverband. Martina war noch im letzten Jahr der Jugendklasse und obwohl sie ein Jahr lang keine Rennen bestritten, sondern nur trainiert hatte, wurde sie auf Anhieb Staatsmeisterin.

Thomas dagegen musste sich sehr zäh wieder hocharbeiten. Er war eben aus der Jugendklasse herausgefallen und hatte keine Punkte. Er schloss sich mit Hannes Trinkl zusammen und tingelte mit ihm durch den FIS-Zirkus. Wann immer es ging, half ich den beiden, aber mein Hauptaugenmerk lag damals auf Martinas Einstieg in den ÖSV-Kader, und das schafften wir auch.

Jetzt hatte ich wieder etwas mehr Zeit, mich mit Thomas zu beschäftigen. Der hatte sich so recht und schlecht durchgeboxt, verlor aber sein Ziel, Rennläufer zu werden, nie aus den Augen. Meine Vorgabe war, er müsse bis zu seinem 23. Geburtstag ein FIS-Rennen gewonnen haben, sonst hätte ich es als sinnlos angesehen und abgebrochen. Aber so lange dauerte es ohnehin nicht. In Tschechien gewann er sein erstes FIS-

Rennen, in demselben Jahr noch fünf weitere, alles Slaloms. Ein Jahr später holte er weniger Siege, aber in besser besetzten Rennen. Eines davon sah sich ÖSV-Trainer Filip Gartner an, der ihn dann in den ÖSV holte. Der Rest des Weges verlief kontinuierlich nach oben.

Im ÖSV aus den Augen, aus dem Sinn – dazu kam es nie, im Gegenteil. Immer, wenn Thomas von Kursen nach Hause kam, versuchten wir, die Pausen zu nützen, um unser Trainingsprogramm weiter durchzuziehen. Das haben andere nicht verstanden. Viele ÖSV-Athleten nützten diese Trainingspausen, um sich ausgiebig zu erholen und einfach nichts zu tun. Das war uns zu wenig, was sich auch als richtig herausgestellt hat. Pausen und Regeneration ja, aber einfach herumhängen und nichts tun – nein. Als Thomas nur noch die Slaloms im Weltcup bestritt, absolvierte er gut die Hälfte des Trainings mit mir auf dem Hochkar.

Das wussten die ÖSV-Trainer lange Zeit nicht. Erst als er sehr gut und eine Größe war, konnte er sich leisten, bei schlechten Bedingungen einen ÖSV-Kurs abzubrechen und zu sagen, er trainiere lieber zu Hause mit mir bei besseren Bedingungen. Sein Trainer Fritz Vallant verstand das, für ihn zählten die Ergebnisse. Mit zunehmender Klasse legte Thomas immer mehr Wert auf das Training daheim, unter dem Aspekt: Warum soll ich den anderen zeigen, was ich besser mache?

Die Conclusio aus einem Trainingslauf war immer eine Mischung aus seinem Gefühl und meinem Auge. Wir gingen viele Irrwege, experimentierten viel, entwickelten aber früher als viele andere die Zwei-Schi-Technik, die wir uns im Grunde von Rudi Nierlich abgeschaut hatten. Der Drehpunkt musste über den Innenschi gehen, der Schwung rund sein. Mit dieser Technik war er prädestiniert für das Carven, nur passten die damals viel längeren Schier noch nicht ganz damit zusammen.

Ich freute mich über seine großen Erfolge, Euphorie aber ließ ich nie aufkommen. Ich war gedanklich immer ein, zwei Wochen weiter im Programm. Wenn ich eines aus dieser Zeit gelernt habe, dann, dass man Erfolge nie wirklich auskosten, genießen darf, das wäre gefährlich. Es ist wichtig, seine Gefühle zu dämpfen, denn nächste Woche kann alles schon wieder ganz anders sein. Deshalb legte ich mein Augenmerk auch dann auf seine Fehler, wenn er gewann.

In Kitzbühel war ich ein einziges Mal dabei, dann nie mehr. Ich stand unter vielen anderen Menschen, konnte den Lauf nicht analysieren, kam gar nicht richtig an Thomas heran. Die weiteren Rennen sah ich mir im Fernsehen an, das brachte für eine genaue Analyse der Fahrt viel mehr.

Auch nach seinem ersten Weltcup-Gesamtsieg war eigentlich keine Zeit, ohne irgendwelche gedanklichen Fesseln nur zu feiern. Thomas war trotz einer überragenden Saison zum Schluss in eine Krise geschlittert, die Situation war relativ stressig. Er war unzufrieden mit sich, stellte überzogene Anforderungen an sich selbst und war schon verärgert, wenn er nur das Gefühl hatte, schlecht zu fahren. Ein Perfektionist.

Dass er bei Großereignissen nie wirklich die hoch gesteckten Erwartungen erfüllte, liegt sicher auch daran, dass er dort eben nur ein Rennen hat, bei dem er punktgenau da sein muss. Ich hielt den Weltcup für wichtiger, denn der sagt aus, dass jemand in einer Disziplin eine ganze Saison hindurch der beste Schiläufer ist. Thomas war eben der weltbeste Slalomläufer. Über einen Olympiasieg hätte ich mich natürlich gefreut, wer würde das nicht? Aber nicht mehr und nicht weniger als über eine Glaskugel.

Ich war ursprünglich überzeugt, dass er seine Verletzungskrise überwinden würde. Die Ärzte waren optimistisch und ich mit ihnen. Thomas aber war skeptisch; die Sache zog sich immer mehr in die Länge und er konnte nie voll trainieren. Zwei Wochen vor dem zweiten Riss der Sehne stand er zum ersten Mal auf Schiern und ich wusste sofort, dass in diesem Jahr an ein Weltcuprennen noch nicht zu denken war. Die Körpersprache war eindeutig: Die Kompromisslosigkeit, die ein Weltklasseathlet braucht, fehlte völlig, die Schmerzen waren zu groß. Zum ersten Mal hatte ich Zweifel, ob es jemals noch für Spitzensport reichen würde. Als er nach dem zweiten Riss der Sehne beschlossen hatte, aufzuhören, riet ich ihm, sich noch für die endgültige Bekanntgabe Zeit zu nehmen. Das hat sich als richtig herausgestellt, denn die Operation mit den Kunstbändern war erfolgreich.

Das folgende Jahr brachte einen ständigen Wechsel zwischen Himmel und Hölle. Er war sich seiner Sache ebenso wenig sicher wie ich und wir übertrugen unsere Gefühle aufeinander. Phasenweise lief alles hervorragend, phasenweise aber nahmen die Schmerzen so überhand, dass er – und das mehrmals – das Handtuch warf.

Ein Training im Kaunertal. Er fuhr halbe Kraft, die Bewegung war trotzdem exzellent. Die Schmerzen aber quälten ihn derart, dass er verkündete, er könne nicht mehr. Im Auto bei der Heimfahrt machte er diesen Entschluss schon wieder rückgängig, weil er eben ein so leidenschaftlicher Schifahrer war.

Darum bin ich überzeugt, dass es gut und richtig war für ihn, die Herausforderung angenommen zu haben. Er weiß, dass er es hätte schaffen können, und das ist eine Genugtuung. Wäre der Status quo der Schilängen des Vorjahres geblieben, er wäre in jedem Rennen ein Top-10-Ergebnis gefahren, und das sage ich in vollem Bewusstsein, als Großmaul dazustehen, das nichts beweisen kann.

Auch die kurzen Schier allein hätte er sicherlich verkraftet. Aber das lädierte Knie und die noch nicht ausgereiften Schimodelle im Duett, das war zu viel. Trotzdem war die Entscheidung, die 1,55er zu verwenden, richtig. Es war die Entscheidung eines Vollblut-Rennfahrers, für den nur alles oder nichts zählt.

Rund um das Rennen in Kranjska Gora wurde offensichtlich, dass es vorbei war. Wir sprachen nie dezidiert darüber, verstanden uns aber, wie so oft, ohne Worte. Das war der Punkt, an dem mich die Wehmut überkam, die Erkenntnis, dass dieser große sportliche Weg zu Ende ging. Bei seinem Abschied in Kitzbühel freute ich mich dann nur mehr für ihn, da hatte ich geistig schon mit dem Thema Spitzensport abgeschlossen.

Sein ganzes Leben hindurch sind wir nebeneinander gegangen. Eine ungemein intensive Beziehung, weil sie nicht nur aus privater, sondern auch aus beruflicher Bindung besteht. Die Bilanz für mich lautet: Man kann nur gut werden, wenn man Fehler macht. Ich habe welche gemacht, Thomas hat welche gemacht. Aber jeder einzelne hat uns weiter gebracht. Die vielen Fehler, waren der Grund, warum Thomas so gut werden konnte.

Aus Fehlern lernt man eben und man darf sich nicht zu schlecht sein, bewusst Fehler zu begehen, um herauszufinden, was richtig ist. Ein Jahr lang etwa probierten wir aus, welche Handtechnik für die Kippstangen die richtige wäre. Wir begannen mit Innenhand, wechselten während der Saison auf eine Technik ganz ohne Hände und stellten in der Endphase dieser einen Saison sogar auf Außenhand um, weil Roc Petrović mit dieser Technik Weltcupsieger geworden war. Es war richtig und wir sind bei der Außenhandtechnik geblieben.

Wahrscheinlich hatte auch das scheinbar verlorene Jahr mit dem geplatzten Übertritt nach Holland sein Gutes. Vielleicht war die Pause gut, um in Ruhe zu trainieren, an der Technik zu feilen, nachzudenken und zu erkennen, dass mit dem Kopf durch die Wand gar nichts geht.

Die Zeit für langfristige Experimente hatten wir leider in der Endphase nicht mehr.

Aus der Erfolgsgemeinschaft wurde wieder eine ganz normale Familie, mit all ihren positiven und negativen Facetten. Es scheint, dass nichts zwischen uns steht und ich ein so wichtiger Mensch für ihn bin wie er für mich.

Ich bin mir sehr wohl bewusst, dass man in der Schiszene (und nicht nur dort) über uns munkelte. Von übertriebenem Ehrgeiz des Vaters und körperlicher Überforderung der Kinder war da die Rede. Gesunde Konsequenz und Zielstrebigkeit wurden vorschnell mit Zwang verwechselt. Je mehr sich die Kinder durch Leistung von den anderen abhoben, desto intensiver spürte man in der Szene die negative Haltung der kleinen, aber doch vorhandenen Neidgesellschaft. Echte Freunde und echte „Fans" rückten diese Gruppe aber weitgehend an den Rand meiner Wahrnehmung.

Es war oft schwierig, Vater und Trainer in einer Person zu sein. Die Vorteile dieser Personalunion überwogen jedoch. Nicht zuletzt deshalb, weil der „gute Geist" der Familie, meine Frau Flora, oft als positiver Gegenpol so manch kritische Situation zu bewältigen half. Ich spüre, dass trotz der vielen schwierigen Momente die Vaterseite nicht allzu kurz gekommen ist und die Freundschaft zu meinen Kindern nicht gelitten hat.

Dass das so ist, ist mein größter persönlicher Erfolg.